PRAXISWORKSHOP
PHOTOSHOP LIGHTROOM
Mit Lightroom 1.2 auf Island-Expedition

Mikkel Aaland

Deutsche Übersetzung von
Claudia Koch &
Kathrin Lichtenberg

O'REILLY®

BEIJING • CAMBRIDGE • FARNHAM • KÖLN • PARIS • SEBASTOPOL • TAIPEI • TOKYO

Die Informationen in diesem Buch wurden mit größter Sorgfalt erarbeitet. Dennoch können Fehler nicht vollständig ausgeschlossen werden. Verlag, Autoren und Übersetzer übernehmen keine juristische Verantwortung oder irgendeine Haftung für eventuell verbliebene Fehler und deren Folgen.

Alle Warennamen werden ohne Gewährleistung der freien Verwendbarkeit benutzt und sind möglicherweise eingetragene Warenzeichen. Der Verlag richtet sich im Wesentlichen nach den Schreibweisen der Hersteller. Das Werk einschließlich aller seiner Teile ist urheberrechtlich geschützt. Alle Rechte vorbehalten einschließlich der Vervielfältigung, Übersetzung, Mikroverfilmung sowie Einspeicherung und Verarbeitung in elektronischen Systemen.

Kommentare und Fragen können Sie gerne an uns richten:
O'Reilly Verlag
Balthasarstr. 81
50670 Köln
Tel.: 0221/9731600
Fax: 0221/9731608
E-Mail: kommentar@oreilly.de

Copyright der deutschen Ausgabe:
© 2008 by O'Reilly Verlag GmbH & Co. KG
1. Auflage 2008

Die Originalausgabe erschien 2007 unter dem Titel
Photoshop Lightroom Adventure bei O'Reilly Media, Inc.

Adobe Photoshop™ und alle auf Adobe basierenden Warenzeichen und Logos sind in den USA und in anderen Ländern Warenzeichen oder registrierte Warenzeichen von Adobe Systems, Inc.
O'Reilly Media, Inc. und der O'Reilly Verlag GmbH & Co. KG sind von Adobe Systems, Inc. unabhängig.

Bibliografische Information Der Deutschen Bibliothek
Die Deutsche Bibliothek verzeichnet diese Publikation in der Deutschen Nationalbibliografie; detaillierte bibliografische Daten sind im Internet über http://dnb.ddb.de abrufbar.

Übersetzung und deutsche Bearbeitung: Claudia Koch & Kathrin Lichtenberg, Ilmenau
Lektorat: Inken Kiupel, Köln
Korrektorat: Sibylle Feldmann, Düsseldorf
Satz: Conrad Neumann, München
Umschlaggestaltung: Jan Davis, Boston
Umschlagfoto: George Jardine
Produktion: Karin Driesen, Köln
Belichtung, Druck und buchbinderische Verarbeitung:
Media-Print, Paderborn

ISBN 978-3-89721-490-3

Dieses Buch ist auf 100% chlorfrei gebleichtem Papier gedruckt.

Für Paul Persons,
der jeden Tag zu einem Abenteuer gemacht hat.

Dank

Sowohl das Buch als auch die Island-Expedition waren eine große Herausforderung, die ohne die Hilfe und Unterstützung vieler Leute nicht möglich gewesen wäre. Es begann mit dem Vertrauen von O'Reillys Mark Brokering, Laurie Petrycki und Steve Weiss, die mir glaubten, dass Adobe an einem »genialen« Produkt arbeitete, das zwar geheim war, aber ein Buch verdiente. »Vertraut mir einfach«, sagte ich – und sie taten es. Die Idee, ein Buch mit einer Expedition zu koppeln, entstand bei einem Abendessen in Orlando, Florida, mit Adobes Jennifer Stern, Dave Story und dem Autor und Fotografen Peter Krogh. Jennifer erzählte mir, dass bereits mehrere Bücher über Lightroom in Arbeit wären, und schlug eine ungewöhnliche Sichtweise vor. Die Idee wuchs, als ich Steve Weiss gegenüber meine Zweifel darüber äußerte, ein »konventionelles« Buch zu schreiben und mich dabei ertappte, von einem langjährigen Traum einiger Fotografen zu erzählen: einer Reise, bei der man gemeinsam fotografiert. Steve sagte nur: »Mach genau das!«, und … da waren wir dann.

Ab da kamen mir viele Leute zu Hilfe: George Jardine von Adobe, der mir die Unterstützung von Adobe vermittelte. Jennifer Stern von Adobe wurde unser Engel, denn sie besorgte das Geld für das Island-Projekt und unterstützte uns weiter. Addy Roff von Adobe, der zufällig aus Island stammt, war eine große Hilfe, ebenso Mal Sharma, ebenfalls von Adobe, und Kevin Connor. Brian Sheffield von Icelandair war unersetzbar, denn trotz des geringen Budgets machte er mich so ziemlich mit allen Einwohnern Islands bekannt. Einar Gustavsson und Olafur Hand vom Iceland Tourist Board unterstützten uns bereits von Beginn an. Der Fotograf und O'Reilly-Evangelist für digitale Medien, Derrick Story, wurde schnell zu meiner rechten Hand und meinem Mitwisser, er besorgte Sponsoren, koordinierte die Sache mit O'Reilly und erstellte die geniale Expeditions-Website, komplett mit Blogs und Podcasts. Betsy Waliszewski von O'Reilly half mir bei der Logistik, ihre Schwester, Barbara Camacho von Graystone Travel, traf für uns alle Reisearrangements. Michael Reichmann, ein erfahrener Workshop-Organisator und vielfacher Islandbesucher, half bei den Reisevorbereitungen, ebenso die Fotografen John McDermott und Richard Morgenstein. Wie immer danke an meinen Agenten bei Studio B, Neil Salkind, und David Rogelberg.

Ohne das Team wäre die Expedition keine geworden. Sie finden die Teilnehmer in der nachfolgenden Liste. Mein Dank und meine Anerkennung gelten ihnen allen.

Ein weiteres Dankeschön an: Thomas Knoll und dem Lightroom Product Manager Tom Hogarty; Adobes Troy Gaul, Eric Scouten, Julie Heiser, Kevin Tieskoetter, Donna Powell, Bill Stotzner, Julieanne Kost und Matt Snow; Anna Maria Sigurjonsdottir; Kirsti Maki, Icelandair; Maria Roff; O'Reillys Sara Winge, Tara McGoldrick, Theresa Pulido, Sarah Kim, Sara Peyton und Ron Bilodeau; Tanya Chuang, Sandisk; Arsaell Hardarson, Director of Marketing Icelandic Tourist Board; Leonard Koren; Expo Imaging's Erik Sowder, John Baker und George Ziegler; Greta Blaengsdottir und Tryggvi Josteinsson, Radisson SAS Hotel Reykjavik; Steingrímur Árnason, Apple Store Reykjavik; Russell Hart; Harris Fogel; Fred Shippey; Dan Steinhardt und Stig Andresen, Epson; Arnar Már Arnflórsson und Arndís Anna Reynisdóttir, Hertz; Paul Agus und Ida Zoubi, Cafe Trieste; Bruce Yelaska; Cheryl Parker; Renato Gruenenfelder, Direktor, Fosshotel, Iceland, Suzanne Caballero, Lowepro; Christopher Lund; Ari Magg; Doug Nelson für seine geniale technische Bearbeitung; den Betatestern von Lightroom 1.1, vor allem Sean McCormack; Katrin Eismann, Martin Evening; Deke McClelland; Ed Schwartz; Dave Drum; Michael Kavish für das Buchdesign; Jan Davis für ein tolles Cover und Russell Brown, dass er uns Jan vorgestellt hat, und viele mehr.

Schließlich möchte ich mich bei Mark Hamburg dafür bedanken, dass er Lightroom geschaffen hat, bei meinem Lektor bei O'Reilly, Colleen Wheeler, der intelligent ist, engagiert und eigentlich der Traum jedes Autors, sowie bei meiner Gattin Rebecca und meinen Töchtern, Miranda und Ana, die Island und die Fotografie lieben wie ich und für die sich das alles lohnt.

Inhalt

VORWORT — xi

EINFÜHRUNG — xiii

KAPITEL 1 — **Der Arbeitsbereich von Lightroom** — 1
Lightroom-Module — 2
Den Arbeitsbereich von Lightroom organisieren — 10
Erkennungstafeln erstellen — 18

KAPITEL 2 — **Bilder in Lightroom importieren** — 21
Bilder in Lightroom importieren — 22
Fotos importieren – die Optionen — 26
Überwachte Ordner erstellen und einsetzen — 40

KAPITEL 3 — **Das Bibliothek-Modul benutzen** — 43
Das Bibliothek-Modul im Überblick — 44
Stichwörter im Bibliothek-Modul einsetzen — 59
Das Metadaten-Bedienfeld benutzen — 61
Die Aufnahmen eines Tages in Island bearbeiten — 66
Mit virtuellen Kopien mehrere Versionen erzeugen — 75
Stapel anlegen und einsetzen — 76
Ad-hoc-Entwicklung — 80

KAPITEL 4 — **Das Entwickeln-Modul** — 85
Das Entwickeln-Modul im Überblick — 86
Ansichten im Entwickeln-Modul — 92
Im Entwickeln-Modul freistellen — 96
Retuschewerkzeuge — 101
Rauschreduzierung — 106
Scharfzeichnen nach Maß — 109
Objektivkorrektur — 115

KAPITEL 5	**Geniale Fotos entwickeln**	**119**
	Tonwertverteilung und Farbe evaluieren	120
	Weißabgleich	126
	Einfache Tonwertkorrekturen	132
	Gradationskurve für anspruchsvolle Steuerungen	138

KAPITEL 6	**Farbverbesserte Fotos**	**147**
	Lebendigkeit und Sättigung steuern	148
	Mehr Klarheit	150
	Das Bedienfeld HSL	154
	Das Bedienfeld Teiltonung	160
	Kamerakalibrierung	162

KAPITEL 7	**Schwarz-Weiß und Spezialeffekte**	**167**
	In Schwarz-Weiß umwandeln – aber wann?	168
	Einfache Schwarz-Weiß-Konvertierung	174
	Mehr Kontrolle mit Graustufen-Kanalanpassung	176
	Eine farbige Tönung hinzufügen	182
	Mit Teiltonung den Anschein von Cross-Processing erreichen	186
	Mit Spezialeffekten alle Grenzen sprengen	188

KAPITEL 8	**Entwicklungsrezepte aus Island**	**193**
	Michael Reichmanns Rezept: Kontrolliertes Umfärben	194
	Richard Morgensteins Rezept: Lichtmischen	198
	Angela Drurys Rezept Nr. 1: Dramatik	202
	Angela Drurys Rezept Nr. 2: Der Cibachrome-Look	206
	Angela Drurys Rezept Nr. 3: Antik-Look	210
	Maggie Hallahans Rezept: High-Key-Bilder	214
	Martin Sundbergs Rezept: Der Velvia-Look	218
	Jóhann Guðbjargarsons Rezept: Der Bergman-Look	220
	Mikkel Aalands Rezept: Oz-Farben	224

KAPITEL 9	**Dateien exportieren**	**229**
	Alles über das Exportieren	230
	Bilder in Photoshop und Co. bearbeiten	240
	Metadaten mit der Originaldatei speichern	246

KAPITEL 10	**Lightroom-Diashows**	**253**
	Das Diashow-Modul im Überblick	254
	Die wirkliche Welt: Die Expedition als Diashow	262
	Metadaten und eigener Text für die Beschreibungen	268
	Eine PDF-Diashow exportieren	270
	Eine QuickTime-Diashow herstellen	271

KAPITEL 11	**Drucken, Drucken, Drucken**	**275**
	Das Drucken-Modul im Überblick	276
	Ein Bild auswählen und drucken	282
	Ausdrucke mit Text versehen	288
	Mehrere Bilder drucken	290
	Lightroom-Farbmanagement	296

KAPITEL 12	**Eine Webgalerie erstellen**	**301**
	Das Web-Modul im Überblick	302
	Eine Webgalerie anpassen	310
	Webgalerien Text hinzufügen	318

INDEX		**322**

Vorwort

von George Jardine
Pro Photo Evangelist
Adobe Systems, Inc.

Warum Island? Die meisten von uns haben schon einmal ein interessantes Foto gesehen oder eine Karte der wilden Küste und der wundervollen Landschaft Islands. Und die meisten sind bestimmt der Meinung, dass es dort sehr kalt sein muss, weil es so weit weg ist und man es ohnehin niemals besucht. Wie perfekt die Idee für dieses Buch und die Island-Expedition für das »Geheimprojekt Shadowland« war, das sich noch in der Entwicklung befand, ahnte ich nicht einmal.

Im Winter 2005 sah es so aus, als würde unser geheimes Projekt nie das Licht der Welt erblicken, und wie jeder, der gern fotografiert, begann ich mich manchmal zu fragen, warum ich nicht einfach fotografieren gehe, anstatt meine Zeit in meinem Büro im Silicon Valley zu verbringen. Zu dieser Zeit hörte ich das erste Mal von der Island-Idee – von einer sehr guten alten Freundin. Wir hatten uns schon länger darüber unterhalten, gemeinsam auf Expedition zu gehen, bislang immer eine fixe Idee, aus der nach »gründlichem Nachdenken« wie immer nichts wurde. Einige Wochen später bekam ich eine Postkarte von ihr mit einer Islandkarte. Keine geschriebene Nachricht. Nur die Karte. Langsam fühlte ich mich zu Island hingezogen.

Einige Monate später war so ziemlich alles am Shadowland-Projekt anders: Das Management bei Adobe Systems hatte entschieden, größere Brötchen zu backen, und das noch krude neue Photoshop Lightroom ins Public-Beta-Stadium gerückt. Plötzlich brummten die Foren wie verrückt, und konkrete Pläne für die Auslieferung wurden nach jahrelanger Entwicklung erstmals ins Auge gefasst.

Ungefähr zu dieser Zeit sprach mich Mikkel das erste Mal wegen seiner Buchidee für die Island-Expedition an. Mikkel war einer der Alpha-Tester und ziemlich begeistert darüber, welches Potenzial diese Lösung für den kompletten Fotografen-Workflow bot. Er hatte keine Ahnung, dass der Samen bei mir auf sehr fruchtbaren Boden fiel, deshalb dachte er wohl, er müsse mir Island schmackhaft machen. Zuerst erläuterte er mir, dass dieses Buch unbedingt eine einmalige Story haben müsse. Und noch bevor ich das Wort »Island« zum ersten Mal gehört hatte, musste ich ihm zustimmen. (Ich habe schon oft Freunde von Projektideen reden hören, für die sie Unterstützung suchten, und mehr als einmal stellte ich mir die Frage: »Und was ist daran so toll?«) Als er sich endlich überwand, mir zu eröffnen, dass er zehn Fotografen mit nach Island nehmen wolle, hatte ich quasi schon »Na dann los!« gesagt. In diesem Projekt steckte eine fabelhafte Story, und es passte perfekt zum Zen des Lightroom-Projekts.

Lightroom im Feldversuch von Profifotografen testen zu lassen, war an sich schon eine gute Idee. Es stellte sich bald heraus, dass es sich um einen Geniestreich handelte. Die wahrlich einmalige und unberührte Landschaft Islands lieferte einen ausgezeichneten Hintergrund für Mikkels Buch und für ein neues Programm. Denn beide waren von Beginn an dafür gedacht, Ihnen dabei zu helfen, Ihre Bilder zu verbessern.

Einführung

Adobe Lightroom ist ein revolutionäres Allround-Programm. Es wurde von Grund auf für Fotografen entwickelt, die ihre Zeit lieber beim Shooting als vor einem Computer verbringen. Mit Lightroom ist es leicht, in einer homogenen Arbeitsumgebung digitale Bilder zu importieren, zu bearbeiten, zu organisieren, zu verarbeiten und gemeinsam zu nutzen. Weil Lightroom nicht destruktiv ist und die Pixel Ihrer Originalbilder unberührt lässt – seien es RAWs, JPEGs oder TIFFs –, ist es rasend schnell. Sie werden begeistert sein, wie schnell Sie den Weißabgleich ändern, die Belichtung optimieren, eine Diashow oder Webgalerie erstellen oder ein Bild – wie auch einhundert Bilder – für den Druck vorbereiten können.

Wer sollte dieses Buch lesen?

Jeder, der Lightroom benutzt, Amateur oder Profi, sollte dieses Buch nützlich finden. Ich habe mich bemüht, nachvollziehbar zu erläutern, untermalt mit Hunderten von Illustrationen, wie Sie das meiste aus diesem tollen Programm herausholen. Außerdem finden Sie zahlreiche Foto-Doppelseiten, von denen ich hoffe, dass sie Ihnen gefallen und sie inspirieren.

Geschrieben für Lightroom 1.1, übersetzt für 1.2

Lightroom hat bereits mehrere Versionen durchlaufen, inklusive der Public-Beta von 2006 und Version 1.0 vom Februar 2007. Dieses Buch wurde für Lightroom 1.1 geschrieben. Zwischen 1.0 und 1.1 gibt es einen deutlichen Unterschied, und ich würde registrierten Benutzern empfehlen, sich das kostenlose Upgrade von **www.adobe.com** herunterzuladen. Anm. d. Übersetzer: Während der Übersetzung ins Deutsche kam Lightroom 1.2 auf den Markt, ebenfalls als kostenloses Upgrade. Die Bildschirmfotos in diesem Buch wurden von der aktuellsten Programmversion angefertigt, die Workshops im Buch sind getestet und funktionieren alle unter Lightroom 1.2. In der aktuellsten Version wurden einige Fehler behoben sowie neue RAW-Patterns umgesetzt, deshalb empfehlen wir, mit der aktuellsten Programmversion zu arbeiten.

Über die Adobe Lightroom-Island-Expedition

Sowohl der Buchtitel (im englischen Original *Photoshop Lightroom Adventure*) als auch der Inhalt ergaben sich aus der Adobe Lightroom-Island-Expedition, einer einzigartigen Kooperation von zwölf Profifotografen und fünf Lightroom-Entwicklern. Die Expedition fand Ende Juli 2006 auf Island statt, als es dort fast 24 Stunden Tageslicht gab. Island ist seit Langem als Lightroom der Natur bekannt, also ein würdiger Ort, um mit Adobe Lightroom zu arbeiten.

Die Idee für diese Expedition entstand, als ich mir vorstellte, mit einer kleinen Gruppe von Profifotografen und einigen Lightroom-Entwicklern das Programm an einem visuell aufregenden Ort zu testen. Ich hätte mir keinen besseren Ort denken können, um auszuprobieren, ob Adobe mit seinem Produkt wirklich den Anforderungen von Fotografen gerecht wird. Adobe erklärte sich bereit, dieses Projekt zu sponsern (weitere Sponsoren am Ende der Einführung).

Und getestet haben wir das Programm in der Tat! Am Ende eines langen Fototages trafen wir uns alle in Arbeitsräumen, starteten die Computer und begannen mit der Arbeit. Was wir sahen, gefiel uns sehr, und wir haben viel über das Programm gelernt. Wir fanden auch Dinge, die noch nicht passten oder nicht so funktionierten, wie wir wollten. Da wir mit Betaversionen arbeiteten, war es sehr befriedigend, unsere Bedenken an die Adobe-Leute weiterzugeben und manchmal bereits am nächsten Tag eine Überarbeitung zu bekommen. Ich bin wirklich froh, dass viele unserer Vorschläge im fertigen Produkt ihre Realisierung gefunden haben.

Am Ende hat jeder etwas aus dem Projekt mitgenommen. Die Fotografen wurden nicht bezahlt, aber sie machten eine Reise und ein Erlebnis fürs Leben. Adobe erhielt eine Rückkopplung in Echtzeit. Und ich … nun, ich konnte das Buch schreiben, das Sie in der Hand halten.

Plattformunterschiede

Größtenteils ist Lightroom auf Mac und PC identisch. Zwischen den Plattformen gibt es kleine, kosmetische Unterschiede sowie ein paar größere, die ich im Buch vermerkt habe. Zum Beispiel werden PC-Anwender, die Photoshop Elements haben, einfach Bibliotheken aus dem Organizer importieren können, was für Mac-Anwender nicht möglich ist. Falls Tastenkombinationen zwischen den Plattformen abweichen, habe ich beide angeführt. Um zum Beispiel alle Bilder auszuwählen, schreibe ich: ⌘+Shift+A (Strg+Shift+A); dabei kommt der Mac-Befehl zuerst, dann der PC-Befehl in Klammern. Der Einfachheit halber heißt es immer »rechtsklicken«, statt die Tastenkombination Ctrl-Klick für den Mac zu nennen, die bei einer Ein-Tasten-Maus notwendig ist. (Die meisten Mac-Anwender haben mittlerweile ohnehin Mäuse mit mehreren Tasten, deshalb hoffe ich, dass das kein Problem darstellt.)

Weitere Informationen

Auf dieser Website zum Buch finden Sie weiterführende Informationen:

digitalmedia.oreilly.com/adventure

rund um die Island-Expedition und ein Blog über Lightroom.

Ich bin ein großer Fan von Lightroom und hoffe, dass Sie ähnlich begeistert sind von der Software wie ich. Wenn Sie Vorschläge, Ideen oder Fragen zu Lightroom haben, können Sie mich per E-Mail erreichen unter *mikkel@cyberbohemia.com*. Oder schauen Sie auf meiner Website vorbei:

www.shooting-digital.com

Lassen Sie das Abenteuer beginnen!

Mikkel Aaland
San Francisco, 2007

Sponsoren der Adobe Lightroom-Expedition

Premium-Sponsoren:

Adobe Systems, Inc (*www.adobe.com*)

IcelandAir (*www.icelandair.com*)

The Iceland Tourist Board (*www.icelandtouristboard.com*)

ExpoImaging (*www.expodisc.com*)

Lowepro (*www.lowepro.com*)

Weitere Sponsoren:

Epson, Sandisk, FossHotel, Hertz, Radisson SAS Hotels, 66° North und Graystone Travel

Das Expeditionsteam

Ohne diese unerschrockenen Menschen wäre es kein Abenteuer gewesen. Sie waren so großzügig und überließen mir ihre Fotos für dieses Buch.

Bill Atkinson Zwar ist Bill jetzt ein Vollzeit-Naturfotograf, man kennt ihn jedoch durchaus aus dem Softwaredesign. Bills Arbeit lebt von der Genauigkeit und Kontrolle, die durch den Digitaldruck möglich wurde. Sie finden seine Arbeiten unter *www.billatkinson.com*.

Russell Brown Russells Job bei Adobe ist, den Austausch zwischen Designern und Entwicklern zu gewährleisten. Außerdem hält er unterhaltsame Tipps und Tricks für Photoshop bereit, die zum Teil unter *www.russellbrown.com* zu finden sind.

Angela Drury Angela ist mehrfach ausgezeichnete Kunstfotografin, deren Arbeiten vielfach ausgestellt wurden. Sie finden sich auch in zahlreichen Publikationen, u.a. der Erstausgabe des Darkroom-Magazins. Mehr unter *www.angeladrury.com*.

Melissa Gaul Melissa ist Fotografin und Mitglied des ursprünglichen Adobe Lightroom-Entwicklungsteams in Minnesota. Ihre Mitternachtsunterweisungen in Lightroom für die Expeditionsteilnehmer waren gut besucht und sehr beliebt.

Jóhann Gudbjargarson Jóhann lebt in Island. Er hat einen Abschluss in Informatik, seine Hobbys sind Bücher, Computer, Reisen und Fotografie (wie gut das zu dieser Expedition passt!). Sie finden seine Arbeiten unter *http://gudbjargarson.net*.

Maggie Hallahan Maggie ist Fotografin mit mehr als 20-jähriger Erfahrung in Werbefotografie und Auftragsarbeiten. Ihre Arbeiten erscheinen in zahlreichen Zeitschriften und sind online zu finden unter *www.maggie-hallahan.com*.

John Isaac John ist ein preisgekrönter Fotojournalist, der während seiner Fotokarriere über 100 Länder bereist hat. 20 Jahre lang arbeitete er als Fotograf für die UNO. Sie finden seine Arbeiten unter *www.johnisaac.com*.

George Jardine George machte 1972 seinen Abschluss in Fotografie. Er fotografierte Lebensmittel, Mode, Architektur und Sport, seine Arbeiten wurden vielfach veröffentlicht. Derzeit ist George der Pro Photography Evangelist bei Adobe.

Peter Krogh Peter besitzt und betreibt ein kommerzielles Fotostudio in Washington, DC. Peter ist sowohl preisgekrönter Fotograf als auch Autor der Grundlagen zum Digital Asset Management. Sie finden seine Arbeiten unter *www.peterkrogh.com*.

John McDermott John ist ein Fotograf aus San Francisco, der Jahresberichte für Firmen, Porträts und Sport für Presse und Werbung fotografiert. Meistens würde er jedoch lieber in einer fremden Stadt umherlaufen und vorgeben, Cartier-Bresson oder Jay Maisel zu sein. Seine Arbeiten: *www.mcdfoto.com*.

Richard Morgenstein Seit mehr als 20 Jahren fotografiert Richard Menschen für Zeitschriften, Unternehmen und Privatkunden. Die Grundlage seiner Arbeiten ist sein Interesse für alle Menschen, ihre Leidenschaften und ihre Umgebung. Mehr von Richard finden Sie unter *www.richardmorgenstein.com*.

Michael Reichmann Michael ist Kunstlandschafts-, Natur- und Dokumentarfotograf mit mehr als 40-jähriger Erfahrung. Auch als Lehrer und Autor hat er einen Namen, und er ist Herausgeber und Autor der Website "The Luminous Landscape", *www.luminous-landscape.com*.

Addy Roff Addy arbeitet für Adobe, löst im Wesentlichen Probleme und erleichtert ihren Mitmenschen das Leben. »Addy« ist eine Abkürzung für einen exotischen isländischen Namen, den aber nur George Jardine einmal öffentlich ausgesprochen hat. Ein Expeditions-Blog sagt: »Die Pferde liebten Addy.«

Sigurgeir Sigurjonsson Sigurgeir ist ein Fotograf aus Reykjavík, er arbeitet für die verschiedensten Kunden in Island und anderswo. Derzeit arbeitet er an zwei Büchern über Island, die im Sommer und Herbst 2007 erscheinen. Seine Arbeiten finden Sie unter *www.portfolio.is*.

Derrick Story Derrick ist der Evangelist für Digitale Medien für O'Reilly (*http://digitalmedia.oreilly.com*). Er ist Autor der *Digital Photography Hack*s und des *Digital Photography Pocket Guide*. Hören Sie seine Foto-Podcasts und lesen Sie seine Tipps unter *www.thedigitalstory.com*.

Martin Sundberg Martin hat sich aufs Fotografieren von Personen spezialisiert, die etwas mit Leidenschaft tun, wenn sie es tun. Auf Land und See nimmt er jede Gelegenheit wahr, bewegende und inspirierende Bilder aufzunehmen. Seine Arbeiten finden Sie auf *www.martinsundberg.com*.

Sonja Thórsdóttir Sonja ist Isländerin und hat den größten Teil ihres Lebens auf Island verbracht. Ihr Hobby ist die Fotografie, außerdem das Reisen in die ganze Welt. Sonja hielt diese Expedition für eine gute Gelegenheit, dies zu kombinieren und ein Team aus grandiosen Menschen in Island zu treffen.

KAPITEL EINS

Der Arbeitsbereich von Lightroom

Lightroom wurde entwickelt, um das Importieren, Verarbeiten und Verteilen Ihrer Digitalbilder zu vereinfachen. Die meisten Fotografen empfinden die Steuerungen und Menüs als intuitiv und erfassen schnell die dem modularen Design zugrunde liegende Logik. Zwar kann man auch beim Herumexperimentieren einiges entdecken, dennoch erschließt sich vieles im Programm nicht sofort. In diesem Kapitel nehme ich Sie mit auf eine Lightroom-Probefahrt und gebe Ihnen einen allgemeinen Überblick über dieses bahnbrechende Programm.

In diesem Kapitel

Lightroom-Module

Den Arbeitsbereich von Lightroom organisieren

Erkennungstafeln erstellen

Lightroom-Module

Lightroom ist modular aufgebaut. Derzeit besteht es aus den Modulen Bibliothek, Entwickeln, Diashow, Drucken und Web. Lassen Sie uns zuerst diese Module ganz allgemein betrachten. In den nachfolgenden Kapiteln erkläre ich Ihnen, wie Sie sie sinnvoll einsetzen.

Sie finden die Module in der rechten oberen Ecke des Arbeitsbereichs im Modulwähler. *Abb. 1-1* Die Module sind beim Öffnen des Programms wie hier gezeigt zu sehen, je nach Größe des Bildschirms oder Ihres Arbeitsplatzes können sie ausgeblendet sein. Klicken Sie auf den Namen im Modulwähler, um zum jeweiligen Modul zu gelangen.

> **HINWEIS:** *Beim ersten Öffnen von Lightroom sehen Sie keine Bilder, diese müssen zunächst einmal importiert werden, wie Sie in Kapitel 2 erfahren.*

Abbildung 1-1

Der Modulwähler bleibt eingeblendet, wenn Sie *Fenster→Bedienfelder→Modulauswahl anzeigen* wählen. *Abb. 1-2*

Abbildung 1-2

Wenn die Module ausgeblendet sind, können Sie sie jederzeit einblenden, indem Sie auf das Dreieck oben in der Bildschirmmitte klicken. *Abb. 1-3*

Abbildung 1-3

HINWEIS: Die Module überschneiden sich etwas in ihren Funktionen. Einfache Bildbearbeitungen können Sie zum Beispiel im Bibliothek-Modul durchführen und Importe aus dem Entwickeln-Modul heraus ausführen (wobei Sie wieder im Bibliothek-Modul ankommen). Trotzdem bietet Ihnen jedes Modul einen Arbeitsbereich, der auf bestimmte Aufgaben zugeschnitten ist.

Sie öffnen ein Modul, indem Sie in der Modulauswahl auf dessen Namen klicken oder die folgenden Tastenkürzel benutzen:

- *Bibliothek* ⌘+Option+1 (Strg+Alt+1)
- *Entwickeln* ⌘+Option+2 (Strg+Alt+2)
- *Diashow* ⌘+Option+3 (Strg+Alt+3)
- *Druck* ⌘+Option+4 (Strg +Alt+4)
- *Web* ⌘+Option+5 (Strg+Alt+5)

Bibliothek-Modul

Im Bibliothek-Modul können Sie Bilder importieren, exportieren, organisieren, sortieren, bewerten und mit Stichwörtern versehen. *Abb. 1-4* Sie können auch einfache Bildbearbeitungen an beliebig vielen Bildern vornehmen oder, wenn Sie möchten, eine im Entwickeln-Modul erstellte Vorgabe auf einen Bilderstapel anwenden.

Abbildung 1-4

Entwickeln-Modul

Im Entwickeln-Modul sind die leistungsstärksten Funktionen enthalten. *Abb. 1-5* Hier können Sie nicht nur RAW-Bilder bearbeiten, die Steuerungen funktionieren auch für JPEGs und TIFFs. (Natürlich sorgen RAW-Dateien für die größte Flexibilität und Qualität.) Alles, was Sie mit Ihrem Bild anstellen, ist nicht destruktiv. Mit Lightroom erzeugen Sie eine Abfolge von Befehlen, die beim Export auf das Bild angewendet werden. Im Originalbild werden keine Pixel verändert, nicht einmal mit Bereiche entfernen (Kopierstempel/Reparieren) oder der Option Rote Augen.

Abbildung 1-5

Diashow-Modul

Nachdem Sie Ihre Bilder in der Bibliothek organisiert, bearbeitet und sortiert und die Dateien im Entwickeln-Modul verarbeitet haben, möchten Sie die Ergebnisse sicher mit anderen teilen. Mit dem Diashow-Modul erstellen Sie eine einfache, jedoch effektvolle Diashow.
Abb. 1-6 Jedes Dia kann eine eigene Erkennungstafel bekommen (mehr dazu am Ende dieses Kapitels). Sie können Text auf EXIF-Daten-Basis hinzufügen und eigenen Text einbinden, Sound hinzufügen und die Show in eine PDF-Präsentation umwandeln, um sie offline betrachten zu können. (Mehr dazu in Kapitel 10.)

Abbildung 1-6

Drucken-Modul

Das Drucken-Modul ist wie das gesamte Programm auf die Verarbeitung einzelner oder mehrerer Bilder eingestellt. Damit können Sie sowohl die verbreiteten Bildformate wie auch Konfigurationen (z.B. Kontaktabzüge) drucken und anpassen.
Abb. 1-7

> **TIPP:** Um aus anderen Modulen schnell zur Bibliothek zurückkehren zu können, drücke ich die Taste G (Bibliothek-Rasteransicht). Mit D gelangt man zum Entwickeln-Modul.

Abbildung 1-7

Web-Modul

Das Web-Modul erzeugt Webgalerien sowohl auf HTML- als auch auf Flash-Basis. Einige Vorgaben werden mitgeliefert, Sie können jedoch auch einfach eigene erstellen. Fügen Sie Metadaten (Text oder Bild) hinzu oder tippen Sie eigene ein (mehr dazu in Kapitel 11). *Abb. 1-8*

Abbildung 1-8

Der Filmstreifen

Abbildung 1-9

Der Filmstreifen am unteren Rand des Lightroom-Arbeitsbereichs ist der gemeinsame Nenner der Module. Er enthält Miniaturversionen aller Bilder im Hauptfenster des Bibliothek-Moduls. Diese Bilder können über den Filmstreifen direkt neu angeordnet werden, was sich auf die Reihenfolge in den Modulen Diashow, Druck und Web auswirkt. Der Filmstreifen kann verschieden groß sein, hier ist er beispielsweise genauso groß wie die gesamte Arbeitsoberfläche. *Abb. 1-9*

Abbildung 1-10

Um die Größe des Filmstreifens zu verändern, stellen Sie Ihren Cursor auf die Linie zwischen dem Filmstreifen und dem Arbeitsbereich; er verwandelt sich in einen Doppelpfeil wie in *Abb. 1-10*. Klicken und ziehen Sie, um die Größe des Filmstreifens anzupassen.

Abbildung 1-11

Der Filmstreifen kann nicht größer oder kleiner gemacht werden als die hier gezeigten Beispiele. Ebenso ist seine Position am unteren Bildrand fix. *Abb. 1-11*

Sie können festlegen, welche Informationen (Bewertungen etc.) in den Miniaturen im Filmstreifen angezeigt werden. Das und andere Funktionalitäten bestimmen Sie in den Voreinstellungen unter *Bedienoberfläche*.

Mit dem Menübefehl *Fenster→Bedienfelder→Filmstreifen anzeigen* blenden Sie den Filmstreifen ein bzw. aus. *Abb. 1-12* Auch durch einen Klick auf das Dreieck am unteren Fensterrand können Sie den Filmstreifen ausblenden. Ein erneuter Klick blendet ihn wieder ein.

Wenn Sie in der Bibliothek-Rasteransicht arbeiten, scheint der Filmstreifen aufgrund der vielen Miniaturen im Hauptfenster redundant zu sein. Dennoch ist er lediglich eine andere Ansichtsmöglichkeit und in allen anderen Bibliothek-Modi recht praktisch. Sie finden damit einzelne oder mehrere Bilder, ohne zur Rasteransicht im Bibliothek-Modul zurückkehren zu müssen.

Um durch den Filmstreifen zu scrollen, klicken Sie auf die Pfeile an den Enden. *Abb. 1-13* Sie können auch die Scrollleiste am unteren Rand verwenden, um sich von links nach rechts zu bewegen und verborgene Miniaturen anzuschauen. Die Navigation von Bild zu Bild funktioniert ebenfalls mit den Pfeiltasten auf Ihrer Tastatur.

Klicken Sie einfach auf die gewünschte Miniatur, um ein Bild aus dem Filmstreifen auszuwählen. Eine markierte Miniatur sehen Sie in *Abb. 1-14*. Sie können auch mehrere aufeinanderfolgende Miniaturen im Filmstreifen auswählen: Klicken Sie auf die erste, halten Sie die Shift-Taste gedrückt und klicken Sie auf das letzte Bild; die Bilder dazwischen werden auch ausgewählt. Bei nicht aufeinanderfolgenden Bildern klicken Sie mit gehaltener ⌘-Taste (Strg).

Abbildung 1-12

Abbildung 1-13

Abbildung 1-14

DER ARBEITSBEREICH VON LIGHTROOM | 7

Abbildung 1-15

Die Navigationspfeile links am Filmstreifen (markiert) können Sie verwenden, um sich zwischen dem aktuellen und den vorher benutzten Modulen hin und her zu bewegen. *Abb. 1-15* Klicken Sie auf das Raster-Icon links davon, gelangen Sie zur Bibliothek-Rasteransicht, egal wo Sie gerade arbeiten. Mithilfe des Pop-up-Menüs (rechts markiert) können Sie zwischen Kollektionen umschalten oder Ihre Spuren zu vorher ausgewählten Bildern verfolgen, ohne auf das Bibliothek-Modul zurückgreifen zu müssen. (Klicken Sie auf den Pfeil neben dem Dateinamen, um zum Pop-up-Menü zu gelangen.)

Abbildung 1-16

Filter können Sie direkt aus dem Filmstreifen heraus anwenden (siehe Markierung). Mehr zu gefilterten Ansichten finden Sie in Kapitel 3. *Abb. 1-16*

Abbildung 1-17

Wenn Sie im Filmstreifen mit rechts auf eine Miniatur klicken, sehen Sie das Kontextmenü, wie in *Abb. 1-17* gezeigt. Dieses enthält häufig benutzte Befehle, wie *Entwicklungseinstellungen*, *Drehen* und *Virtuelle Kopien* anlegen, sowie Filmstreifen-Optionen.

In den entsprechenden Kapiteln werde ich weiter auf die Funktionen des Filmstreifens in den verschiedenen Modulen eingehen.

Sigurgeir Sigurjónsson

Ich traf Sigurgeir ein Jahr vor der Island-Expedition am Flughafen von Keflavik. Eigentlich traf ich eher sein Buch, *Lost in Iceland,* das gerade erschienen war. Ich war von den Fotos begeistert, und der Text zu den Bildern zog mich in seinen Bann. »Manche behaupten, in der Stille der isländischen Wildnis Gott so gut wie irgend möglich hören zu können.« In gewisser Weise organisierte ich diese Expedition als Ausrede, um diesen ausgezeichneten Fotografen kennenzulernen. Tatsächlich begleitete er uns bei der Expedition und hängte sich beim Fotografieren sogar aus dem Helikopterfenster.

Den Arbeitsbereich von Lightroom organisieren

Der Arbeitsbereich von Lightroom lässt sich extrem gut anpassen. Sie können die einzelnen Fenster sehr leicht vergrößern oder verkleinern, um sie an Ihre speziellen Anforderungen anzupassen – ob Sie nun mit dem Laptop unterwegs sind oder am Cinema-Display im Studio arbeiten.

Lassen Sie uns mit den klar ersichtlichen Methoden beginnen, den Arbeitsbereich von Lightroom zu organisieren, die etwas versteckten Tricks folgen später. Alles, was Sie hier lesen, funktioniert bei allen Modulen gleich.

Das springt ins Auge

Wenn es Ihnen so geht wie mir, müssen Sie auch erst mal auf jedes Icon klicken, um herauszufinden, was es bewirkt.

Sehen Sie die dreieckigen Icons an den Seiten, oben und unten? (Ich habe sie hier rot markiert.) Das ist die schnelle Methode, um Platz zu schaffen. *Abb. 1-18*

Abbildung 1-18

Ich klickte mit der Maus nacheinander auf alle Icons. Nun sind auf meinem Bildschirm nur noch die Vorschaubilder zu sehen, ohne all das ganze Drumherum. *Abb. 1-19* Um die Bedienfelder, den Filmstreifen und die Menüleiste einzublenden, klicken Sie erneut auf das Dreieck. (Wenn Sie Ihren Cursor nur über das Dreieck stellen, während alle Bedienfelder ausgeblendet sind, können Sie diese kurz sehen. Sie verschwinden aber wieder, sobald der Cursor bewegt wird.)

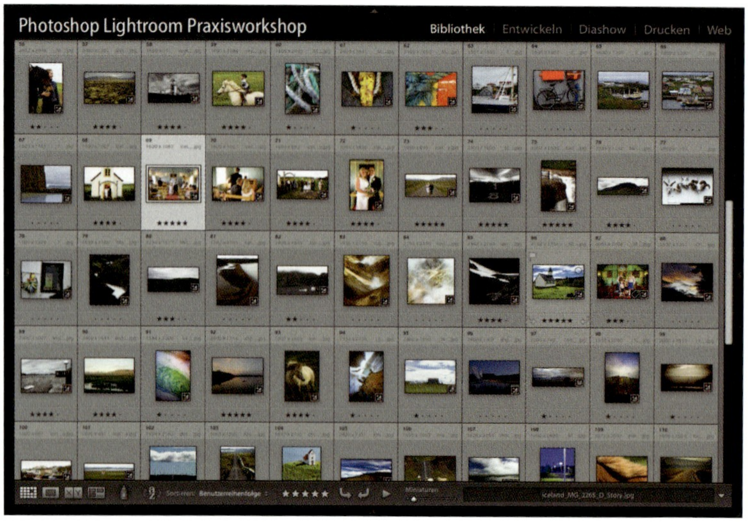

Abbildung 1-19

DER ARBEITSBEREICH VON LIGHTROOM | 11

Abbildung 1-20

Sie können auch das gesamte Lightroom-Fenster auf einen bestimmten Bereich Ihres Bildschirms anpassen, indem Sie den Cursor unten rechts ins Fenster stellen, dann klicken und das Fenster anschließend auf eine bestimmte Größe aufziehen. *Abb. 1-20*

Menübefehle

Menübefehle sind eine weitere einfache Möglichkeit, das Aussehen Ihres Arbeitsbereichs zu steuern. Im Menü *Fenster* haben Sie verschiedene Möglichkeiten. Das Mac-Menü (links) unterscheidet sich dabei etwas vom Windows-Menü (rechts). *Abb. 1-21*

Abbildung 1-21

Bildmodus

Sie können den Bildmodus direkt über die Menüleiste (*Fenster→Bildmodus*) ändern. *Abb. 1-22* Merken Sie sich jedoch besser die Taste F, um zwischen den Bildmodi umzuschalten, so können Sie flüssiger arbeiten. Auch hier sehen die Menüs auf dem Mac (links) und unter Windows (rechts) etwas unterschiedlich aus.

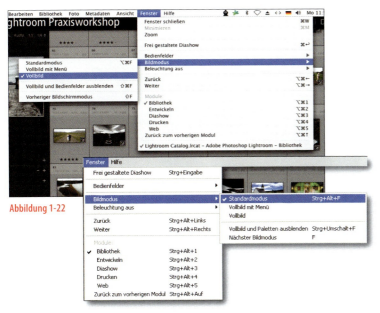

Abbildung 1-22

Standardmodus

Wenn Sie den Standardmodus als Bildmodus wählen, sieht das so aus wie in *Abb. 1-23* gezeigt. Die Menüleiste ist am oberen Bildrand zu sehen, auch die Bedienfelder und die Modulauswahl sind eingeblendet. Natürlich können Sie den Bildmodus anpassen, indem Sie durch Klicken auf die Dreiecke wie eben beschrieben die Bedienfelder oder den Modulwähler ausblenden. (In diesem Beispiel habe ich statt der Rasteransicht die Lupenansicht gewählt. Auf diese speziellen Ansichtsoptionen im Bibliothek-Modul werde ich in Kapitel 3 näher eingehen.)

Abbildung 1-23

Vollbild mit Menü

Wenn Sie unter *Bildmodus* die Option *Vollbild mit Menü* wählen, sieht Ihr Bildschirm so aus wie in *Abb. 1-24*. Im Grunde unterscheidet er sich kaum vom Standardmodus, allerdings füllt er den gesamten Bildschirm aus und lässt sich in der Größe nicht anpassen.

Abbildung 1-24

Vollbild

Im Vollbildmodus ist das Menü verschwunden, es sei denn, Sie stellen den Mauszeiger darüber. Die Bedienfelder und der Filmstreifen bleiben eingeblendet, wenn Sie sie nicht absichtlich ausblenden. *Abb. 1-25*

Abbildung 1-25

Abbildung 1-26

Vollbild und Bedienfelder ausblenden

Dieser Modus maximiert den Bildbereich, wobei jedoch einige Ansichts- und Sortierwerkzeuge eingeblendet bleiben. *Abb. 1-26*

Abbildung 1-27

Auf den zweiten Blick

Es gibt einige etwas versteckte Befehle, mit denen Sie Ihren Arbeitsbereich in Lightroom effektiver organisieren und anordnen können.

Standardmäßig werden alle Bedienfelder in den Seitenbereichen der Reihe nach geöffnet und bleiben offen, wenn man darauf klickt. *Abb. 1-27*

Abbildung 1-28

Wenn Sie die Option-/Alt-Taste gedrückt halten, während Sie auf eines der Bedienfelder klicken, öffnet sich nur dieses Bedienfeld im sogenannten Solomodus. *Abb. 1-28* Klicken Sie erneut mit gehaltener Option-/Alt-Taste auf das Bedienfeld, um zum normalen Verhalten zurückzukehren (gilt für alle Bedienfelder einzeln).

Sie können das Verhalten der Bedienfelder steuern, indem Sie in den Header rechtsklicken (nicht ins Dreieck). Sie gelangen ins Kontextmenü, zu sehen in *Abb. 1-29*. Wenn Sie die Option Solomodus wählen, verhält sich das Bedienfeld wie eben beschrieben. Sie können auch einzelne Bedienfelder ausblenden, indem Sie sie in diesem Menü auswählen bzw. die Auswahl aufheben. Die Einstellungen gelten auch hier für jedes Bedienfeld separat.

Abbildung 1-29

Die Bedienfeldendmarken am unteren Rand des rechten oder linken Felds können Sie austauschen, anpassen oder entfernen. Rechtsklicken Sie auf den unteren Rand des Bedienfelds, um das Kontextmenü zu öffnen. *Abb. 1-30* (Als eigene Endmarken können Sie PNG-Dateien im Bedienfeldendmarke-Ordner ablegen und dann über dieses Menü auswählen.)

Abbildung 1-30

> **TIPP:** *Aus Photoshop ist bekannt, dass durch Drücken der Tab-Taste die Werkzeugpaletten ausgeblendet werden. In Lightroom blendet man mit der Tab-Taste die Seitenfelder aus und maximiert so die Bildfläche.*

Voreinstellungen der Benutzeroberfläche

Mit den Voreinstellungen für die Benutzeroberfläche passen Sie das Aussehen und die Funktionsweise des Arbeitsbereichs an. Öffnen Sie die Voreinstellungen (auf dem Mac im *Lightroom*-Menü, unter Windows in *Bearbeiten*) und klicken Sie auf *Benutzeroberfläche*. *Abb. 1-31* Hier finden Sie verschiedene Optionen für Hintergrundfarbe, Bedienfeldendmarken, Filmstreifen, Struktur etc.

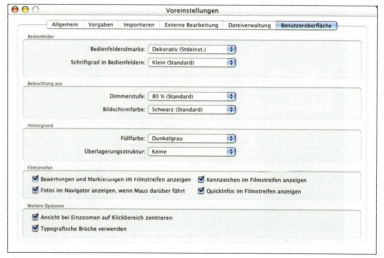

Abbildung 1-31

Licht an, Licht aus

Abbildung 1-32

Dies gehört in die Kategorie »Echt cool«, vor allem wenn man gern zwischen Arbeitsbereichen hin- und herschaltet, um an den Bildern arbeiten und sie ohne Ablenkung betrachten (oder präsentieren) zu können. *Abb. 1-32* zeigt den Bildbereich mit *Beleuchtung ein* (Standard). Alle Bedienfelder und der Filmstreifen sind gut zu erkennen.

Abbildung 1-33

Abb. 1-33 zeigt den Bildbereich, während die Option *Gedämpftes Licht* ausgewählt ist. Bedienfelder und Filmstreifen sind sichtbar, jedoch etwas abgeschwächt.

Abbildung 1-34

Abb. 1-34 zeigt den Arbeitsbereich mit *Beleuchtung aus*. Jetzt kann man das Bild ohne Ablenkungen betrachten.

Die Funktion *Beleuchtung aus* steuern Sie über das Menü *Fenster→Beleuchtung aus*. Einfacher ist es jedoch, mit der Taste L vom einen Modus zum anderen umzuschalten. Unter *Voreinstellungen→Benutzeroberfläche* stellen Sie die Dimmerstufe und/oder die Bildschirmfarbe ein.

Derrick Story

Derrick Story kam nach Island, um eine Hochzeit zu fotografieren, was er zu Hause in Kalifornien häufig tut. Vor seiner Reise verbrachte er viel Zeit mit den Vorbereitungen, aber im letzten Moment ging dann doch noch alles schief. Derrick ließ sich davon jedoch nicht die Laune verderben. Er richtete seine Kamera auf andere Dinge und ließ sich entspannt auf die Expedition ein. Er war begeistert, als sich jedoch eines Tages eine Hochzeit wie aus heiterem Himmel ergab. Ein Paar aus Schweden hatte, angezogen von einer alten isländischen Kirche mitten im Nichts, beschlossen, hier zu heiraten. Und Derrick war zufällig auch da und wurde so zum »offiziellen« Fotografen.

Erkennungstafeln erstellen

Mithilfe von Erkennungstafeln ist es möglich, den Arbeitsbereich zu personalisieren und an den Benutzer anzupassen. Erkennungstafeln werden auch zur Kennzeichnung von Diashows, Webgalerien und Ausdrucken gern verwendet. Folgendermaßen legen Sie eine eigene Erkennungstafel an.

Wählen Sie zuerst *Bearbeiten→Einrichtung der Erkennungstafel* (Windows) oder *Lightroom→Einrichtung der Erkennungstafel* (Mac). Ein Dialog wie in *Abb. 1-35* erscheint. Wenn Sie die Option *Formatierte Texterkennungstafel verwenden* wählen, können Sie Ihren Namen oder eine Beschreibung in das Textfeld eingeben. Wählen Sie aus den Pop-up-Menüs darunter Schriftart, Stil und Größe aus. Klicken Sie in das Farbfeld, um eine Farbe zu wählen.

Abbildung 1-35

Wenn Sie die Option *Erkennungstafel aktivieren* einschalten, erscheint diese in der linken oberen Ecke des Lightroom-Arbeitsbereichs, und Sie können Ihre Schrift- und Farbwahl überprüfen. *Abb. 1-36*

Abbildung 1-36

Falls Sie sich für die Option *Grafische Erkennungstafel verwenden* entscheiden, können Sie eine vorgefertigte Grafik importieren, indem Sie diese von Ihrem Desktop in das Feld ziehen oder mithilfe von *Datei suchen* auswählen. *Abb. 1-37* Als Grafik können Sie Dateien in den Formaten PDF, JPG, GIF, PNG, TIFF oder PSD mit max. 60 Pixeln Höhe verwenden. Beachten Sie, dass die Grafik zwar für die Anzeige auf dem Bildschirm ausreichen mag, die Auflösung für den Druck jedoch zu gering ist.

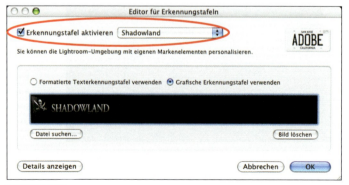
Abbildung 1-37

DER ARBEITSBEREICH VON LIGHTROOM | 19

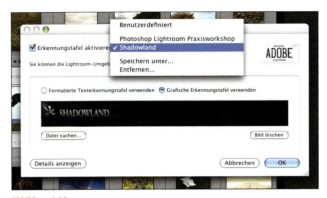

Abbildung 1-38

Abbildung 1-39

Mehrere Erkennungstafeln

Obschon nicht gleichzeitig benutzbar, können Sie doch beliebig viele Erkennungstafeln erstellen. Wählen Sie dazu die Option *Speichern unter* aus dem Menü *Erkennungstafel aktivieren* und geben Sie der Tafel einen Namen. Beim nächsten Öffnen dieses Menüs wird der neue Name angezeigt. *Abb. 1-38*

Eigene Modulauswahl-Buttons

Im Editor für Erkennungstafeln können Sie Schrift, Größe und Farbe der Modulauswahl-Buttons auswählen, um ein Design zu finden, das zu Ihrer eigenen Tafel passt. *Abb. 1-39*

Der erste Farbwähler rechts von der Schriftgröße wählt die Farbe des aktuellen Moduls, der daneben die für die nicht aktiven Module.

Abbildung 1-40

Abbildung 1-41

Fortschrittsanzeige

Lightroom kann mehrere Aufgaben gleichzeitig erledigen. Sie können z.B. einen Stapel DNGs exportieren und gleichzeitig eine Flash-Webgalerie aufbauen. Mit der Fortschrittsanzeige von Lightroom bleiben Sie auf dem Laufenden (*Abb. 1-40*), Sie finden sie oben links im Lightroom-Fenster. Eine Miniatur zeigt an, welche Bildoperation derzeit ausgeführt wird. Brechen Sie einen Vorgang ab, indem Sie auf das X klicken. Wenn zwei oder mehr Vorgänge gleichzeitig ablaufen, klicken Sie auf den Pfeil (*Abb. 1-41*) und schalten zwischen den verschiedenen Anzeigen hin und her.

KAPITEL ZWEI

Bilder in Lightroom importieren

In Lightroom »öffnen« Sie die Bilder nicht wie in Photoshop, Sie »durchsuchen« Bilddateien auch nicht wie mit Adobe Bridge. Zuerst müssen Sie Ihre Bilder in Lightroom »importieren«, entweder direkt von der Digitalkamera, einer Festplatte oder von einem anderen Speichermedium. Beim Import erzeugt Lightroom eine Vorschau des Originalbildes und legt eine Verknüpfung zwischen der Vorschau und der Originalbilddatei an. Wenn Sie dann an Ihrem Bild arbeiten, zeichnet das Programm alle Änderungen in einer Datenbank auf, lässt jedoch alle Pixel des Originalbildes unverändert. Aber ich greife mir selbst vor. Zuerst wollen wir einmal schauen, wie wir Bilder in Lightroom importieren.

In diesem Kapitel

Bilder in Lightroom importieren

Fotos importieren – die Optionen

Überwachte Ordner erstellen und einsetzen

Foto: Peter Krogh

Bilder in Lightroom importieren

Sie haben verschiedene Möglichkeiten, Ihre Fotos in Lightroom zu importieren. Mit einigen Tricks können Sie sich beim Import die Arbeit erleichtern, wenn es ums Organisieren, Bearbeiten, Bewerten und Verarbeiten Ihrer Bilder geht.

Der Importieren-Button

Am naheliegendsten ist der *Importieren*-Button unten links im Bibliothek-Modul, um einen Import zu starten. *Abb. 2-1*

Falls Sie den Button nicht sehen, klicken Sie einfach auf das Dreieck am linken Rand des Arbeitsbereichs, um den Bedienfeldbereich zu öffnen, oder drücken die Tab-Taste. Nach einem Klick auf den Button navigieren Sie zu dem Ordner/den Dateien, den oder die Sie importieren wollen.

Abbildung 2-1

Tastatur oder Menübefehl

Den Befehl *Fotos vom Datenträger importieren* finden Sie im *Datei*-Menü. *Abb. 2-2* Sie können den Import auch mit dem Tastenkürzel ⌘+Shift+I (Strg+Shift+I) starten. Dieser Befehl kann in allen Modulen eingesetzt werden – egal wo Sie beginnen, Sie enden danach immer im Bibliothek-Modul.

Abbildung 2-2

Drag-and-Drop

Sie können Bilder auch per Drag-and-Drop von Ihrem Desktop (oder einem Programm wie Adobe Bridge) in Lightroom importieren, indem Sie die Bilder einfach auf das Lightroom-Icon ziehen. *Abb. 2-3* Lightroom wird gestartet, und der Importdialog erscheint. Sie können die Bilder auch direkt in das Arbeitsfenster des Bibliothek-Moduls ziehen, um den Import zu starten.

Abbildung 2-3

BILDER IMPORTIEREN | 23

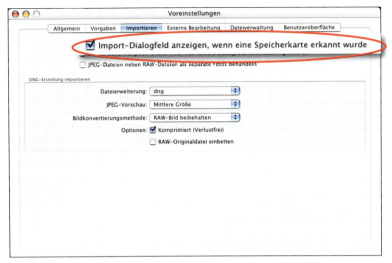

Abbildung 2-4

Abbildung 2-5

> **HINWEIS:** Sie können den Warnton wählen (oder keinen), der meldet, wenn der Import (oder Export) abgeschlossen ist:
> 1. Wählen Sie Voreinstellungen→Allgemein.
> 2. Wählen Sie einen Warnton aus dem Pop-up-Menü aus.
> 3. Üblich ist, für Import und Export verschiedene Töne einzustellen, um zwischen beiden unterscheiden zu können.

Auto-Import von Karte oder Kamera

Unter *Voreinstellungen/Importieren* ist standardmäßig die Option *Import-Dialogfeld anzeigen, wenn eine Speicherkarte erkannt wurde* aktiviert. *Abb. 2-4* Der Import beginnt also automatisch, wenn Lightroom feststellt, dass Sie eine Speicherkarte eingelegt oder eine Kamera angeschlossen haben.

Den Auto-Import deaktivieren Sie so:

1. Wählen Sie *Lightroom→Voreinstellungen* (Mac) bzw. *Datei→Voreinstellungen* (Windows).
2. Deaktivieren Sie im Register *Importieren* die Option *Import-Dialogfeld anzeigen, wenn eine Speicherkarte erkannt wurde*.

Auto-Import aus überwachtem Ordner

Wenn Sie *Datei→Automatisch importieren→Automatischen Import aktivieren* wählen, können Sie Dateien und Ordner mit Bildern an einen bestimmten Ort, z.B. auf Ihren Desktop, ziehen, und der Import beginnt automatisch. *Abb. 2-5* (Siehe dazu auch den letzten Abschnitt dieses Kapitels.)

Import aus Katalog

Sie können ebenfalls Bilder aus einem Lightroom-Katalog importieren, indem Sie *Datei→Aus Katalog importieren* wählen. Mehr zu Katalogen im nächsten Kapitel.

Import aus Elements

Windows-Anwender können Kataloge auch direkt aus Photoshop Elements oder Album 2.0 importieren, wenn diese auf dem Rechner installiert sind. Auch die Stichwörter werden automatisch importiert.

Maggie Hallahan

Maggie stand in Island früh morgens auf und begleitete Michael Reichmann und Bill Atkinson auf einer ihrer Marathontouren. Einmal beobachtete Maggie Wanderer, die geduldig die Stiefel auszogen, um durch den dampfenden Fluss zu waten. Sie montierte ihre Kamera auf ein Stativ und wartete auf den perfekten Moment. Schließlich passte alles. Eine Dampfwolke schoss vom Berg herunter, gerade als die Wanderer vorbeiliefen. Um die extreme Schärfentiefe zu erreichen, fotografierte sie mit f/22 bei 1/10 s. In Lightroom verstärkte sie das Grün etwas, verringerte die Deckkraft der Gelbtöne und wendete eine leichte Vignette auf das Bild an. Außerdem stellte sie es oben und unten etwas frei.

Fotos importieren – die Optionen

Im *Importieren*-Dialog können Sie mehrere Optionen einstellen. Hier die richtige Wahl zu treffen, kann später entscheidend sein, wenn Sie mit Ihren Bildern in Lightroom arbeiten. Lassen Sie uns diesen Prozess untersuchen und sehen, wie man die richtige Wahl trifft.

Wenn Sie im Lightroom-Arbeitsbereich auf *Importieren* geklickt und den Ordner bzw. die Datei gefunden haben, die Sie importieren wollen, erscheint ein Dialog wie der hier gezeigte. *Abb. 2-6* Dieser Dialog erscheint nicht, wenn Sie mit überwachten Ordnern arbeiten (siehe weiter unten in diesem Kapitel).

Wenn Sie die Option *Vorschau anzeigen* unten links im Dialog wählen, werden schon hier Miniaturen der Bilder angezeigt. Ein Schieberegler erlaubt es Ihnen, die Größe der Miniaturen einzustellen. Die einzelnen Dateien wählen Sie direkt über die Miniatur aus oder klicken auf die Buttons *Alle markieren* bzw. *Auswahl aufheben*.

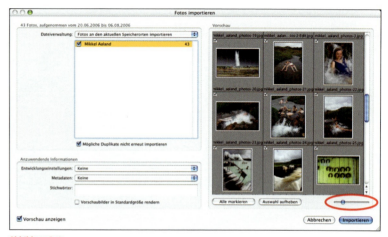

Abbildung 2-6

Dateiverwaltung

Zuerst müssen Sie entscheiden, wie Lightroom mit Ihren Originaldateien beim Import verfährt. In *Abb. 2-7* sehen Sie Ihre Auswahlmöglichkeiten. Die Optionen:

Fotos an den aktuellen Speicherorten importieren

> Wenn Sie diese Option wählen, bewegt Lightroom Ihre Originaldateien nicht, egal wo sie liegen. Es erzeugt einen Verweis zur Datei, die unverändert bleibt, bis Sie sie bewegen oder löschen. Wenn Sie die Datei später verschieben und Lightroom sie nicht finden kann, werden Sie von Lightroom aufgefordert, nach dem

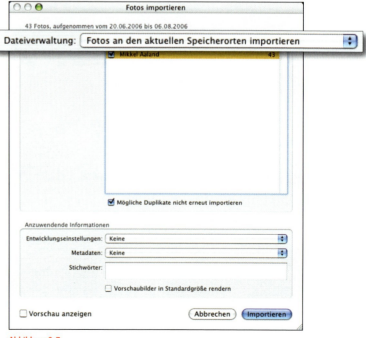

Abbildung 2-7

Abbildung 2-8

Abbildung 2-9

Abbildung 2-10

Abbildung 2-11

Abbildung 2-12

neuen Speicherort zu »suchen«. (Mehr dazu in Kapitel 3.) Das Kontrollkästchen *Mögliche Duplikate nicht erneut importieren* stellt sicher, dass Duplikate in der Bibliothek enthaltener Fotos nicht importiert werden. *Abb. 2-8* Wenn Sie diese Option wählen, können Sie Ihre Dateien beim Import jedoch nicht wie bei den folgenden Optionen neu benennen.

Fotos an einen neuen Speicherort kopieren und importieren

Wenn Sie diese Option im *Importieren*-Dialog wählen, verändert sich dieser und bietet mehr Optionen an. Sie können einen beliebigen Ort wählen, an den Ihre Bilder kopiert werden, indem Sie auf *Wählen* klicken. *Abb. 2-9* Auf dem Mac und unter Windows Vista werden die Fotos standardmäßig im Bilderordner abgelegt (bei früheren Windows-Versionen in *Meine Bilder*).

Lightroom erstellt eine komplette Kopie aller Ihrer Dateien und legt sie entsprechend Ihrer Wahl in Ordnern ab. Die Standardeinstellung ist *Nach Originalordnern*, Sie können aber auch alle in einen Ordner legen oder nach Datum sortieren lassen. *Abb. 2-10* Sie können ebenfalls einen Ort für ein Backup festlegen (*Abb. 2-11*), dabei wird eine Kopie Ihrer Bilddaten an einem bestimmten Ort gesichert. Außerdem können Sie jeder Datei eine Dateinamenvorlage zuweisen. *Abb. 2-12* Das ist, wie bereits erwähnt, etwas, das Sie nicht tun können, wenn Sie nur auf die Bilder am Originalort verweisen. Der große Nachteil des Kopierens ist jedoch, dass der Importprozess deutlich verlangsamt wird, vor allem bei großen Dateien.

Fotos an neuen Speicherort verschieben und importieren

Diese Option ist der eben erläuterten ähnlich, allerdings verschiebt sie die Originaldateien und legt sie an einem vorher festgelegten Ort auf Ihrer Festplatte ab. *Abb. 2-13* Da Sie die Datei nicht kopieren, sondern bewegen, dauert das nicht so lange. Aber beachten Sie: Wenn Sie diese Option mit einem Kartenleser oder einer Digitalkamera benutzen, löscht Lightroom nach dem Verschieben die Dateien von der Kamera oder Karte.

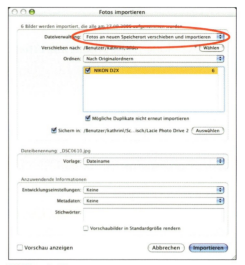

Abbildung 2-13

Fotos als digitales Negativ (DNG) kopieren und importieren

Diese Option macht aus den Original-RAW-Dateien DNGs und legt sie in einem vorher festgelegten Ordner auf Ihrer Festplatte ab. *Abb. 2-14* Die Originale bleiben an ihrem Platz. (DNG ist ein standardisiertes, offen dokumentiertes RAW-Dateiformat, das von Adobe entwickelt wurde.) Sie können auch TIFFs und JPEGs in DNGs umwandeln. (Voreinstellungen zum Erstellen von DNGs finden Sie in *Voreinstellungen→Importieren*.)

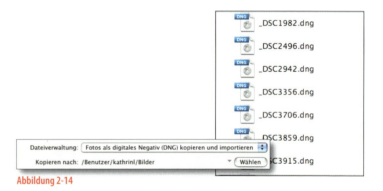

Abbildung 2-14

Vorschaubilder rendern

Wenn Sie die Option *Vorschaubilder in Standardgröße rendern* aktivieren, wird beim Import eine 1440-Pixel-Vorschau erzeugt. *Abb. 2-15* Falls nicht, erzeugt Lightroom Vorschaubilder, die von der Kamera angelegt wurden, deren Größe zwischen den Geräten jedoch variiert. Die Dateien werden schneller importiert, aber die Qualität der Miniaturen ist nicht toll. Lightroom erzeugt jedoch noch eine Vorschau in ansprechender Größe, wenn Sie das Bild auswählen und bearbeiten.

Abbildung 2-15

Vorschaugrößen in Katalogeinstellungen festlegen

Wir verlassen kurz den Importdialog und sehen uns die Optionen in *Katalogeinstellungen→Dateihandhabung* an (*Datei→Katalogeinstellungen* oder *Voreinstellungen→Allgemein→Gehe zu Katalogeinstellungen*). Hier wählen Sie die Standard-Vorschaugröße. *Abb. 2-16* Der Import dauert umso länger, je größer die Vorschau ist. Sie wählen bei der Vorschauqualität zwischen *Hoch*, *Mittel* und *Niedrig*, was dann von Bedeutung ist, wenn es um den Speicherplatz geht. Alle diese Einstellungen betreffen nur den jeweiligen Katalog.

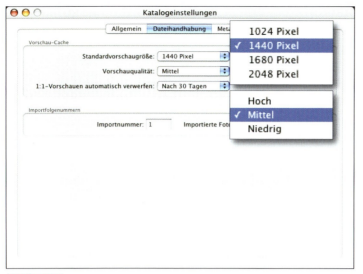

Abbildung 2-16

Vorschaubilder manuell erstellen

Nach dem Import können Sie Lightroom-Vorschaubilder in Standardgröße oder 1:1 im Bibliothek-Modul rendern oder erstellen lassen (*Bibliothek→Vorschauen*). *Abb. 2-17* Je nachdem, wie viele Bilder ausgewählt sind, kann das etwas dauern. (1:1-Vorschauen werden im Entwickeln-Modul automatisch generiert, wenn Sie ein Bild auswählen und dort bearbeiten. Wenn Sie vorher eine 1:1-Vorschau erstellen, sparen Sie dann vielleicht etwas Zeit.)

Abbildung 2-17

Vorschauen entfernen

Im Grunde sind 1:1-Vorschaubilder hochauflösende Versionen Ihres Bildes, deshalb benötigen sie auch viel Speicherplatz. Sie brauchen sie eigentlich nur, wenn Sie ein Bild bearbeiten. Hin und wieder sollten Sie also Ihr System entrümpeln. Wählen Sie dazu entweder *Bibliothek→Vorschauen→1:1-Vorschauen verwerfen* oder stellen Sie ein (*Datei→Katalogeinstellungen*), wie oft die Vorschauen verworfen werden sollen. *Abb. 2-18*

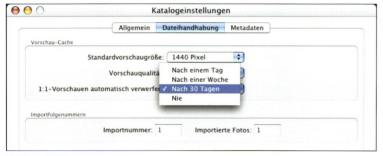

Abbildung 2-18

Unterstützte Dateiformate

Lightroom unterstützt die folgenden Dateiformate: JPEG, TIFF, PSD, RAW und DNG. Videoformate werden derzeit noch nicht unterstützt. Zwar werden PSD-Dateien unterstützt, sollten sie aber Ebenen enthalten, erscheint in Lightroom nur ein reduziertes Bild im Arbeitsbereich. Einzelne Ebenen können in Lightroom nicht bearbeitet werden, auch wenn sie im Originalbild erhalten bleiben. Wenn Sie JPEG plus RAW aufnehmen, können Sie in Lightroom nur die RAW-Datei oder beide Formate importieren. (Das legen Sie in den *Importieren*-Voreinstellungen fest.)

Sie wissen ja bereits, dass es kein einheitliches RAW-Format gibt. Jeder Kamerahersteller hat sein eigenes, und diese differieren zwischen den einzelnen Modellen. Um die neuesten RAW-Formate zu unterstützen, aktualisieren die Lightroom-Entwickler das Programm ständig. Sie müssen aber selbst am Ball bleiben und sich über neue Updates auf dem Laufenden halten. In den Voreinstellungen können Sie ebenfalls festlegen, dass Lightroom automatisch nach Updates suchen soll:

1. Öffnen Sie die Voreinstellungen (*Lightroom→Voreinstellungen* auf dem Mac, *Bearbeiten→Voreinstellungen* unter Windows).
2. Wählen Sie *Automatisch nach Updates suchen* im Bereich *Allgemein*. *Abb. 2-19*

Sie können auch *Hilfe→Nach Updates suchen* wählen. *Abb. 2-20*

> **HINWEIS:** *Derzeit unterstützt Lightroom Fotos von maximal 10.000 Pixeln Breite oder Höhe, also eine maximale Bildgröße von 100 Millionen Pixeln.*

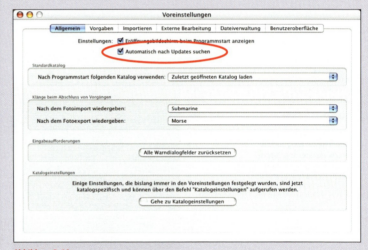

Abbildung 2-19

Abbildung 2-20

BILDER IMPORTIEREN | **31**

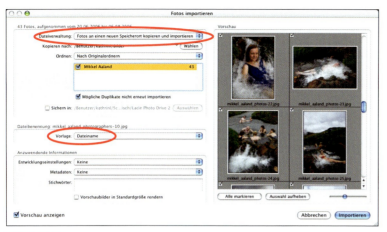

Abbildung 2-21

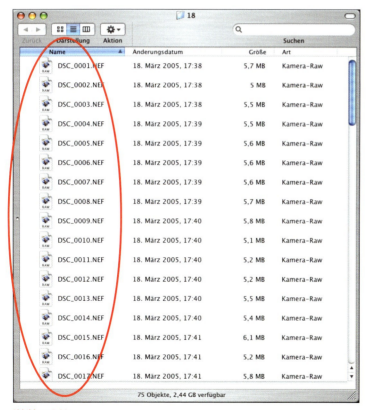

Abbildung 2-22

Dateien beim Import umbenennen

Also zurück zum *Importieren*-Dialog. Sie können die Fotos beim Import umbenennen, müssen dazu aber zuerst die Option *Fotos an einen neuen Speicherort kopieren und importieren*, *Fotos an neuen Speichertort schieben und importieren* oder *Fotos als digitales Negativ (DNG) kopieren und importieren* aus dem Menü *Dateihandhabung* wählen. *Abb. 2-21*

Warum umbenennen?

Digitalkameras erzeugen eindeutige Dateinamen, die Sie sicher beim Import anpassen wollen, um besser damit arbeiten zu können und sie nicht aus Versehen zu überschreiben. Die meisten Digitalkameras können nur Dateinamen mit bis zu acht Zeichen erzeugen. *Abb. 2-22* Wenn Sie die Kamera so einstellen, dass sie die Bilder fortlaufend nummeriert, und sie nicht jedes Mal zurücksetzen, wenn Sie die Bilder von der Karte löschen, ist das ein guter Start. Was aber, wenn Sie mit mehreren Kameras desselben Herstellers arbeiten? Die Chancen stehen gut, dass Bilddateien mit dem gleichen Namen entstehen, und damit wachsen auch die Möglichkeiten, eine Datei durch eine andere zu überschreiben.

Um dieses mögliche Desaster zu vermeiden, empfiehlt Peter Krogh, Mitglied der Island-Expedition und Autor des Grundlagenwerks *The DAM Book: Digital Asset Management for Photographers,* einmalige Dateinamen zu vergeben, wenn Sie das erste Mal mit dem Bild in Kontakt kommen, und diese nie wieder zu ändern. (Daraus abgeleitete Bilder bekommen ihre Namen später.) Er hält den Import in Lightroom für einen guten Zeitpunkt dafür.

Eigene Dateinamen erstellen

Zwar gibt es im Pop-up-Menü *Vorlage* einige voreingestellte Namensversionen, ich empfehle jedoch das eigene Namensschema nach Peter Krogh. *Abb. 2-23*

Gehen Sie so vor:

1. Wählen Sie *Bearbeiten* aus dem Pop-up-Menü *Vorlage*.

2. Der Dateinamenvorlagen-Editor öffnet sich. *Abb. 2-24* Tippen Sie Ihren Namen direkt in das *Dateiname*-Feld ein, gefolgt von einem Unterstrich. Fehler korrigieren Sie mit der Löschtaste.

3. Wählen Sie die Option *Datum (JJJJMMTT)* aus dem Bereich *Weitere* und klicken Sie auf *Einfügen*. (Sie können selbst wählen, wie Tag, Monat und Jahr angezeigt werden, aber ich finde diese Option am besten.) Das Datum wird den EXIF-Daten der Kamera entnommen. Tippen Sie nach dem Datum einen Unterstrich ein.

4. Wählen Sie im Bereich *Bildname* die Option *Dateiname* und klicken Sie auf *Einfügen*. Auch dieser Name wird den EXIF-Daten entnommen.

Während Sie sich den Dateinamen zusammenbauen, erscheint ein Beispiel über dem Textfeld. Sind Sie fertig, wählen Sie *Aktuelle Einstellung als neue Vorgabe speichern* aus dem *Vorgabe*-Menü. *Abb. 2-25* Benennen Sie die Vorgabe und klicken Sie auf *Fertig*. Wenn Sie das *Vorgabe*-Menü das nächste Mal öffnen, steht Ihnen die neue Vorgabe zur Verfügung.

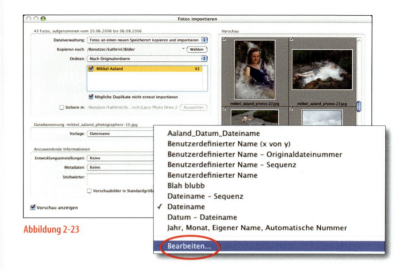

Abbildung 2-23

Abbildung 2-24

Abbildung 2-25

Nach Import umbenennen

Sie können Ihre Dateien auch umbenennen, nachdem Sie sie in die Bibliothek importiert haben. Wählen Sie die Bilder aus und:

1. Wählen Sie *Bibliothek→Foto umbenennen*. *Abb. 2-26*

2. Wählen Sie Ihr Umbenennungsprotokoll aus dem Dialogfeld aus oder geben Sie eigenen Text ein. *Abb. 2-27* Ein Beispiel für den neuen Dateinamen erscheint unten im Dialog.

3. Wählen Sie die Option *Bearbeiten* aus dem Dateibenennung-Pop-up-Menü, es erscheint der Dateinamenvorlagen-Editor. Auf der vorhergehenden Seite wird erläutert, wie Sie in diesem Fenster eine neue Vorlage erstellen und dabei verschiedene Kriterien hinzuziehen.

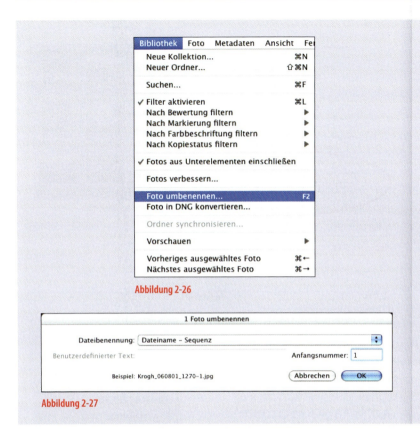

Abbildung 2-26

Abbildung 2-27

Korrekte Interpunktion

Um Dateinamen zu vergeben, die von allen Systemen erkannt werden, sollten Sie die folgenden Regeln beachten:

- Vermeiden Sie Interpunktionen mit Ausnahme von Unterstrichen, Strichen und einem einzelnen Punkt vor der Dateierweiterung. In den Lightroom-Voreinstellungen können Sie unter *Dateiverwaltung* einstellen, dass unzulässige Zeichen im Dateinamen ersetzt werden sollen. *Abb. 2-28*

- Verwenden Sie nicht mehr als 31 Zeichen.

- Jeder Dateiname sollte mit einem Punkt und drei Zeichen Erweiterung enden.

Sie können die Dateien beim Export umbenennen, mehr dazu in Kapitel 9.

Abbildung 2-28

Informationen beim Import hinzufügen

Zurück zum *Importieren*-Dialog *Abb. 2-29*. Hier können Sie eigene Entwicklungseinstellungen anwenden sowie eigene Metadaten erstellen und beim Import verwenden. Wenn Sie möchten, können Sie auch ein Stichwortset anwenden, mit dem Sie die Bilder später sortieren, bearbeiten und filtern können.

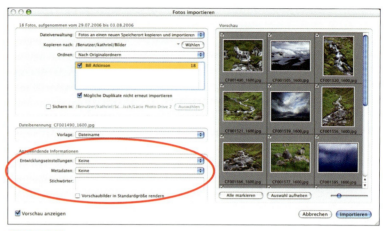

Abbildung 2-29

Entwicklungsoptionen beim Import

Lightroom wird mit mehreren Entwicklungseinstellungen geliefert. *Abb. 2-30* Später zeige ich Ihnen, wie Sie eigene Vorgaben hierzu anlegen, die dann auch in diesem Menü erscheinen. Ich habe zum Beispiel eine Vorgabe erstellt, die unter anderem die Farbsättigung automatisch erhöht. Sie wissen ja: Auch wenn Sie diese Änderungen vornehmen, lässt Lightroom Ihr Originalbild unberührt. Die Vorgabe wird nur auf die Vorschau angewendet, Sie können die Einstellungen also jederzeit korrigieren, ohne die Bildqualität zu beeinträchtigen.

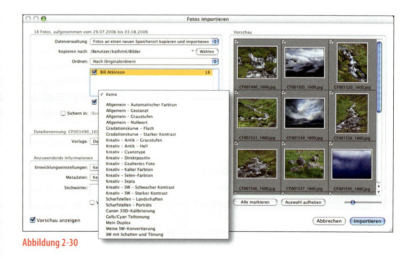

Abbildung 2-30

Metadatenvorgaben für den Import

Die Metadaten halte ich beim Import für eine der wichtigsten Optionen. Anstatt meinen Namen, einen Copyright-Vermerk und Kontaktinformationen auf jedes Bild einzeln anwenden zu müssen, kann ich das beim Import erledigen. Sie können beliebig viele Vorgaben anlegen und dabei alle möglichen Konstellationen berücksichtigen – und zwar so:

Abbildung 2-31

1. Wählen Sie *Neu* oder *Vorgaben bearbeiten* aus dem Pop-up-Menü. *Abb. 2-31*

BILDER IMPORTIEREN | 35

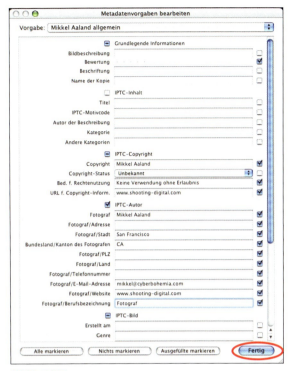

Abbildung 2-32

Abbildung 2-33

Abbildung 2-34

2. Füllen Sie im Dialog *Neue Metadaten-Vorgabe* die entsprechenden IPTC-Felder aus. *Abb. 2-32*

3. Benennen Sie die Vorgabe und klicken Sie auf *Erstellen*, um sie zu sichern.

4. Wenn Sie Lightroom das nächste Mal starten und *Importieren* wählen, erscheint die Vorgabe im *Metadaten*-Menü. (Metadatenvorgaben löschen Sie aus dem Menü, siehe unten.)

Metadatenvorgaben bearbeiten

Um bereits existierende Vorgaben zu bearbeiten, wählen Sie *Vorgaben bearbeiten* aus dem *Metadaten*-Pop-up-Menü. Im Dialog *Metadatenvorgaben bearbeiten* nehmen Sie Ihre Änderungen vor. Klicken Sie danach auf Fertig.

Stichwörter beim Import hinzufügen

Sie können auch Stichwörter hinzufügen, die den Bildinhalt beschreiben, um die Fotos leichter auseinanderhalten zu können. *Abb. 2-33* Wenn Sie mehrere Bilder einzeln mit Stichwörtern versehen wollen, geht das jedoch besser im Bibliothek-Modul. Mehr dazu in Kapitel 3.

Metadatenvorgaben löschen

Lightroom speichert Metadatenvorgaben im Lightroom-Ordner auf Ihrer Festplatte. *Abb. 2-34* Sie können diese nur löschen, indem Sie den Vorgabenordner von Lightroom öffnen und die Datei direkt auf dem Desktop löschen. Danach verschwindet sie aus dem *Importieren*-Dialog. (Den Lightroom-Ordner finden Sie, indem Sie *Hilfe→Gehe zu Lightroom-Vorgabenordner* aus der Menüleiste wählen.)

John Isaac

In einer atemberaubenden Landschaft ist man leicht versucht, alles in einer Weitwinkelaufnahme zu erfassen. John Isaac hat es hier umgekehrt gemacht. Er entschied sich dafür, einen kleinen Bereich der Szene herauszulösen, und fotografierte mit einem 600-mm-Objektiv. Später retuschierte John das Bild im Entwickeln-Modul in Lightroom ein wenig, indem er die Sättigung etwas erhöhte. Er wolle »dem Bild etwas Masse geben«, erklärte er.

Import nach Kameranummer oder ISO

Sie können die Voreinstellungen so wählen, dass Lightroom basierend auf der Seriennummer der Kamera automatisch eine eigene Entwicklungsvorgabe beim Import auf die Bilder anwendet. Diese Option ist sehr nützlich, wenn Sie mit mehreren Kameras arbeiten und automatisch Ihre eigenen RAW-Umwandlungen verwenden wollen.

Basierend auf den ISO-Werten, können Sie auch verschiedene Standardeinstellungen wählen. Höhere ISO-Werte sorgen für mehr Rauschen, sodass Sie hier automatisch eine stärkere Rauschreduzierung einsetzen sollten.

Verwenden Sie für beides die Einstellungen im Entwickeln-Modul (mehr dazu in Kapitel 4):

1. Wählen Sie im Entwickeln-Modul *Entwickeln→Standardeinstellungen festlegen* aus der Menüleiste. Es erscheint der Dialog wie in *Abb. 2-35.* Entscheiden Sie, ob Sie die Adobe-Einstellungen wiederherstellen oder an die aktuellen anpassen wollen.

2. Öffnen Sie die Voreinstellungen, darin das Register *Vorgaben* und aktivieren Sie das Kontrollkästchen *Standardeinstellungen an Seriennummer der Kamera ausrichten*. *Abb. 2-36* Sie können auch das *ISO*-Kontrollkästchen einschalten.

Wenn Lightroom jetzt beim Import eine bestimmte Kamera oder die angegebene ISO-Einstellung entdeckt, wendet es die angepasste Standardeinstellung an.

Unter *Voreinstellungen/Importieren* können Sie auch die Adobe-Standards wiederherstellen und die eigenen Vorgaben löschen. *Abb. 2-37*

Abbildung 2-35

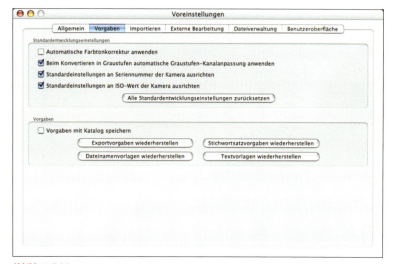

Abbildung 2-36

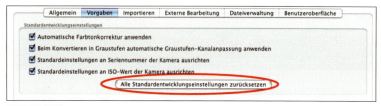

Abbildung 2-37

Fehlende Dateien finden

Abbildung 2-38

Dateien können nicht aufzufinden sein, wenn die Verbindung zu einer externen Quelle unterbrochen ist, die Ihre Daten enthält, oder wenn Sie Ihre Dateien in ein anderes Verzeichnis verschoben haben. Wenn Lightroom eine Datei nicht finden kann, sehen Sie im Miniaturrahmen ein warnendes Fragezeichen. *Abb. 2-38*

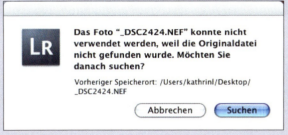

Abbildung 2-39

Was tun? Klicken Sie auf das Fragezeichen. Sie sehen die abgebildete Nachricht. *Abb. 2-39* Wählen Sie *Suchen* und navigieren Sie zu den entsprechenden Dateien in Ihrem Verzeichnis. Wenn mehrere Dateien fehlen, die gemeinsam gespeichert sind, müssen Sie nur den Speicherort einer Datei finden. Lightroom stellt die Verbindung zu den anderen automatisch her.

Alle fehlenden Dateien werden im Bedienfeld *Bibliothek* im Bibliothek-Modul angezeigt. *Abb. 2-40*

Abbildung 2-40

Überwachte Ordner erstellen und einsetzen

Mithilfe der automatischen Importfunktion in Lightroom können Sie Bilder automatisch in das Bibliothek-Modul importieren, indem Sie extra dafür Ordner überwachen. Schauen wir uns das einmal genauer an.

Um die automatische Importfunktion zu aktivieren (*Abb. 2-41*), müssen Sie zuerst einen überwachten Ordner anlegen. Gehen Sie wie folgt vor:

1. Wählen Sie *Datei→Automatisch importieren→Einstellungen* für den automatischen Import.

2. Nehmen Sie in dem gleichnamigen Dialog die folgenden Einstellungen vor: *Abb. 2-42*

Abbildung 2-41

Überwachter Ordner Klicken Sie auf *Wählen*, und wählen Sie in dem Dialogfeld einen leeren Ordner aus. Oder klicken Sie auf *Neuer Ordner*, um einen neuen Ordner anzulegen, und benennen Sie ihn sinnvoll.

Ziel Klicken Sie auf *Wählen* und wählen oder erstellen Sie einen Ordner, in dem die Bilder aus dem überwachten Ordner landen sollen. Wenn Sie nichts tun, benennt Lightroom den Ordner automatisch und legt die Bilder in den Bilder-Ordner (Mac OS X, Windows Vista) oder in *Meine Bilder* (Windows XP).

Dateibenennung Hier legen Sie das Protokoll zur Dateibenennung fest, wie bereits beschrieben.

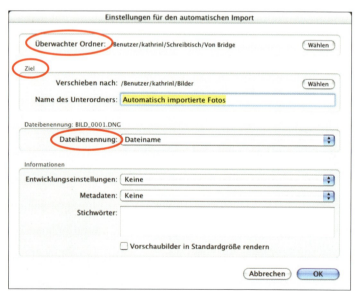
Abbildung 2-42

Abbildung 2-43

Informationen Hier wählen Sie Entwicklungseinstellungen oder Metadatenvorgaben aus oder fügen Stichwörter hinzu. *Abb. 2-43* Aber Achtung, Ihre Auswahl wirkt sich auf alle Bilder im überwachten Ordner aus.

Haben Sie Ihre Einstellungen abgeschlossen, klicken Sie auf *OK*. Wenn Sie das nächste Mal ein Einzelbild oder einen Ordner mit Bildern importieren wollen, ziehen Sie die Datei auf den überwachten Ordner, dann beginnt der Import automatisch. Ein Dialog erscheint nicht, aber in der Statusleiste links im Bibliothek-Modul wird der Verlauf angezeigt.

Abbildung 2-44

Digitalkamera anschließen

Sie können eine Digitalkamera direkt an Ihren Computer anschließen und die Bilder fast in Echtzeit in Lightroom betrachten. *Abb. 2-44* Dazu benötigen Sie eine Kamera, die diese Funktion unterstützt, mit einer separaten Software. Aus Lightroom heraus können Sie die Kamera nicht bedienen oder auslösen; das tut die Kamerasoftware. Aber der Arbeitsablauf von Aufnahme, Import, Bearbeitung und Präsentation ist quasi nahtlos. Gehen Sie so vor:

1. Richten Sie die Software der Kamera ein und schließen Sie die Kamera an.

2. Legen Sie einen überwachten Ordner an (mehr dazu siehe oben).

3. Verbinden Sie die Kamerasoftware mit dem überwachten Ordner. Das war's. Wenn Sie jetzt fotografieren, stehen die Dateien automatisch zur Verfügung.

KAPITEL DREI

Das Bibliothek-Modul benutzen

Nach dem Import der Bilder in Lightroom gelangen Sie ins Bibliothek-Modul, in dem Sie die Bilder bearbeiten, bewerten und sortieren. Hier fügen Sie entsprechende Stichwörter oder andere Metadaten hinzu und führen an einem oder mehreren Bildern gleichzeitig einfache Bildbearbeitungen durch. Sie werden begeistert sein, wie einfach Sie auswählen, einzoomen, die Bilder auf Schärfe und Inhalt überprüfen sowie miteinander vergleichen können. Der Gedanke, sich gleichzeitig mit Hunderten von Fotos abgeben zu müssen, wird Ihnen keine Angst mehr einjagen, Sie werden es eher wie eine Expedition empfinden!

In diesem Kapitel

Das Bibliothek-Modul im Überblick

Stichwörter im Bibliothek-Modul einsetzen

Das Metadaten-Bedienfeld benutzen

Die Aufnahmen eines Tages in Island bearbeiten

Mit virtuellen Kopien mehrere Versionen erzeugen

Stapel anlegen und einsetzen

Ad-hoc-Entwicklung

Foto: Maggie Hallahan

Das Bibliothek-Modul im Überblick

Auf den ersten Blick ähnelt Lightrooms Bibliothek-Modul Bildbrowsern wie zum Beispiel Adobe Bridge. Skalierbare Vorschaubilder lassen sich leicht sortieren, bearbeiten und bewerten. Sie werden aber feststellen, dass dieses Modul viel mehr kann.

Im Bibliothek-Modul befinden sich links das Ansicht- und rechts das Aktivitätsmodulbedienfeld, in der Mitte das Bildfenster. *Abb. 3-1* Die Modulbedienfelder links und rechts sind in Bedienfelder mit speziellen Funktionen unterteilt. Unten im Fenster finden Sie die Werkzeugleiste und den Filmstreifen. Bedienfelder, Filmstreifen und Werkzeuge können Sie einfach ausblenden, zuweilen auch verkleinern, um den Bildbereich zu vergrößern.

Zuerst wollen wir uns die Bestandteile des Moduls einmal anschauen und sehen, was sie eigentlich tun, bevor wir weiter ins Detail gehen.

Abbildung 3-1

Das linke Modulbedienfeld (Ansicht)

Das linke Modulbedienfeld enthält den Navigator und andere Bedienfelder, mit denen Sie steuern können, was im Bildfenster zu sehen ist.

Das Navigator-Bedienfeld

Der Navigator zeigt die derzeit aktive Auswahl an. *Abb. 3-2* Während mehrere Bilder gleichzeitig ausgewählt sein können, ist immer nur eins auch aktiv. (Siehe »Miniaturen in Raster und Filmstreifen auswählen« weiter unten in diesem Kapitel.) Wenn Sie im Navigator auf ein Bild klicken, gelangen Sie direkt von der Miniatur- in die Lupenansicht, wo Sie schnell verschiedene Vergrößerungen einstellen können. (Drücken Sie die Taste G, um zur

Abbildung 3-2

Lightroom-Kataloge

Lightroom speichert seine Bilddatenbank als *Katalog*. (Früher wurde dies als Bibliothek bezeichnet.) Sie können mehrere Kataloge erstellen, aber nur einer kann jeweils aktiv sein. Kataloge können erstellt (und ineinander integriert) werden, um Bilder zu sichern oder um Kollektionen (oder Teile davon) auf mehrere Rechner bzw. zwischen Nutzern eines Computers zu verteilen.

HINWEIS: *Es ist möglich, einen Katalog (oder einen Teil davon) zu importieren und ihn in einen anderen zu integrieren. Wählen Sie dazu Datei→Aus Katalog importieren und navigieren Sie zu dem Katalog. Klicken Sie auf Öffnen. In dem nachfolgenden Dialogfeld legen Sie die Importoptionen fest.*

Während Lightroom läuft, erstellen Sie einen neuen Katalog, indem Sie *Datei→Neuer Katalog* wählen. Oder Sie halten beim Programmstart die Option-/Alt-Taste gedrückt und wählen *Neuen Katalog erstellen* aus dem Dialog *Katalog auswählen*. *Abb. 3-3* Benennen Sie den Katalog nach Wunsch, erhalten Sie jedoch unbedingt die Erweiterung *.lrcat*.

Abbildung 3-3

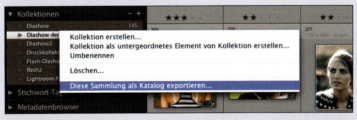

Abbildung 3-4

Mit *Datei→Als Katalog exportieren* exportieren Sie die ausgewählten Bilder als Katalog. Auch Kollektionen und Ordner im linken Modulbedienfeld können als Katalog exportiert werden (Rechtsklick auf den Namen und *Diesen Ordner als Katalog exportieren* wählen). *Abb. 3-4*

Sie öffnen einen Katalog, indem Sie *Datei→Katalog öffnen* oder *Datei→Letzte Dateien öffnen* wählen. Wählen Sie einen Katalog aus, dann startet Lightroom mit diesem Katalog neu. Beim Programmneustart können Sie auch die Option-/Alt-Taste gedrückt halten und in dem Dialog einen Katalog wählen. Dieser Dialog öffnet sich automatisch, wenn Sie die Einstellungen wie in *Abb. 3-5* vornehmen.

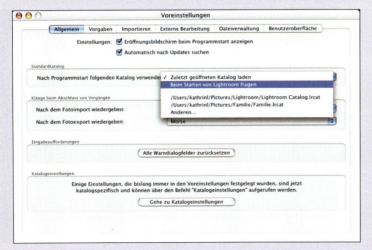

Abbildung 3-5

Schnellkollektionen

Eine Schnellkollektion ist mit einem temporären Aufbewahrungsbereich während einer Session vergleichbar. Wählen Sie eine Miniatur aus und drücken Sie B, um ein Bild in eine Schnellkollektion aufzunehmen. Erneutes Drücken entfernt es wieder. Schnellkollektionen können Sie speichern, benennen und als permanente Kollektion aufnehmen (*Datei→Schnellkollektion speichern*).
Abb. 3-6 Um eine Schnellkollektion zu leeren, wählen Sie *Datei→Schnellkollektion löschen*. Mit *Datei→Schnellkollektion anzeigen* sehen Sie den Inhalt einer Schnellkollektion. Wenn Sie unter *Ansicht→Ansichtsoptionen* die Schnellkollektionsmarker aktivieren, erscheint in der Miniatur ein grauer Punkt. *Abb. 3-7* Klicken Sie darauf, um das Bild aus der Schnellkollektion zu entfernen. Klicken Sie erneut, um es wieder aufzunehmen.

Abbildung 3-6

Abbildung 3-7

Rasteransicht zurückzukehren.) Wenn Sie im Navigator auf das Bild klicken und die Maustaste gedrückt halten, gelangen Sie kurzzeitig in die Lupenansicht. Lassen Sie die Maustaste los, um zum Raster zurückzukehren.

Bibliothek-Bedienfeld

Im Bibliothek-Bedienfeld (nicht zu verwechseln mit dem Modul) gibt es mehrere Kategorien. (Drei sind immer zu sehen, wenn es fehlende Dateien, Duplikate oder vorherige Importe gibt, werden diese ebenfalls angezeigt.) *Abb. 3-8* Klicken Sie auf eine dieser Kategorien, werden die entsprechenden Miniaturen im Bildfenster angezeigt.

Abbildung 3-8

DAS BIBLIOTHEK-MODUL BENUTZEN | 47

Abbildung 3-9

- *Alle Fotos* zeigt alle Bilder im aktiven Katalog an.

- *Schnellkollektion* zeigt die Anzahl der Bilder, die Sie in eine Schnellkollektion aufgenommen haben (siehe Kasten).

- *Vorheriger Import* enthält nur die zuletzt importierten Bilder.

- *Vorheriger Export als* enthält die zuletzt als Katalog exportierten Bilder

- *Fehlende Dateien* zeigt die Bilder an, deren Originale offline oder anderweitig nicht verfügbar sind. Diese Kategorie erscheint nur, wenn Dateien fehlen. Fehlende Dateien werden durch ein Fragezeichen im Miniaturrahmen gekennzeichnet. *Abb. 3-9*

- *Bereits im Katalog* erscheint, wenn Duplikate im Katalog vorhanden sind. Sie löschen diese, indem Sie auf das Bedienfeld rechtsklicken und *Diese temporäre Kollektion entfernen* wählen.

Suchen-Bedienfeld

Je größer der Katalog wird, desto schwerer lässt sich ein bestimmtes Bild finden. Mit dem Suchen-Bedienfeld können Sie nach einem oder mehreren Bildern suchen und dabei verschiedene Kriterien basierend auf Text bzw. Datum zugrunde legen. Angezeigt werden dann nur die Bilder, die dem Suchkriterium entsprechen. Durchsuchen können Sie den gesamten Katalog, einen bestimmten Ordner oder eine Kollektion. In diesem Beispiel verwendete ich die Begriffe *Lightroom Adventure* und wählte *Text/Überall*, *Regel/Enthält alles*, *Datum/Alle Daten*. *Abb. 3-10* (Weitere Suchfunktionen finden Sie in den Bedienfeldern *Stichwort-Tags* und *Metadatenbrowser*.)

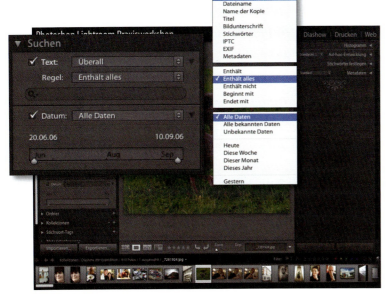

Abbildung 3-10

Martin Sundberg

Martin erwischte das Pferd genau im richtigen Moment. Aber das war kein Zufall. Er versteckte sich hinter einer Böschung, beobachtete die Pferde und wartete, bis sie ihn vergaßen und sich diese Szene entwickelte. Martin hat dieses Bild »selbst gemacht«, aber nicht so, wie man das in Photoshop allgemein tut, sondern mit einer Kamera, Geduld und traditionellen Fototechniken. In Lightroom bearbeitete er das Bild nur minimal, indem er die Sättigung etwas verstärkte und eine Vignette an den Ecken hinzufügte.

Ordner-Bedienfeld

Das Ordner-Bedienfeld zeigt die Ordner-/Daten-Hierarchie basierend auf den Importeinstellungen an. Die Zahl rechts vom Ordnernamen teilt Ihnen mit, wie viele Dateien in dem Ordner enthalten sind. Klicken Sie auf den Namen des Ordners, erscheinen die zugehörigen Miniaturen im Bildfenster. *Abb. 3-11*

Die Reihenfolge der Ordner können Sie ändern – und auch die Ordner umbenennen –, dabei müssen Sie jedoch wissen, dass Lightroom dazu die Originalordner auf Ihrer Festplatte umbenennen/verschieben muss.

Um einen Ordner umzubenennen, stellen Sie den Cursor über den Namen, doppelklicken und tippen den neuen Namen ein oder rechtsklicken auf den Namen und wählen *Umbenennen* aus dem Pop-up-Menü. *Abb. 3-12* Geben Sie dann den neuen Namen ein. Lightroom ändert automatisch den Namen des Originalordners auf der Festplatte. Fehlt der Ordner, wird der Name rot angezeigt. Rechtsklicken Sie auf den Namen und wählen Sie *Fehlenden Ordner suchen* aus dem Kontextmenü. *Abb. 3-13*

Um einen Ordner zu verschieben, stellen Sie den Cursor über den Namen, klicken darauf und ziehen ihn an einen neuen Ort. Indem Sie ihn auf einen anderen Ordner ziehen, erzeugen Sie einen Unterordner. Aus dem Kontextmenü können Sie auch die Option *Ordner als untergeordnetes Element von Ordner erstellen* wählen. Ein Dreieck neben dem Namen zeigt den Unterordner an. Unerwünschte Ordner löschen Sie mithilfe des Kontextmenüs.

Wenn Sie einen Ordner an einen neuen Ort bewegen, verschiebt Lightroom auch das Original. *Abb. 3-14*

Abbildung 3-11

Abbildung 3-12

Abbildung 3-13

Abbildung 3-14

Abbildung 3-15

Abbildung 3-16

Abbildung 3-17

Möchten Sie einen Ordner, dessen Original auf einer Festplatte liegt, auf derselben Platte verschieben, informiert Sie ein Dialog darüber, dass der entsprechende Ordner auch bewegt wurde. Soll der Ordner von einer Platte auf eine andere kopiert werden, erfahren Sie, dass das etwas dauern und nicht widerrufen werden kann. *Abb. 3-15*

Kollektionen-Bedienfeld

Kollektionen sind das, was der Name schon sagt: eine Bildersammlung, basierend auf von Ihnen definierten Kriterien. Beim ersten Start von Lightroom gibt es so lange keine Kollektionen, bis Sie selbst eine erstellen. *Abb. 3-16* Sie können beliebig viele Kollektionen erstellen, ein Bild kann auch in mehreren Kollektionen enthalten sein. Um eine neue Kollektion zu erstellen, klicken Sie auf das Pluszeichen und geben den Namen ein. Oder klicken Sie mit rechts und wählen Sie *Kollektion erstellen* aus dem Kontextmenü. Später ändern Sie den Namen einer Kollektion, indem Sie doppelt darauf klicken oder im Kontextmenü die Option *Umbenennen* wählen. *Abb. 3-17* Sie können Kollektionen auch verschachteln und Unterverzeichnisse erstellen. Ziehen Sie dazu eine Kollektion einfach auf eine andere oder wählen Sie aus dem Kontextmenü die Option *Kollektion als untergeordnetes Element von Kollektion erstellen*. Wenn Sie auf den Namen einer Kollektion klicken, werden im Bildfenster nur die Bilder der jeweiligen Kollektion angezeigt. Sie können einen neuen Lightroom-Katalog basierend auf einer bestimmten Kollektion erstellen, indem Sie *Diese Sammlung als Katalog exportieren* aus dem Kontextmenü wählen.

Bedienfeld Stichwort-Tags

Jedes Stichwort, das einem Bild zugeordnet ist, erscheint im Bedienfeld *Stichwort-Tags*. *Abb. 3-18* Die Zahlen rechts davon zeigen an, wie viele Bilder in Ihrem Katalog dieses Stichwort besitzen. Klicken Sie auf das Stichwort, und die entsprechenden Bilder werden im Bildfenster angezeigt. Stichwörter können hierarchisch gruppiert werden, indem Sie Stichwörter auf andere ziehen. Um eine Gruppe zu öffnen und anzuschauen, klicken Sie links auf das Dreieck. Wenn Sie ein Stichwort aus dem Bedienfeld auf ein Bild im Bildfenster ziehen, weisen Sie es diesem Bild zu. Klicken Sie auf das Stichwort mit rechts, um über das Kontextmenü weitere Optionen aufzurufen. (Mehr zu Stichwörtern finden Sie weiter unten in diesem Kapitel.)

Abbildung 3-18

Metadatenbrowser-Bedienfeld

Der Metadatenbrowser ist eine weitere Möglichkeit, Bilder zu finden und zu verwalten. *Abb. 3-19* Hier suchen Sie nach Bildern anhand von Daten, die automatisch in den EXIF-Daten der Kamera oder in anderen Metadaten in die Datei eingebettet sind. So können Sie zum Beispiel alle Bilder mit einem ISO-Wert von 1600 oder einer bestimmten Brennweite, anhand eines Kameramodells oder einer Seriennummer suchen. Wenn Sie auf ein Kriterium klicken, werden die Bilder angezeigt, die diesem entsprechen. Sie können auch nach mehreren Kriterien suchen. Wenn Sie zum Beispiel Fotos finden wollen, die mit einer bestimmten Brennweite aufgenommen wurden und in einem bestimmten Ordner gespeichert sind, halten Sie die ⌘-Taste (Windows: Strg) gedrückt und klicken auf den Ordner. Nun wird sowohl nach Brennweite als auch nach Ord-

Abbildung 3-19

DAS BIBLIOTHEK-MODUL BENUTZEN | 53

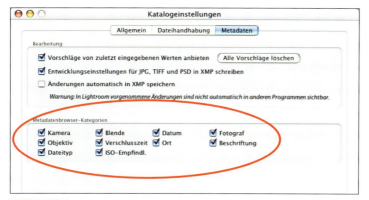

Abbildung 3-20

ner gesucht. Mit gehaltener ⌘-Taste (Windows: Strg) können Sie auf beliebig viele Kriterien klicken. Durch erneutes ⌘-Klicken (Windows: Strg) entfernen Sie die Kriterien aus der Auswahl.

HINWEIS: Sie legen fest, welche Kriterien im Metadatenbrowser angezeigt werden, indem Sie diese unter Datei→Katalogeinstellungen im Bereich Metadaten einstellen.
Abb. 3-20

Das rechte Modulbedienfeld (Werkzeuge)

Im rechten Bedienfeldbereich (auch Aktivitätenbereich) finden Sie die Bedienfelder *Histogramm*, *Ad-hoc-Entwicklung*, *Stichwörter festlegen* und *Metadaten*. Unten befinden sich Steuerungen, um die Einstellungen und Metadaten zu synchronisieren.

Histogramm-Bedienfeld

Oben sehen Sie das Histogramm.
Abb. 3-21 Dies ist eine grafische Darstellung der Farb- und Tonwerte im aktiven Bild. Dieses Histogramm ist nicht interaktiv, im Gegensatz zu dem im Entwickeln-Modul. Hier dient es lediglich der Information. Ich halte die Darstellungen von Kameradaten wie ISO, Brennweite, Blende und Verschlusszeit für sehr praktisch.

Abbildung 3-21

Bedienfeld Ad-hoc-Entwicklung

Im Bedienfeld *Ad-hoc-Entwicklung* wenden Sie einfache Bildkorrekturen auf einzelne oder mehrere Bilder an. *Abb. 3-22* Sie können hier auch Vorgaben verwenden (erstellt im Entwickeln-Modul) und sogar proportional freistellen. Mehr zur Ad-hoc-Entwicklung finden Sie weiter unten in diesem Kapitel.

Abbildung 3-22

Was die Miniaturen verraten

Lightroom kann Ihnen direkt aus den Miniaturen in der Rasteransicht viele Informationen auf einen Blick offenlegen. Standardmäßig ist die Option *Extras anzeigen* aktiviert. Wenn die Miniaturen keine zusätzlichen Informationen anzeigen sollen, wählen Sie *Ansicht→Rasteransichtsziel* und deaktivieren *Extras anzeigen*. *Abb. 3-23*

Drücken Sie die Taste J, um sich durch die Ansichtsstile zu bewegen.

Abbildung 3-23

Um die Informationen zu definieren, die auf den Miniaturen zu sehen sind, wählen Sie *Ansicht→Ansicht-Optionen* oder klicken mit rechts auf eine Miniatur und wählen *Ansicht-Optionen* aus dem Kontextmenü. Wenn Sie *Rasteroptionen anzeigen* und *Erweiterte Zellen* wählen, wird der Rahmen der Miniatur größer, und Sie erhalten darin mehr Informationen als in den kompakten Zellen. *Abb. 3-24*

Wie Sie sehen, haben Sie viele Möglichkeiten, von Schnellkollektionsmarkern über Dateinamen bis hin zu Abmessungen (freigestellt). Den Effekt Ihrer Einstellungen sehen Sie in Echtzeit in den Miniaturen sowohl im Bildfenster als auch im Filmstreifen. (Die Miniaturen im Filmstreifen werden nur durch die Einstellungen in den Voreinstellungen im Register *Benutzeroberfläche* beeinflusst.)

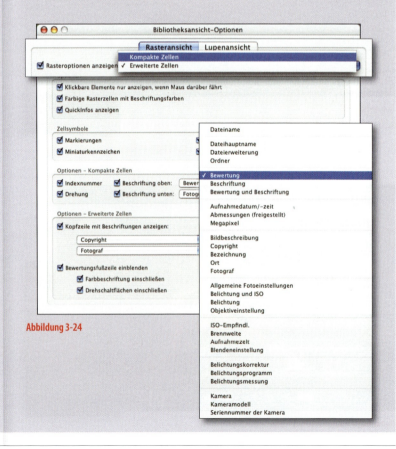

Abbildung 3-24

DAS BIBLIOTHEK-MODUL BENUTZEN | 55

Abbildung 3-25

Abbildung 3-26

Nehmen wir zum Beispiel die Miniatur *Erweiterte Zellen*, wie hier zu sehen. *Abb. 3-25* Sie zeigt zusätzliche Daten an.

❶ Copyright und freigestellte Bildabmessungen in Pixel.

❷ Kennzeichnungen.

❸ Dateiname und Erweiterung.

❹ Metadaten wurden geändert.

❺ Icons für die Drehung nach links und rechts. (Wenn *Klickbare Elemente nur anzeigen, wenn Maus darüber fährt* in den Ansichtsoptionen aktiv ist, erscheinen diese nur, wenn der Mauszeiger darüber steht.)

❻ Bewertung und Farbetiketten. (Sie können Sterne direkt hinzufügen oder entfernen, indem Sie bei aktiver Miniatur die entsprechende Zifferntaste drücken. Klicken Sie auf das Farbbeschriftung-Icon, um eine Liste von Farben zu sehen.)

❼ Zeigt Miniaturbeschriftungen, die anzeigen, ob ein Bild Metadaten enthält, freigestellt oder bearbeitet wurde. Klicken Sie auf das Icon, und Sie gelangen zum entsprechenden Bedienfeld.

Eine kompakte Zelle (links) zeigt etwas weniger Extras an als eine erweiterte, denn da ist nicht so viel Platz um die Miniatur herum wie bei einer erweiterten Zelle (rechts). *Abb. 3-26*

Denken Sie daran, dass Sie die Größe der Miniaturen mit dem Schieberegler in der Werkzeugleiste ändern können. Wenn die Miniaturen zu klein werden, sind die beschriebenen Daten kaum zu erkennen.

Bedienfeld Stichwörter festlegen

In Kapitel 2 haben Sie erfahren, wie Sie Stichwörter erstellen und beim Import auf Bilderstapel anwenden. Mit dem Bedienfeld *Stichwörter festlegen* erkennen Sie nicht nur welche Stichwörter welchem Bild zugeordnet sind, sondern können Stichwörter bearbeiten und beliebig viele Sätze anlegen. Einige vorgefertigte Stichwortsätze werden bereits mitgeliefert (z.B. Hochzeitsfotografie, Porträtfotografie etc.). *Abb. 3-27* Mehr dazu erfahren Sie weiter unten in diesem Kapitel.

Abbildung 3-27

Metadaten

Kameras erzeugen Metadaten, die in die Bilddatei eingebettet werden. Im Bedienfeld *Metadaten* sehen Sie diese sogenannten EXIF-Daten, einige können Sie sogar bearbeiten, wie Aufnahmezeit und Datum. *Abb. 3-28* Sie können auch eigene Metadaten hinzufügen, indem Sie diese in die IPTC-Felder eingeben, und Vorgaben erstellen, die links oben im Pop-up-Menü erscheinen. Mehr dazu jedoch später.

Einstell. syn. und Metadaten syn.

Unten im rechten Bereich finden Sie die Buttons *Einstell. syn.* und *Metadaten syn.*, die dann aktiv sind, wenn mehrere Bilder ausgewählt sind. Mithilfe dieser Buttons synchronisieren Sie Bilderstapel auf dieselben Entwicklungseinstellungen oder Metadaten. Mehr dazu später.

Abbildung 3-28

Werkzeugleiste

Die Werkzeugleiste unter dem Bildfenster enthält nützliche, nicht besonders leicht erkennbare Werkzeuge und Moduseinstellungen. *Abb. 3-29*

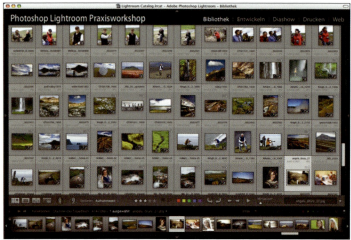

Abbildung 3-29

DAS BIBLIOTHEK-MODUL BENUTZEN | 57

Abbildung 3-30

Abbildung 3-31

Abbildung 3-32

Abbildung 3-33

Abbildung 3-34

Abbildung 3-35

Abbildung 3-36

Abbildung 3-37

Warum sieht meine Werkzeugleiste anders aus als Ihre? Mit einem Klick auf das Dreieck ganz rechts in der Werkzeugleiste (in der Rasteransicht) erhalten Sie die Liste aus. *Abb. 3-30* (In der Lupenansicht sieht die Liste etwas anders aus.) Nur die markierten Einträge sind in der Werkzeugleiste zu sehen. So können Sie die Leiste selbst anpassen, indem Sie Objekte ein- und ausschalten. Zu den Icons:

Abb. 3-31 Verschiedene Ansichten: Raster, Lupe, Vergleich und Überprüfung. Klicken Sie, um eine auszuwählen.

Abb. 3-32 Sprühdose, um Stichwörter, Etiketten, Flaggen, Einstellungen, Drehungen oder Metadaten auf ausgewählte Bilder zu malen. Auch Vorgaben werden aufgesprüht. (Nicht in der Lupenansicht verfügbar).

Abb. 3-33 Sortierrichtung für Rasteransicht und Filmstreifen. Sie haben mehrere Möglichkeiten, von Aufnahmezeit bis Seitenverhältnis.

Abb. 3-34 Bewertungen. Sie können mithilfe von Sternen, Flaggen und Farben bewerten.

Abb. 3-35 Die Pfeile ändern die Ausrichtung im oder entgegen dem Uhrzeigersinn. Mehrere Auswahlen können Sie als Stapel verarbeiten.

Abb. 3-36 Ein Klick auf dieses Dreieck startet eine Diashow der ausgewählten Bilder. (Den Stil dieser Diashow definieren Sie im Diashow-Modul, siehe Kapitel 10.)

Abb. 3-37 Der Schieberegler steuert die Größe der Miniaturen in der Rasteransicht. (In der Lupenansicht gibt es einen Zoom-Regler.)

> HINWEIS: *Wichtiges Tastenkürzel: Drücken Sie die Taste T, um die Werkzeugleiste ein- und auszuschalten.*

Menübefehle

In Lightroom führen viele Wege zum selben Ziel. Die Menübefehle z.B. tun oft dasselbe wie Steuerungen in den Bedienfeldern oder in der Werkzeugleiste. Es gibt aber auch ein paar Menübefehle, die kein Äquivalent als Icon oder Anzeige besitzen. Die wichtige Stapeln-Funktion etwa erreichen Sie über *Foto→Stapeln*. *Abb. 3-38* (Sie finden sie auch im Kontextmenü, siehe unten.) *Spiegelbildmodus aktivieren*, wodurch alle Bilder umgekehrt werden, ist nur über das *Ansicht*-Menü zu erreichen.

Abbildung 3-38

Kontextmenü

Sie können ein Kontextmenü öffnen, das viele wichtige Befehle enthält. Rechtsklicken Sie dazu irgendwo in die Miniatur in der Rasteransicht oder im Filmstreifen oder direkt auf das Bild in allen Ansichten. *Abb. 3-39*

Abbildung 3-39

Wenn Ihr Katalog größer wird, werden Stichwörter immer wichtiger, wenn Sie Einzelbilder oder Bildgruppen finden wollen. Stichwörter können beim Export Teil Ihrer Bilddatei werden, so wird das Auffinden bestimmter Fotos auch für andere leichter.

Stichwörter im Bibliothek-Modul einsetzen

Stichwörter sind Wörter oder Phrasen, die den Inhalt eines Bildes beschreiben oder damit verbunden sind. Fotos können mit Stichwörtern versehen werden, die dann zur Bilddatei gehören. Stichwörter können auf Einzelbilder oder auf Stapel ausgewählter Bilder angewendet werden. Hier einige Möglichkeiten, wie Sie in Lightroom Stichwörter bearbeiten, erstellen und anwenden können.

Bedienfeld Stichwörter festlegen

Wenn Sie eine Miniatur in der Bibliothek-Rasteransicht auswählen, werden eventuell eingebettete Stichwörter unter *Stichwort-Tags* in diesem Bedienfeld angezeigt. *Abb. 3-40* Bei mehreren Bildern erscheinen alle Stichwörter aller Bilder. Ein Asterisk neben einem Wort zeigt an, dass dieses Stichwort nur einigen der Bilder zugewiesen ist.

Wählen Sie *Stichwörter eingeben* aus dem Pop-up-Menü des Bedienfelds, um Stichwörter direkt in das Textfeld einzugeben oder dort zu ändern. Wenn Sie *Stichwörter und übergeordnete Stichwörter* auswählen, werden beide im Bedienfeld angezeigt. *Wird exportiert* zeigt an, welche Stichwörter mit der Datei exportiert werden. Welche das sind, legen Sie im Kontextmenü von *Stichwort-Tags* unter *Stichwort-Tag bearbeiten* fest.

Sie können auch neue Wörter anhand von *Stichwort-Sätzen* oder *Letzten Stichwörtern* festlegen. Wählen Sie einen Satz aus und

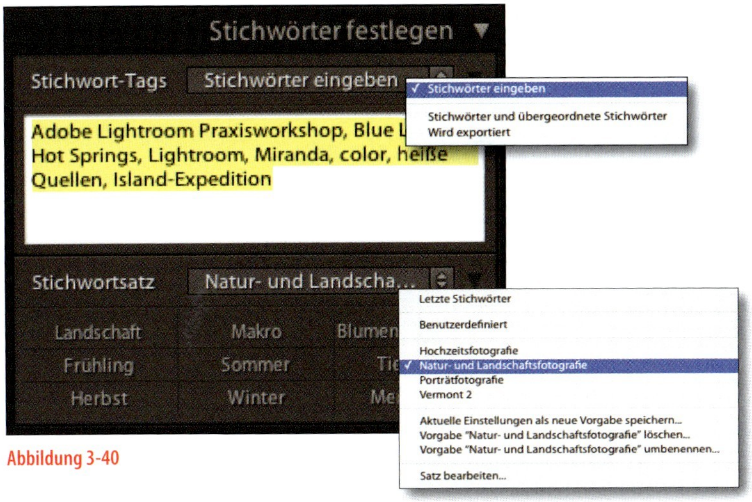

Abbildung 3-40

HINWEIS: *Stichwörter werden in Lightrooms Datenbank gespeichert. Um sicherzugehen, dass sie in exportierte JPEGs, TIFFs oder PSDs eingebunden werden, lassen Sie die Option Eingebettete Metadaten minimieren im Exportieren-Dialog ausgeschaltet. Damit Stichwörter in RAW-Dateien als XMP-Dateien gespeichert werden, wählen Sie Änderungen automatisch in XMP speichern aus dem Register Metadaten in den Katalogeinstellungen.*

klicken Sie dann auf den entsprechenden Satz im Pop-up-Menü. Das Wort und ein Komma werden zum Textfeld *Stichwort-Tags* hinzugefügt. Sie können auch Ihre eigene Stichwortsatz-Vorgabe erzeugen, indem Sie aus dem Pop-up-Menü die Option *Aktuelle Eingabe als neue Vorgabe speichern* wählen. Aus diesem Menü können Sie Sätze auch bearbeiten oder löschen. Wenn Sie Enter drücken, werden die neuen Wörter zur Dankenbank hinzugefügt.

HINWEIS: Um einen Satz Stichwörter zu importieren, der in einem anderen Programm erstellt wurde, wählen Sie Metadaten→Stichwörter importieren. Mit dem Befehl Stichwörter exportieren exportieren Sie die in Lightroom erstellten.

Stichwörter mit der Sprühdose zuweisen

Die Sprühdose in der Werkzeugleiste des Bibliothek-Moduls ist praktisch, um Stichwörter (und andere Informationen) zu einer Miniatur oder einer Gruppe hinzuzufügen. *Abb. 3-41* Klicken Sie einfach auf das Sprühdosen-Icon (es verschwindet) und wählen Sie ein Kriterium aus dem Pop-up-Menü aus (neben der Sprühdose in die Werkzeugleiste klicken). *Abb. 3-42* Wenn Sie z.B. *Stichwörter* wählen, erscheint ein Textfeld, in das Sie ein Wort eintippen können. Stellen Sie den Cursor über eine Miniatur und klicken Sie, um ein Stichwort hinzuzufügen. Erneutes Klicken auf die Miniatur entfernt das Stichwort wieder. Legen Sie die Sprühdose zurück an ihren Platz, indem Sie auf den leeren Fleck in der Werkzeugleiste klicken.

Abbildung 3-41

Abbildung 3-42

Abbildung 3-43

Stichwörter per Drag-and-Drop

Schließlich können Sie Stichwörter hinzufügen, indem Sie das Wort aus dem Bedienfeld Stichwort-Tags auswählen und es auf eine Miniatur (oder mehrere) im Bildfenster ziehen. Über der Miniatur erscheinen ein Pluszeichen und das Stichwort. *Abb. 3-43*

Als Metadaten werden alle zusätzlichen Daten bezeichnet, die wir in den vorangegangenen Abschnitten besprochen haben. Stichwörter sind Metadaten. EXIF-Daten sind Metadaten, die von der Kamera geliefert werden. IPTC-Metadaten geben Sie in festgelegte Kategorien ein. Der Zugang zu den Metadaten ist das gleichnamige Bedienfeld in Lightroom.

Das Metadaten-Bedienfeld benutzen

Abbildung 3-44

Im Bedienfeld *Metadaten* können Sie beliebig viele Metadaten einsehen (außer Stichwörtern, diese finden Sie im Stichwörter-Bedienfeld). Klicken Sie auf die Pfeile nach oben und unten, um Ihre Auswahl zu sehen. *Abb. 3-44* Wenn Sie *Alle* wählen, ist die Liste recht lang, und Sie müssen viel scrollen, es sei denn, Sie haben einen Riesenmonitor. (Die Liste ist sogar für diese Buchseite zu lang!) Mit der Standardansicht (wie hier) lässt es sich viel leichter arbeiten.

Metadaten hinzufügen und ändern

Werfen wir einen Blick auf die Standardansicht, um zu sehen, was geht und was nicht.

Abbildung 3-45

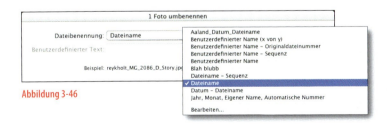

Abbildung 3-46

Dateiname Um den Dateinamen zu ändern, klicken Sie auf das Icon rechts vom Eingabefeld. *Abb. 3-45* Es erscheint der Dialog *Foto umbenennen*. *Abb. 3-46* Wählen Sie Benutzerdefinierter Name aus dem Pop-up-Menü und tragen Sie einen eigenen Namen in das Textfeld ein. Sie können auch eine Vorgabe wählen oder auf *Bearbeiten* klicken, dann erscheint der Dateinamenvorlagen-Editor, in dem Sie den Namen weiter anpassen können. Alle Änderungen betreffen auch die Originaldatei.

Name der Kopie Wenn das Bild eine Kopie ist, klicken Sie auf den Pfeil rechts, um zum Original zu gelangen. *Abb. 3-47*

Abbildung 3-47

Ordner Wenn Sie auf den Pfeil neben diesem Feld klicken, gelangen Sie zum Ordner-Bedienfeld im linken Bereich, der Ordner mit dem ausgewählten Bild ist markiert. *Abb. 3-48*

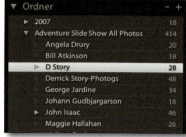

Abbildung 3-48

Metadatenstatus Wenn es eine Diskrepanz zwischen Informationen in der Datenbank und der Originaldatei gibt, können Sie diese mit einem Klick auf das Icon auflösen.

Bezeichnung, Bildbeschreibung, Copyright, Fotograf, Ort Bezeichnungen, Bildbeschreibungen, Copyright, Fotograf und Ort können in den Textfeldern gelesen, hinzugefügt und bearbeitet werden. Der Copyright-Status wird aus dem Pop-up-Menü ausgewählt. Klicken Sie auf die Pfeile rechts von *Fotograf* oder *Ort*, und andere Bilder mit den gleichen Kriterien werden im Bildfenster angezeigt. *Abb. 3-49*

Abbildung 3-49

Bewertung & Beschriftung Klicken Sie auf die entsprechende Sternenanzahl. Tippen Sie Rot, Gelb, Grün etc. ein (oder wählen Sie eine Farbe aus der Werkzeugleiste). Klicken Sie auf den Pfeil rechts, um genauso beschriftete Fotos zu finden. *Abb. 3-50*

Abbildung 3-50

Aufnahmezeit Diese können Sie ändern, um falsche Angaben zu kompensieren. (Wann haben Sie das letzte Mal Datum und Uhrzeit an Ihrer Kamera eingestellt?) Klicken Sie dazu auf das Icon rechts. *Abb. 3-51*

Abbildung 3-51

Der Dialog *Aufnahmezeit bearbeiten* erscheint, in dem Sie die korrekte Zeit und das richtige Datum eingeben können. *Abb. 3-52*

Abbildung 3-52

Abbildung 3-53

Abmessungen, Freigestellt, Belichtung, Brennweite, ISO-Empfindl., Blitz, Marke, Modell, Objektiv Sie können keine dieser Einstellungen ändern, aber durch einen Klick auf den Pfeil neben *Freigestellt* gelangen Sie ins Entwickeln-Modul zum Freistellen-Werkzeug. Klicken Sie auf die anderen Pfeile rechts, werden Bilder mit den gleichen Kriterien angezeigt. *Abb. 3-53*

(Die anderen Felder in anderen Ansichten sind selbsterklärend.)

Metadatenvorgaben anlegen und speichern

Sie können Ihre Metadaten als Vorgaben speichern. Klicken Sie auf den Oben/Unten-Pfeil rechts neben dem Wort *Vorgabe*. Wählen Sie *Vorgaben bearbeiten* aus dem Pop-up-Menü. Bearbeiten oder überprüfen Sie Ihre Daten im Dialog *Metadatenvorgaben bearbeiten*. *Abb. 3-54* Wählen Sie *Aktuelle Einstellung als Vorgabe speichern* aus dem *Vorgabe*-Pop-up-Menü. Benennen Sie die Vorgabe und klicken Sie auf *Fertig*. Das nächste Mal sehen Sie die Vorgabe im Menü, sie steht Ihnen auch beim Import von Bildern zur Verfügung.

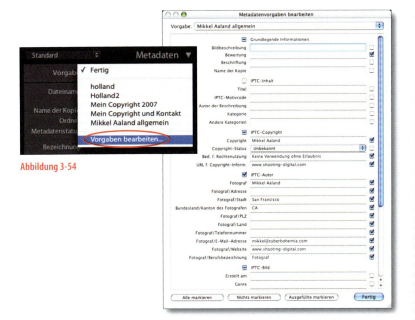

Abbildung 3-54

Metadaten stapelweise anwenden

Wenn Sie gleiche Metadaten global auf einen Bilderstapel anwenden wollen, wählen Sie die Bilder aus. Geben Sie die gewünschten Informationen in das Metadaten-Bedienfeld ein (manche EXIF-Felder können nicht geändert werden). Das ist alles. Alle ausgewählten Bilder besitzen jetzt dieselben Metadateneingaben.

TIPP: *Mithilfe des Buttons Metadaten syn. synchronisieren Sie Metadaten von einem Masterbild (dem aktiven) auf eine Gruppe ausgewählter Bilder. Aktivieren Sie in der erscheinenden Dialogbox die Felder, die Sie abgleichen wollen, und klicken Sie dann auf Synchronisieren. (Der Button Einstell. syn. dient zum Abgleichen der Einstellungen im Entwickeln-Modul, das ich am Ende dieses Kapitels beschreiben werde.)*

Miniaturen in Raster und Filmstreifen auswählen

Eine Miniatur auszuwählen ist mehr, als den Cursor darüber zu stellen und zu klicken. Es gibt große Unterschiede, wohin Sie den Cursor stellen und welche Tasten Sie drücken. Ich will Ihnen zeigen, was ich meine.

Hier im Rastermodus im Bibliothek-Modul stellte ich den Cursor über die erste Miniatur von links und klickte. Sie ist nun aktiv, wie am helleren grauen Rahmen zu erkennen. *Abb. 3-55*

Abbildung 3-55

Hier hielt ich die ⌘-Taste (Windows: Strg) gedrückt, stellte den Cursor über die rechte Miniatur und klickte. Beide Miniaturen sind ausgewählt, die dazwischen jedoch nicht. Nur die linke Miniatur ist aktiv, zu erkennen an dem noch helleren Rahmen. (Jetzt haben wir drei Grautöne.) *Abb. 3-56*

Abbildung 3-56

Hier hielt ich die Shift-Taste gedrückt, platzierte meinen Cursor über der Miniatur ganz rechts und klickte. Jetzt sind alle Miniaturen zwischen der ganz links und der ganz rechts ausgewählt. Wieder ist nur die linke Miniatur aktiv, wie am hellsten Grauton des Rahmens zu erkennen ist. *Abb. 3-57*

Abbildung 3-57

- *Ausgewählt* bedeutet, das Bild wird in eine Diashow oder einen Abzug einbezogen. Sie können auch eine Vorgabe auf eine Gruppe ausgewählter Bilder anwenden.

- *Aktiv* heißt, dass dies das Bild ist, mit dem die anderen ausgewählten Fotos abgeglichen werden. (Mehr dazu weiter unten in diesem Kapitel.)

DAS BIBLIOTHEK-MODUL BENUTZEN | 65

Abbildung 3-58

Abbildung 3-59

Abbildung 3-60

Abbildung 3-61

Um eine Miniatur aus einer Auswahl zu entfernen, während mehrere ausgewählt sind, halten Sie die ⌘-Taste (Windows: Strg) gedrückt und klicken auf die Miniatur. Um die Auswahl für alle außer einer Miniatur aufzuheben, klicken Sie außerhalb des Bildbereichs auf den Rahmen der Miniatur, die ausgewählt bleiben soll. *Abb. 3-58* Wenn Sie in den Bildbereich klicken, wird diese Miniatur aktiv, während die anderen ausgewählt bleiben.

Sie müssen Ihren Cursor korrekt positionieren, wenn Sie eine Miniatur in eine Kollektion oder einen Ordner legen oder an einen anderen Ort im Bildfenster verschieben wollen. Hier stellte ich meinen Cursor außerhalb des Bildbereichs auf den Rahmen, klickte und zog. Die Miniatur bewegt sich nicht. *Abb. 3-59*

Hier platzierte ich den Cursor über den Bildbereich (nicht den Rahmen) und zog. Sie sehen, wie sich eine Miniversion des Bildes mit dem Cursor verschiebt. *Abb. 3-60* Im linken Bereich kann ich Miniaturen an einen anderen Ort, in einen Ordner oder eine Kollektion verschieben. (Achtung! Wenn Sie in der Bibliothek alle Bilder anschauen, können Sie die Miniaturen nicht neu anordnen. Sie können sie sortieren, aber nicht verschieben. Mehr zum Sortieren jedoch später.)

Miniaturen im Filmstreifen auszuwählen funktioniert ähnlich wie im Rastermodus. *Abb. 3-61* Was passiert, wenn Sie Bilder im Filmstreifen auswählen, hängt davon ab, in welchem Modus Sie arbeiten (Raster, Lupe, Vergleich oder Überprüfung).

Die Aufnahmen eines Tages in Island bearbeiten

Werfen wir also einen Blick auf den Arbeitsablauf, wobei wir die Aufnahmen eines Tages verwenden. Gegen Ende werden zwei Gruppen von Bildern entstanden sein: die Bilder in Diashows und/oder im Druck verwendet werden, und die Bilder, die an die abgelichteten Personen per E-Mail verschickt werden sollen.

Zuerst importiere ich die Bilder eines wunderbaren Wandertages in den Bergen bei Nesbud mit Bill Atkinson, einem weiteren Expeditionsteilnehmer. (Mehr zum Import finden Sie in Kapitel 2.)

Die Bilder sind hier in der Rasteransicht des Bibliothek-Moduls zu sehen. *Abb. 3-62* Beachten Sie, wie ich den Bildbereich von Lightroom optimiert habe – der rechte Bereich und der Filmstreifen sind verschwunden. Ich arbeite auf einem Laptop, der Bildschirm ist also recht klein. Die Werkzeugleiste bleibt eingeblendet. (Mit der Taste T schalten Sie sie ein und aus.) Der Filmstreifen wird später in der Lupenansicht zurückkehren

Abbildung 3-62

Größe der Miniaturen

Ich kann die Größe der Miniaturen in der Rasteransicht mit einem Schieberegler in der Werkzeugleiste einstellen. Im Moment lasse ich sie relativ klein, um so viele wie möglich gleichzeitig sehen zu können. *Abb. 3-63* Sie sind jedoch nicht so klein, dass ich Extras wie Drehen-Buttons und Farbetiketten nicht mehr erkennen kann.

Abbildung 3-63

Sortierreihenfolge

Ich möchte die Bilder in der Reihenfolge ihrer Aufnahme betrachten, also wähle ich *Aufnahmezeit* aus dem Sortieren-Popup-Menü. *Abb. 3-64* Dabei hätte ich auch *Dateiname* wählen können, denn meine Kamera benennt die Fotos fortlaufend.

Abbildung 3-64

Das Bibliothek-Modul benutzen | 67

HINWEIS: Viele Digitalkameras fügen Ausrichtungsinformationen den EXIF-Daten hinzu, die Lightroom erkennt und anhand derer es die Bilder ausrichtet. Wenn Ihre Miniaturen nicht korrekt ausgerichtet sind, benutzen Sie den *Drehen*-Befehl. Klicken Sie dazu auf das *Drehen*-Icon in der Werkzeugleiste oder klicken Sie mit rechts auf das Bild und wählen Sie einen *Drehen*-Befehl. In der Rasteransicht können Sie so auch die Miniatur drehen.

Bilder aus der Rasteransicht löschen

Um meine Bilder zu bearbeiten und zu betrachten, werde ich die Lupenansicht verwenden. Vorher sortiere ich jedoch in der Rasteransicht nicht gelungene Fotos aus. Dabei entscheide ich nicht gern anhand von Miniaturen, ich meine hier richtige Blindgänger wie weiße oder schwarze Bilder. Löschen ist einfach – nur die Löschtaste drücken. Sie erhalten den in *Abb. 3-65* gezeigten Dialog, in dem Sie bestimmen, ob das Bild permanent gelöscht werden soll. *Entfernen* löscht nur den Verweis von Lightroom zur Datei, mit *Vom Datenträger löschen* landet das Bild im Papierkorb.

Abbildung 3-65

Lupenansicht

Also weiter zur Lupenansicht, in der Sie das Bild in verschiedenen Vergrößerungen anschauen können. *Abb. 3-66* Sie haben mehrere Möglichkeiten, zur Lupenansicht zu gelangen: Drücken Sie die Taste E, doppelklicken Sie auf eine Miniatur in der Rasteransicht oder auf ein Bild im Navigator. Sie können auch auf das Lupenansicht-Icon in der Werkzeugleiste klicken. Sogar die langsamste Methode funktioniert: *Ansicht→Lupe*. Ich drücke meist nur E, das steht wohl für EINFACH. In der Lupenansicht blende ich den Filmstreifen wieder ein und vergrößere ihn, sodass ich meine anderen Bilder auf einen Blick sehe.

Abbildung 3-66

Zoomstufen

Als Nächstes stelle ich die Zoomoptionen im Bedienfeld *Navigator* ein. Ich beginne mit einem Klick auf *Einpas.*, um das Bild in den Bildschirm einzupassen. *Abb. 3-67* Der weiße Rand um die Vorschau zeigt an, dass das gesamte Bild im Bildfenster zu sehen ist.

Abbildung 3-67

Hier stelle ich den Navigator auf *1:1*, wobei man die Schärfe des Bildes gut prüfen kann. *Abb. 3-68* Achten Sie hier auf den weißen Rahmen. Ich kann ihn bewegen, und wenn ich die Leertaste drücke oder mit der Maus klicke, rastet er in einem ausgewählten Bild an dieser Stelle ein.

Sie können natürlich stärkere Vergrößerungen wählen. Klicken Sie rechts auf das Dreieck, dann erhalten Sie die Optionen in einem Pop-up-Menü.

Abbildung 3-68

Die Lupenansicht anpassen

In den Ansicht-Optionen können Sie einstellen, was in der Lupenansicht zu sehen ist (*Ansicht→Ansicht-Optionen*/Register *Lupenansicht*). *Abb. 3-69*

In einer früheren Abbildung (*Abb. 3-64*), habe ich Fotograf, Aufnahmedatum/-zeit, Belichtung und ISO anzeigen lassen. Ich schalte das Kontrollkästchen *Bei Änderungen am Foto kurz anzeigen* ein, sodass die Daten nur kurz über dem Bild zu sehen waren. Sie können bis zu zwei Informationsanzeigen mit unterschiedlichem Inhalt anlegen und mit der Taste I dazwischen umschalten.

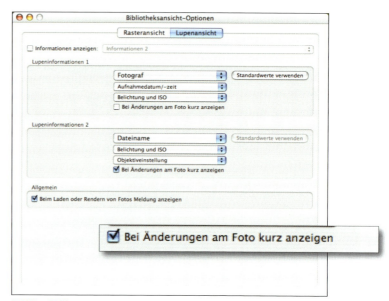

Abbildung 3-69

Bewegen zwischen den Bildern

Sie gelangen zum nächsten Bild, indem Sie einfach den Rechtspfeil auf Ihrer Tastatur drücken oder auf die Navigatorpfeile in der Werkzeugleiste klicken. *Abb. 3-70* Wenn Sie Bilder überspringen möchten, scrollen Sie im Filmstreifen zum gewünschten Bild und wählen es dort aus. Oder Sie kehren zur Rasteransicht zurück, um das Bild auszuwählen, bevor Sie in die Lupenansicht wechseln (mit Taste G zum Raster, mit E zur Lupe).

Abbildung 3-70

DAS BIBLIOTHEK-MODUL BENUTZEN | 69

Abbildung 3-71

Abbildung 3-72

Abbildung 3-73

In der Lupenansicht zoomen

Jetzt möchte ich ins Bild zoomen und nach Unschärfen oder technischen Fehlern suchen. Das macht Spaß! Wie bereits erwähnt, finden Sie die Zoomstufen im Navigator. Ich beginne hier mit *Einpas*. *Abb. 3-71*

Dann zoome ich das Foto auf 1:1, wie hier zu sehen. *Abb. 3-72* (2:1 würde auch funktionieren.) Lightroom merkt sich die zuletzt benutzte Stufe, und wenn ich die Leertaste drücke, im Bildfenster auf das Foto klicke oder die Taste Z drücke, zooooommmm. Ich gelange genau zur richtigen Vergrößerung. Drücken Sie die Leertaste, und wieder: zooooommmm! Eine Vergrößerung bleibt so lange aktiv, bis Sie die Leertaste drücken, ins Bild klicken oder Z drücken, dann kommen Sie zur nächsten Zoomstufe. (Wie bereits erwähnt, können Sie den weißen Rahmen verschieben, um einen anderen Bildbereich zu betrachten.)

Wenn Sie denken, dass das cool sei – das ist noch gar nichts. Die coolste Lightroom-Funktion zeige ich Ihnen gleich: die Vergleichsansicht.

Vergleichsansicht

Ich liebe die Vergleichsansicht. Dazu müssen Sie mindestens zwei Bilder geöffnet haben, entweder in der Rasteransicht oder im Filmstreifen. Klicken Sie dann auf das Vergleichsansicht-Icon in der Werkzeugleiste oder drücken Sie die Taste C. Ihr Bildschirm sollte etwa wie dieser aussehen. *Abb. 3-73*

Vergrößern im Tandem

Wenn ich im Bildbereich auf eines der Bilder klicke oder die Leertaste drücke, vergrößern sich beide Bilder auf 1:1. Mit dem Zoom-Regler kann ich andere Zoomstufen einstellen. *Abb. 3-74*

Durch einen Klick auf das Schloss-Icon hebe ich die Verbindung auf, und nur das ausgewählte Bild wird vergrößert. *Abb. 3-75* Mit dem Hand-Werkzeug, das beim Einzoomen automatisch erscheint, kann ich bestimmte Bildbereiche aufsuchen und den Fokus gleich im Bildfenster überprüfen. Wenn das Schloss geschlossen ist, bewegen sich die Bilder zusammen. Ein Klick auf *Synchronisieren* in der Werkzeugleiste oder der Befehl *Synchronisierungsfokus* aus dem Kontextmenü nach Rechtsklick versetzt beide Bilder in die gleiche relative Position, egal ob sie miteinander verbunden sind.

Auswählen vs. Kandidat

Sehen Sie die Begriffe *Auswählen* und *Kandidat* oben im Bildfenster? *Abb. 3-76* Das Auswählen-Bild bleibt sichtbar, wenn Sie mit den Pfeiltasten auf der Tastatur (oder in der Werkzeugleiste) neue Kandidaten zum Vergleich aus dem Filmstreifen aussuchen. Um ein Auswählen-Bild zum Kandidaten zu machen und umgekehrt, klicken Sie auf die Icons *Vertauschen* oder *Auswahl vornehmen* rechts in der Werkzeugleiste. *Abb. 3-77* Sie können auch mit rechts klicken und die Bilder mithilfe des Kontextmenüs austauschen.

Im Vergleich bewerten

Unten in jedem Bild sehen Sie in der Vergleichsansicht Steuerungen zur Bewertung. Damit können Sie Sterne, Fähnchen und Farben zuweisen. *Abb. 3-78*

Abbildung 3-74

Abbildung 3-75

Abbidung 3-76

Abbildung 3-77

Abbildung 3-78

Überprüfungsansicht: Mehr als zwei vergleichen

Abbildung 3-79

Sie können sogar mehr als zwei Bilder gleichzeitig vergleichen. Nämlich so viele, wie einigermaßen in das Bildfenster passen. Wählen Sie dazu in der Rasteransicht die Bilder aus, die Sie vergleichen wollen. *Abb. 3-79*

Abbildung 3-80

Klicken Sie jetzt auf das Überprüfungsansicht-Icon in der Werkzeugleiste. Je nachdem, wie viele Bilder Sie ausgewählt haben, sieht Ihr Bildschirm so ähnlich aus wie in *Abb. 3-80*. (Irgendwann wird es kontraproduktiv, zu viele Bilder für die Überprüfungsansicht auszuwählen. Die Bilder werden dann so klein, dass Sie auch in der Rasteransicht hätten weiterarbeiten können.)

In der Überprüfungsansicht können Sie die Zoomstufen nicht frei einstellen. (Ansonsten gelangen Sie zurück in die Lupenansicht.) Aber Sie können die Anzahl der Bilder im Bildfenster reduzieren, indem Sie auf das X in der rechten unteren Ecke eines jeden Bildes klicken. *Abb. 3-81* Bewertungen nehmen Sie im Bildfenster, in der Werkzeugleiste oder im Kontextmenü des ausgewählten Bildes (weißer Rand) vor. Um ein anderes Bild auszuwählen, klicken Sie darauf.

Abbildung 3-81

Nun wollen wir unsere Mission nicht vergessen und nicht nur bunte Bilder anschauen. Entscheidungen stehen an! Also weiter zu Fahnen, Bewertungen und Sternchen.

Sterne, Flaggen und Farben

Bilder können in Lightroom auf drei Arten bewertet werden: mit Sternen, Flaggen und Farben. *Abb. 3-82* Die Bewertungswerkzeuge finden Sie in der Werkzeugleiste, und je nach Ihren Voreinstellungen können Sie Sterne direkt in den Miniaturen vergeben. Auch mit der Spraydose können Sie Beschriftungen, Flaggen oder Bewertungen einzelnen oder ausgewählten Miniaturen zuweisen. Außerdem gibt es nützliche Tastenkürzel:

- *Sterne* Tippen Sie die Ziffern 0 bis 5 ein, um entsprechend viele Sterne zu vergeben.
- *Flaggen* Jede Option hat eine Taste:

  P ist *Markiert*

  U ist *Unmarkiert*

  X ist *Abgelehnt*

- *Farben* Tasten für alle außer Lila:

  6 für Rot

  7 für Gelb

  8 für Grün

  9 für Blau

Sie löschen eine Farbe, indem Sie die Taste erneut drücken. Alle Bewertungsmethoden sind zu kombinieren.

In diesem Beispiel verwende ich zwei Methoden. Den Bildern, die ich per E-Mail versenden will, weise ich die Farbe Blau zu. *Abb. 3-83* Fünf Sterne gebe ich den Bildern für Diashows oder den Druck. *Abb. 3-84* (An die Flaggen habe ich mich selbst noch nicht gewöhnt, aber ihr Potenzial durchaus erkannt.)

Warum lege ich nicht für jede Kategorie eine Kollektion an und lege meine Auswahl hinein?

Abbildung 3-82

Abbidung 3-83

Abbildung 3-84

DAS BIBLIOTHEK-MODUL BENUTZEN | 73

Abbildung 3-85

Abbildung 3-86

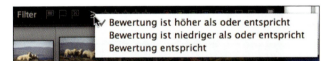

Abbildung 3-87

Abbildung 3-88

Gute Frage. Theoretisch bleiben alle Bewertungen beim Bild, bis Sie sie löschen. Ich verwende Bewertungen jedoch als temporäre Lösung und verlasse mich bei der dauerhaften Dateiverwaltung nicht darauf. Hierbei treten einfach zu leicht Fehler auf, oder man vergisst die Bewertung ganz. Schließlich endet bei mir immer alles in Kollektionen.

Filter

Wozu sind Tags, Flaggen und Farben gut, wenn man sie nicht bevorzugt filtern kann? Die Lightroom-Filter finden Sie oben rechts im Filmstreifen. *Abb. 3-85*

Manche finden Sie auch im *Bearbeiten*-Menü. Um die Filter zu aktivieren, wählen Sie *Bibliothek→Filter aktivieren* oder drücken ⌘+L (Strg+L). Sie können die Filter auch direkt aus dem Filmstreifen aktivieren, indem Sie auf das Icon am Ende des Filmstreifens klicken. *Abb. 3-86* Indem Sie auf die entsprechende Bewertung klicken (Stern, Flagge, Farbe), wird alles außer dieser Auswahl gefiltert. Durch erneutes Klicken heben Sie die Auswahl auf, bei Farben klicken Sie mit rechts und wählen *Ohne* aus dem Kontextmenü.

Sie können mehrere Bewertungen auswählen, also z.B. fünf Sterne *und* Rot. Sterne können Sie auch nach verschiedenen Kriterien filtern. Klicken Sie auf die entsprechende Anzahl Sterne oder das Größer-gleich-Zeichen (Kleiner-gleich), um diese Optionen auszuwählen. *Abb. 3-87*

Hier wählte ich den Filter *Bewertung entspricht 5 Sternen*, und Sie sehen, dass meine Auswahl im Bildfenster angezeigt wird. *Abb. 3-88*

Eine Kollektion erstellen

Bevor ich die blauen Etiketten filtere, werde ich die Fünf-Sterne-Bilder in einer Kollektion zusammenfassen. Ich kann sie einer Kollektion hinzufügen, indem ich alle auswähle und in einen existierenden Ordner im Kollektionen-Bedienfeld ziehe. Oder ich wähle alles aus (⌘+A auf dem Mac, Strg+A unter Windows) und klicke dann auf das Pluszeichen im Kollektionen-Bedienfeld. *Abb. 3-89*

Abbildung 3-89

Im Dialog *Kollektion erstellen* schalte ich *Ausgewählte Fotos einschließen* und *Als untergeordnetes Element von … erstellen* ein und gebe der Kollektion einen Namen. *Abb. 3-90* Dann klicke ich auf Erstellen. Nun werden alle Fünf-Sterne-Bilder in eine Kollektion gepackt – zum Druck oder als Diashow.

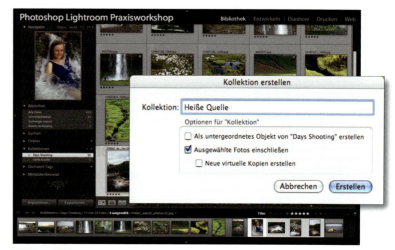

Abbildung 3-90

Jetzt hebe ich die Auswahl der Fünf-Sterne-Bilder auf, indem ich darauf klicke, und filtere die blauen Bilder. *Abb. 3-91* Beachten Sie deren blauen Rand. In den Ansicht-Optionen habe ich bestimmt, dass die Farben eingeblendet werden.

Dieses Mal erstelle ich eine Kollektion, um die Bilder per Mail zu versenden, und lege die blau gekennzeichneten hinein.

Geschafft, zumindest für jetzt.

> **HINWEIS:** *Überlagerungen zwischen den Kollektionen sind nicht schlimm. Bilder können in mehreren Kollektionen enthalten sein.*

Abbildung 3-91

DAS BIBLIOTHEK-MODUL BENUTZEN | 75

Von einem Bild können Sie mehrere Versionen anlegen – z.B. eine schwarz-weiße, eine mit radikalem Beschnitt – und alle in einem Stapel oder einer Kollektion zur Verfügung haben. Lightroom speichert nur einen Satz von Verarbeitungsanweisungen, deshalb verbraucht das nur wenig Platz auf der Festplatte.

Mit virtuellen Kopien mehrere Versionen erzeugen

Zuerst erstellen wir eine virtuelle Kopie. Wählen Sie dazu das Bild aus. Stellen Sie den Cursor über das Bild oder dessen Miniatur (in der Raster- oder Lupenansicht). Rufen Sie mit einem Rechtsklick das Kontextmenü auf. *Abb. 3-92*

Abbildung 3-92

Abbildung 3-93

Wählen Sie *Virtuelle Kopien anlegen* aus dem Pop-up-Menü. Sie können so viele erstellen, wie Sie wollen. Ich werde drei Kopien anlegen. Die Kopien liegen nebeneinander und werden durch ein Eselsohr-Icon unten links gekennzeichnet. *Abb. 3-93* Wenn Sie auf dieses Seiten-Icon doppelklicken, kehren Sie zum Originalbild zurück, egal wo dieses sich befindet.

Den nächsten Schritt bestimmen Sie. In einer Version stellte ich im Entwickeln-Modul auf ein Panoramaformat frei. In einer anderen wandelte ich das Bild in Schwarz-Weiß um. In einer weiteren Version besserte ich die Farben nach. *Abb. 3-94*

Abbildung 3-94

Sie können die Bilder stapeln oder verschiedene Kollektionen erstellen und die Versionen in der entsprechenden Kollektion per Drag-and-Drop ablegen. Ein Bild kann in beliebigen Kollektionen liegen. Auch Stichwörter oder andere Metadaten können jeder Kopie zugewiesen werden. Im Filmstreifen stellen Sie die Filter so ein, dass nur noch die Kopien angezeigt werden (Klick auf das Seiten-Icon).

PRAXISWORKSHOP PHOTOSHOP LIGHTROOM

Stapel anlegen und einsetzen

Stapel sind eine weitere nützliche Variante, Ihre Bilder zu verwalten. Stellen Sie sich einen traditionellen Leuchttisch vor (wenn Sie können) und erinnern Sie sich, wie Sie Dias übereinanderlegen konnten, um einen Stapel zu erzeugen. Das ist vergleichbar mit den Stapeln von Lightroom.

Beginnen Sie in der Rasteransicht und wählen Sie eine Gruppe von Bildern aus, die Sie stapeln wollen. Die Bilder müssen im selben Ordner gespeichert sein, aus einer Kollektion können Sie nicht stapeln. (Um mehrere aufeinanderfolgende Bilder auszuwählen, klicken Sie auf eine Miniatur, halten die Shift-Taste gedrückt und klicken auf die letzte in der Folge. Alle Miniaturen dazwischen werden ausgewählt.) *Abb. 3-95*

Abbildung 3-95

Rechtsklicken Sie dann auf eine ausgewählte Miniatur. Klicken Sie in den Bildbereich, nicht auf den Rahmen. Wenn alle Bilder im selben Ordner liegen, erscheint das Kontextmenü wie in *Abb. 3-96.* Dieselben Optionen erhalten Sie, wenn Sie *Foto→Stapeln* aus der Menüleiste wählen.

Die ausgewählten Bilder werden zu einem zusammengefasst. Im sichtbaren Bild wird die Anzahl der gestapelten Bilder angezeigt. *Abb. 3-97* Die Stapelreihenfolge ändern Sie mit dem *Stapel*-Menü oder folgenden Tastenkürzeln:

- *Shift + ,* Im Stapel nach oben.
- *Shift + .* Im Stapel nach unten.
- *Shift + S* An Stapelanfang verschieben.

Sie können Bilder mithilfe des *Foto*-Menüs auch aus einem Stapel entfernen, oder Sie rechtsklicken dazu auf eine Miniatur und wählen Aus Stapel entfernen aus dem Kontextmenü.

Abbildung 3-96

Abbildung 3-97

Abbildung 3-98

Abbildung 3-99

Abbildung 3-100

Abbildung 3-101

Mit Stapeln arbeiten

Um einen Stapel aufzuklappen, wählen Sie nach einem Rechtsklick darauf *Einen Stapel einblenden* oder klicken einfach auf das Stapel-Icon in der oberen Miniatur. Sie können auch *Alle Stapel einblenden* wählen, wenn Sie alle Inhalte sehen wollen. Die Zahlen in der linken oberen Ecke der Miniatur zeigen die Reihenfolge an. *Abb. 3-98*

Ein ausgeblendeter Stapel sieht wie in *Abb. 3-99* oben aus. Wenn Sie den Stapel im Filmstreifen auswählen und darauf doppelklicken, sehen Sie das obere Bild in der Lupenansicht. Klicken Sie auf die Stapel-Miniatur im Filmstreifen, wird der Stapel eingeblendet, wie hier zu sehen (unten). Dann können Sie die anderen Bilder mithilfe der Pfeiltaste auswählen und nacheinander in der Lupenansicht betrachten.

In *Abb. 3-100* sehen Sie die Überprüfungsansicht, und wenn Sie den Stapel im Filmstreifen einblenden, erscheinen alle Bilder im Bildfenster. *Abb. 3-101* (Je größer der Stapel, desto kleiner sind die Bilder im Bildfenster.)

Um einen Stapel zu teilen, blenden Sie ihn ein, rechtsklicken auf eine der mittleren Miniaturen und wählen *Stapel teilen* aus dem Kontextmenü. So entstehen zwei Stapel: einer mit den Bildern links und einer mit den Bildern rechts vom ausgewählten Bild und mit dem ausgewählten Bild selbst.

Stapel aufheben

Um einen Stapel aufzuheben, wählen Sie *Stapel aufheben* aus dem Kontextmenü. Die Bilder erscheinen nun wieder als einzelne Miniaturen wie vor dem Stapeln.

Michael Reichmann

Ich kenne Michael bereits seit vielen Jahren, und er schrieb das Vorwort für eines meiner Bücher. Seine Site, Luminous Landscape (leuchtende Landschaft), gilt als eine der angesehensten Quellen zur digitalen Fotografie. Leider habe ich während der Island-Expedition nicht viel von Michael gesehen. Er verbrachte viel Zeit mit Bill Atkinson »in der Wildnis«, wobei so atemberaubende Aufnahmen wie diese entstanden. Später, als Michael mir eine Sammlung seiner Lieblingsfotos schickte, war ich verblüfft: Er hatte tatsächlich die leuchtenden Landschaften Islands fotografiert.

Ad-hoc-Entwicklung

Im Bibliothek-Modul finden Sie vereinfachte Bildbearbeitungsfunktionen im Bedienfeld *Ad-hoc-Entwicklung*. Dies ist besonders praktisch, wenn Sie nur schnell die Weißbalance korrigieren oder die Belichtung von mehreren ausgewählten Bildern einfach korrigieren wollen.

Sie finden die Ad-hoc-Entwicklung in der Bibliothek im rechten Bereich unter dem Histogramm. Um jedes Bedienfeld zu aktivieren, klicken Sie auf den Pfeil (eingekreist, oben). Um die Optionen für Freistellungsfaktor und Behandlung sehen zu können, klicken Sie auf die Pfeile nach oben und unten (eingekreist, unten). *Abb. 3-102* Wenn Sie Einstellungen anwenden, ändert sich die Bildvorschau sofort, egal in welchem Modus Sie arbeiten. Auch das Bild im Navigator wird aktualisiert und zeigt Ihre Änderungen.

Abbildung 3-102

Gespeicherte Vorgaben anwenden

Mit Lightroom werden gewisse Vorgaben von *Gealtertes Foto* bis *Starker Kontrast* mitgeliefert. *Abb. 3-103*

Im Entwickeln-Modul können Sie Ihre eigenen Vorgaben erzeugen, die dann auch im Pop-up-Menü *Gespeicherte Vorgaben* erscheinen. (Mehr zum Entwickeln-Menü in den folgenden Kapiteln.)

Um eine Vorgabe auf ein Bild anzuwenden, wählen Sie das Bild und die jeweilige Vorgabe aus. Zum Bearbeiten eines Stapels von Bildern wählen Sie alle Bilder im Bildfenster aus und wählen dann die gewünschte Vorgabe. ⌘+Z (Strg+Z) bringt Sie zur vorherigen Einstellung zurück, und ein Klick auf den *Zurücksetzen*-Button unten rechts im Bedienfeld setzt das Bild auf die Original-Kameraeinstellungen zurück.

Abbildung 3-103

DAS BIBLIOTHEK-MODUL BENUTZEN | 81

Abbildung 3-104

Abbildung 3-105

Abbildung 3-106

Freistellungsfaktor

Der Freistellen-Befehl im Bedienfeld *Ad-hoc-Entwicklung* stellt nicht auf einen vom Anwender definierten Bereich frei, sondern verwendet ein voreingestelltes Seitenverhältnis oder ein Verhältnis Ihrer Wahl. *Abb. 3-104* Das ist praktisch, wenn Sie einen Stapel von Bildern auf ein bestimmtes Seitenverhältnis freistellen wollen. (Für bessere Kompositionen oder zum Entfernen unerwünschter Teile empfehle ich das Entwickeln-Modul, das in Kapitel 4 beschrieben wird.)

Behandlung: Farbe oder Graustufen

Unter *Behandlung* können Sie zwischen *Farbe* und *Graustufen* wählen. *Abb. 3-105* Bessern Sie die Umwandlung mit anderen Reglern aus diesem Bedienfeld nach. Die Feinabstimmung wie im Entwickeln-Modul werden Sie hier jedoch nicht bekommen (mehr dazu in Kapitel 5).

> HINWEIS: *Sie können Bilder im Bibliothek-Modul in Graustufen umwandeln, indem Sie ein Bild auswählen, auf V drücken und so von Farbe zu Schwarz-Weiß umschalten.*

Weißabgleich

Hier ändern Sie die Einstellungen für den Weißabgleich. *Abb. 3-106* Sie lassen die Einstellungen, wie sie sind (*Wie Aufnahme*), wählen *Auto* oder andere Optionen. Das ausgewählte Bild spiegelt Ihre Änderungen sofort wider. Änderungen am Weißabgleich beeinflussen JPEG- und TIFF-Bilder, sind aber bei RAW-Dateien effektiver. Mit den Einstellungen *Temperatur* und *Farbton* verfeinern Sie das Ergebnis. Die einzelnen Pfeile bewirken kleinere Veränderungen, die Doppelpfeile gröbere.

Farbtonkontrolle

Ein Klick auf den Button *Autom. Farbton* kann das Bild schnell aufbessern. Diese Option passt die Farb- und Tonwerte automatisch an, was bei manchen Bildern gut funktioniert. Bei anderen ist es ein Disaster. Probieren Sie es einfach aus.

Unter dem Button finden Sie einige nützliche Regler. Die *Klarheit*-Einstellung zum Beispiel wird besonders beim Druck deutlich. *Abb. 3-107* Klicken Sie auf den Pfeil, um alle Optionen einzublenden. Der Effekt dieser Regler auf Ihr Bild ist ähnlich dem aus dem Entwickeln-Modul, auf das ich in den nächsten Kapiteln genauer eingehen werde. Der größte Unterschied besteht jedoch darin, dass Sie zum Anwenden die Buttons > und >> einsetzen. Wieder dient > für kleinere Änderungen, >> hingegen für größere.

Abbildung 3-107

> **TIPP:** Halten Sie Option/Alt beim Klick auf Klarheit und Lebendigkeit gedrückt, ändern sich diese in Schärfe und Sättigung.

Ad-hoc-Entwicklung für mehrere Bilder

Richtig cool an Lightroom ist, dass Sie Korrekturen und Nachbesserungen schnell und einfach auf einen Stapel von Bildern anwenden können. Das unterscheidet Lightroom von vorherigen Generationen von Bildbearbeitungssoftware.

Gehen Sie wie folgt vor:

1. Wählen Sie im Bildfenster die Bilder aus, die Sie bearbeiten wollen. *Abb. 3-108* Mit ⌘+A (Strg+A) wählen Sie alle aus. Mit ⌘+D (Strg+D) heben Sie die Auswahl auf. Das Histogramm zeigt nur die Werte des aktiven Bildes an.

Abbildung 3-108

DAS BIBLIOTHEK-MODUL BENUTZEN | 83

Abbildung 3-109

Abbildung 3-110

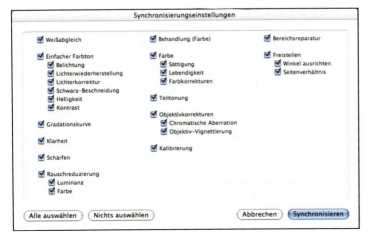
Abbildung 3-111

2. Stellen Sie den Weißabgleich oder die Farbtonkontrolle ein. (In diesem Beispiel wählte ich *Graustufen*.) Die Änderungen sind in allen ausgewählten Miniaturen sichtbar. *Abb. 3-109* Mit *Alles zurücksetzen* kehren Sie zu den Original-Kameraeinstellungen zurück.

Wenn Sie mehrere Bilder ausgewählt haben und im *Ad-hoc-Entwicklung*-Bedienfeld im Bibliothek-Modul arbeiten, bedenken Sie, dass die Änderungen am Bild relativ sind. Wenn Sie zum Beispiel bei einem Bild beginnen, das um eine Stufe überbelichtet ist, ein anderes um 1,5 Stufen, ist der Anfangspunkt für eine Belichtungskorrektur bei beiden Bildern unterschiedlich. (Das mag Ihnen jetzt logisch erscheinen, aber wenn Sie ältere Einstellungen auf ein oder mehrere Bilder anwenden, wenden Sie dieselben Werte auf verschiedene Bilder an, was gut sein oder auch schiefgehen kann.)

Einstellungen synchronisieren

Was passiert, wenn Sie einige, aber nicht alle Einstellungen eines Bildes auf einen Stapel anwenden wollen? Dann verwenden Sie den Button *Einstell. syn.* unten im rechten Bereich. *Abb. 3-110*

Nehmen Sie Ihre Korrekturen am aktiven Bild vor. Wählen Sie dann ein oder mehrere Bilder aus. Klicken Sie auf *Einstell. syn*. Im Dialog *Synchronisierungseinstellungen* wählen Sie die Einstellungen aus, die Sie auf die anderen Bilder transferieren wollen. Klicken Sie auf *Synchronisieren*, wenn Sie fertig sind. *Abb. 3-111*

KAPITEL VIER

Das Entwickeln-Modul

Im Entwickeln-Modul geschieht die eigentliche Bildbearbeitung. Hier finden Sie durchdachte, einfach benutzbare Farb- und Tonwertregler. Auch Werkzeuge zum Freistellen, Ausrichten und für einfache Retuschen stehen hier zur Verfügung. Mit all diesen Werkzeugen können Sie Ihren eigenen Look erzeugen und als Vorgabe speichern, um ihn auf andere Bilder anzuwenden. Dieses Kapitel stellt dieses leistungsstarke Modul vor und beschreibt, wie Sie die Ansichten, Retuscheoptionen und Freistellungswerkzeuge am besten einsetzen. In den nachfolgenden Kapiteln erfahren Sie anhand der Arbeiten mehrerer Island-Expeditionsteilnehmer weitere Einzelheiten darüber, wie Sie mit den Tonwert- und Farbtonsteuerungen des Entwickeln-Moduls umgehen und nützliche Vorgaben erzeugen.

In diesem Kapitel

Das Entwickeln-Modul im Überblick

Ansichten im Entwickeln-Modul

Im Entwickeln-Modul freistellen

Retuschewerkzeuge

Rauschreduzierung

Scharfzeichnen nach Maß

Objektivkorrektur

Das Entwickeln-Modul im Überblick

Beginnen wir mit einem ersten Einblick in das Entwickeln-Modul. Später in diesem Kapitel erfahren Sie detaillierter, wie Sie mit den Werkzeugen das Beste aus Ihren Digitalbildern herausholen können. Wie das Bibliothek-Modul besteht auch das Entwickeln-Modul aus fünf Hauptbereichen.

Der Ansichtsbereich befindet sich links, der Einstellungsbereich rechts, in der Mitte das Bildfenster. *Abb. 4-1* Die Bereiche sind in Bedienfelder mit spezifischen Funktionen unterteilt. Im unteren Bereich des Monitors finden Sie Werkzeugleiste und Filmstreifen.

Wie in Kapitel 1 bereits erwähnt, können Sie Modulbedienfeldbereiche, Werkzeugleiste und Filmstreifen durch Klick auf das Dreieck einfach ausblenden, um das Bildfenster zu vergrößern. Werfen wir also einen Blick auf die Komponenten dieses Moduls und deren Funktionen.

Abbildung 4-1

> *TIPP:* Egal aus welchem Modul, mit der Taste D gelangen Sie ins Entwickeln-Modul. Mit der Taste G kommen Sie immer zurück zur Rasteransicht des Bibliothek-Moduls.

Das Navigator-Bedienfeld

Das sollten Sie bereits kennen. Der Navigator zeigt die aktive Auswahl an. *Abb. 4-2* Er ist nicht nur für einen Überblick geeignet, sondern hier legen Sie auch die Zoomstufen für das Bild fest (eingekreist, links). (Mehr zum Zoom lesen Sie in Kapitel 3.)

Ein weißer Rahmen (eingekreist, rechts) zeigt den Vergrößerungsbereich; Sie können den Rahmen verschieben und so das Bild neu positionieren.

Abbildung 4-2

DAS ENTWICKELN-MODUL | 87

Abbildung 4-3

Abbildung 4-4

Abbildung 4-5

Fenstergröße des Navigators ändern

Sie können das Navigator-Fenster (und den gesamten linken Bereich) vergrößern, indem Sie am rechten Rand mit dem Cursor ziehen. Das verändert die Größe von Bildern im Hochformat nicht, aber bei Querformatbildern haben Sie deutlich mehr Platz. Links sehen Sie einen minimierten, rechts einen maximal erweiterten Navigator. *Abb. 4-3*

Vorschau im Navigator

Lust auf was echt Cooles? Öffnen Sie das *Vorgaben*-Bedienfeld und bewegen Sie den Cursor über die Vorgaben. Das Bild im Navigator-Fenster passt sich sofort an die jeweilige Vorgabe an. *Abb. 4-4*

Der Navigator zeigt auch in Echtzeit eine Freistellung an (rechts), bevor Sie sie überhaupt anwenden! (Mehr zum Freistellen finden Sie weiter unten in diesem Kapitel.)

Vorgaben-Bedienfeld

Lightroom wird mit mehreren Vorgaben ausgeliefert, die im Bedienfeld *Vorgaben* zu finden sind. *Abb. 4-5* Wie eben spiegelt das Navigator-Fenster den Effekt einer Vorgabe bereits wider, wenn Sie nur den Cursor über die Vorgabe im Bedienfeld stellen. Gefällt Ihnen ein Effekt nicht, klicken Sie auf den Namen der Vorgabe, und sie wird im Bildfenster auf das Bild angewendet. Die hier gezeigten Vorgaben sind in Ordnern gesammelt. Sie können mehr Ordner anlegen, indem Sie *Entwickeln→Neuer Vorgabenordner* aus der Menüleiste wählen. Auch eigene Vorgaben können Sie erstellen. Wie das geht, zeige ich Ihnen später.

Schnappschüsse-Bedienfeld

Das *Schnappschüsse*-Bedienfeld ist vergleichbar mit der Protokoll-Palette von Photoshop. Sie können einen Moment Ihrer Arbeit »einfrieren« und alle Einstellungen in einem Schnappschuss speichern, um sie später wiederzubeleben. *Abb. 4-6* Sie können beliebig viele Schnappschüsse speichern. Klicken Sie auf den Namen, und die Einstellungen werden angewendet. Mit ⌘+Z (Strg+Z) widerrufen Sie den Effekt. (In künftigen Versionen von Adobe Camera Raw sollen Lightroom-Schnappschüsse gelesen werden können, was toll wäre, um Versionen desselben Bildes zu laden.) Auch wenn Sie das Protokoll löschen, bleibt der Schnappschuss. Klicken Sie auf das Pluszeichen, um einen Schnappschuss hinzuzufügen. Um ihn zu entfernen, markieren Sie ihn und klicken auf das Minuszeichen. Um Schnappschüsse zu benennen, klicken Sie auf den Text und tippen einen Namen ein.

Abbildung 4-6

> TIPP: Mithilfe der Tab-Taste blenden Sie die Bereiche ein und aus. Mit der Taste L bewegen Sie sich zwischen den Beleuchtungsmodi.

Protokoll-Bedienfeld

Jede Einstellung in diesem Modul wird im *Protokoll*-Bedienfeld aufgezeichnet. *Abb. 4-7* Sie bewegen sich entweder schrittweise rückwärts oder springen, indem Sie auf einen Zustand klicken. Verschiedene Zustände im Navigator betrachten Sie, indem Sie den Cursor darüber stellen. Protokollzustände werden automatisch gespeichert und bleiben erhalten, wenn Sie das Programm neu starten oder ein Bild neu auswählen. Die Anzahl der Zustände ist unbegrenzt, mit einen Klick auf *Löschen* entleeren Sie das Protokoll.

Abbildung 4-7

Kopieren und Einfügen

Die Buttons *Kopieren* und *Einfügen* sind eine weitere Möglichkeit, Einstellungen von einem Bild ins andere zu transferieren. Wenn Sie auf *Kopieren* klicken, öffnen Sie den Dialog *Einstellungen kopieren*, in dem Sie die gewünschten Einstellungen markieren können. *Abb. 4-8* Wählen Sie dann ein oder mehrere Bilder im Filmstreifen aus und klicken Sie auf *Einfügen*, um die ausgewählten Einstellungen auf diese Bilder zu übertragen.

Abbildung 4-8

Abbildung 4-9

Bildbearbeitungsbereich

Wer mit den Einstellungen in Adobe Camera Raw (ACR) vertraut ist, sollte sich auch mit diesem Bereich auskennen. *Abb. 4-9* Noch besser, wenn Sie ACR in CS3 verwenden: Die Ideen hinter den Steuerungen sind exakt gleich.

Das *Histogramm*-Bedienfeld zeigt in Echtzeit an, wie die Farben und Tonwerte im aktiven Bild verteilt sind. (Dieses Histogramm ist interaktiv, das heißt, Sie können darin Farbkorrekturen vornehmen.) Unter dem Histogramm bzw. rechts und links davon finden Sie die wichtigsten Kameradaten und Über- bzw. Unterbelichtungsanzeigen. (Klicken Sie mit rechts aufs Histogramm, um die Anzeige anzupassen.)

Im Bildbearbeitungsbereich finden Sie vier Bedienfelder zu Farbe und Tonwerten, gefolgt von *Details* (Scharfzeichnen und Rauschreduzierung), *Objektivkorrektur* und *Kamerakalibrierung*. Mit Ausnahme des Bedienfelds *Grundeinstellungen* können alle Einstellungen mit dem Schalter rechts ein- und ausgeschaltet werden. *Abb. 4-10* Weiter unten in diesem Kapitel finden Sie weitere detaillierte Informationen zu diesen Steuerungen.

Vorherige/Synchronisieren und Zurücksetzen

Unten im Bildbearbeitungsbereich finden Sie die Buttons *Vorherige* und *Zurücksetzen*. *Abb. 4-11* Wenn mehr als eine Miniatur im Filmstreifen ausgewählt ist, erscheint *Synchronisieren* statt *Vorherige*. *Abb. 4-12* Klicken Sie auf *Vorherige*, wenn Sie die Einstellungen des vorhergehenden Bildes auf das aktuelle anwenden und der Dialog *Synchronisierungseinstellungen* umgehen wollen. Klicken Sie auf *Synchronisieren*, wenn Sie Einstellungen auf mehrere Bilder anwenden möchten. Danach öffnet sich der Dialog *Synchronisierungseinstellungen*, in dem Sie auswählen können, welche Einstellungen vom zuerst bearbeiteten Bild übernommen werden sollen. Klicken Sie auf *Zurücksetzen*, um zu den Standardeinstellungen zurückzukehren. Durch Drücken der Option-/Alt-Taste ändert sich *Zurücksetzen* in *Standard festlegen*, wodurch die aktuellen Einstellungen zum neuen Standard werden.

Die Entwickeln-Werkzeugleiste

Die Entwickeln-Werkzeugleiste enthält die Icons *Lupenansicht* und *Vorher- und Nachher-Ansicht*. Hier finden Sie auch ein Überlagerungswerkzeug, eins zum Entfernen roter Augen und ein Bereiche-entfernen-Werkzeug, um Staub oder Artefakte zu beseitigen. *Abb. 4-13* Mithilfe des Pop-up-Menüs blenden Sie Elemente in der Leiste ein (*Bewertung*, *Auswählen*, *Farbbeschriftung* etc.). Je nach Option ändert sich die Werkzeugleiste.

Abbildung 4-10

Abbildung 4-11

Abbildung 4-12

Abbildung 4-13

DAS ENTWICKELN-MODUL | 91

Abbildung 4-14

Abbildung 4-15

Abbildung 4-16

Filmstreifen im Entwickeln-Modul

Im Bibliothek-Modul ausgewählte Bilder erscheinen im Filmstreifen des Entwickeln-Moduls. *Abb. 4-14* Ein Klick auf das Icon ganz links bringt Sie in die Rasteransicht der Bibliothek zurück. Mit dem rechten und dem linken Pfeil bewegen Sie sich zwischen vorher verwendeten Modulen hin und her. Aus dem Entwickeln-Modul können Sie direkt in andere Kollektionen navigieren, indem Sie auf den Pfeil rechts neben dem Ordnerpfad klicken und mithilfe des Pop-up-Menüs navigieren.

Rechts im Filmstreifen finden Sie die Filter (mehr dazu in Kapitel 3). Hier legen Sie Filterkriterien fest und schalten die Filter ein oder aus. *Abb. 4-15*

Die Werkzeugleiste kann, wie in Kapitel 1 beschrieben, angepasst oder ausgeblendet werden.

Befehle im Kontextmenü

Klicken Sie mit rechts auf ein Bild im Bildfenster, um auf viele nützliche Befehle zugreifen zu können (oben). *Abb. 4-16* Wenn Sie mit rechts auf den Kopf eines Bedienfelds klicken, erhalten Sie die jeweiligen Ansichtsoptionen (Mitte). Ich finde den Solomodus besonders nützlich. Kicken Sie mit rechts auf eine Miniatur im Filmstreifen, um weitere Optionen angezeigt zu bekommen (unten).

> **HINWEIS:** *Viele hier besprochene Befehle sind auch in der Menüleiste unter Entwickeln, Foto und Ansicht zu finden.*

Ansichten im Entwickeln-Modul

Wenn Ihnen die Ansichten im Bibliothek-Modul nützlich erschienen, schauen Sie sich erst einmal die im Entwickeln-Modul an. Hier können Sie Ihr Bild nicht nur in der normalen Lupenansicht betrachten, der Vergleichsmodus ist einfach gigantisch.

Lupenansicht

Der am häufigsten benutzte Modus ist die Lupenansicht, die ein Einzelbild anzeigt, das sich mithilfe des Navigators, eines Mausklicks oder des Reglers in der Werkzeugleiste leicht vergrößern lässt. *Abb. 4-17* Im Entwickeln-Modul landen Sie automatisch in der vorher verwendeten Ansicht. Klicken Sie auf das Lupenansicht-Icon oder drücken Sie die Taste D, um zur Lupenansicht zu gelangen. (Im Bibliothek-Modul bringt Sie die Taste E zur Lupenansicht.) Eingeblendete Informationen steuern Sie mit *Ansicht→Ansicht-Optionen*.

Abbildung 4-17

Vorher/Nachher

Das Vorher-/Nachher-Ansicht-Icon ist in der Werkzeugleiste das zweite von links. *Abb. 4-18* Nach einem Klick auf das Dreieck sehen Sie ein Pop-up-Menü mit Vergleichsoptionen. (Drücken Sie die Taste T, um die Werkzeugleiste wenn nötig einzublenden.)

Abbildung 4-18

Wählen Sie eine Vergleichsansicht nach Geschmack aus dem Pop-up-Menü aus oder bewegen Sie sich durch mehrfaches Klicken auf das Icon durch die verschiedenen Ansichten. Weiter rechts finden Sie die Vorher-/Nachher-Steuerungen, mit denen Sie Einstellungen zwischen den Versionen tauschen können. *Abb. 4-19* zeigt *Vorher/Nachher Links/Rechts* ohne Vergrößerung.

Abbildung 4-19

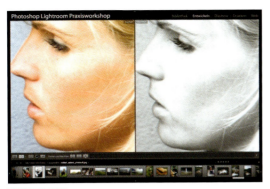

Abbildung 4-20

Abb. 4-20 zeigt Vorher/Nachher Links/Rechts mit Vergrößerung. Beide Bilder sind mit der gleichen Vergrößerung eingezoomt. Sie können mit dem Hand-Werkzeug, das in dieser Ansicht automatisch erscheint, auch beide Bildbereiche simultan und analog bewegen.

Abbildung 4-21

Abb. 4-21 zeigt Vorher/Nachher Teilung Links/Rechts mit Vergrößerung. Ich mag diese Ansicht besonders, um Farbveränderungen und Rauschreduzierungen zu überprüfen.

Abbildung 4-22

Abb. 4-22 zeigt Vorher/Nachher Oben/Unten.

Abbildung 4-23

Abb. 4-23 zeigt Vorher/Nachher Teilung Oben/Unten.

> **TIPP:** Klicken Sie mit rechts auf die Vorher- oder Nachher-Ansicht, um ein Kontextmenü mit Optionen für Schnappschüsse oder Vorgaben zu öffnen.

Mikkel Aaland

Ich glaube, jeder Teilnehmer unserer Island-Expedition hielt irgendwann einmal an, um diese einsame Kirche nahe Nesbud zu fotografieren. Es war nicht leicht, eine Aufnahme für dieses Buch auszuwählen; sie waren alle so wunderschön. Schließlich entschied ich mich für mein eigenes Foto, denn mit dem Horizont außerhalb der Achse war es am wenigsten perfekt. Mit den Freistellungs- und Ausrichten-Werkzeugen in Lightroom brachte ich das wieder in Ordnung, was die Nützlichkeit dieser Anwendung erneut unterstreicht.

Im Entwickeln-Modul freistellen

Indem Sie ein Bild in Lightroom freistellen, können Sie kritische Inhalte isolieren, auf ein bestimmtes Seitenverhältnis freistellen oder eine aus der Achse geratene Horizontlinie ausrichten. Natürlich lässt sich die Freistellung – wie alles in Lightroom – später noch verändern.

Das Werkzeug *Überlagerung freistellen* finden Sie in der Werkzeugleiste. (Drücken Sie T, wenn diese nicht sichtbar ist.) Klicken Sie auf das Icon, dann kann es losgehen. *Abb. 4-24*

Für das Überlagerung freistellen-Werkzeug gibt es viele Einsatzmöglichkeiten. Sie können den Freistellungsbereich festlegen und dann das Bild innerhalb der Markierung bewegen. Sie können damit auch (wie mit dem bekannten Freistellungswerkzeug aus Photoshop) den Bereich dort aufziehen, wo Sie ihn haben wollen. (Das Photoshop-Werkzeug entfernt allerdings die Pixel, während das Lightroom-Werkzeug eine nicht destruktive Überlagerung erstellt.)

Abbildung 4-24

Freistellung und Seitenverhältnis beibehalten

Hier klicke ich auf das Icon, und die Freistellungsmarken erscheinen am Bildrand. *Abb. 4-25* Das Schloss-Icon ist geschlossen, das Seitenverhältnis bleibt also unverändert.

Ziehen Sie die Griffe nach innen, um das Fenster wie hier zu verkleinern. *Abb. 4-26* Sie können den Cursor auch in den Rahmen stellen und ihn umherbewegen, bis Sie ihn nach Wunsch positioniert haben. (Wenn Sie den Cursor außerhalb des Rahmens stellen, können Sie das Bild drehen.)

Abbildung 4-25

Abbildung 4-26

DAS ENTWICKELN-MODUL | 97

Abbildung 4-27

Sobald Sie auf Enter drücken, erscheint das Bild freigestellt, und Sie haben diesen Modus verlassen. *Abb. 4-27* Um zurückzukehren, klicken Sie erneut auf das Icon in der Werkzeugleiste.

> *HINWEIS: Wenn Sie beim Freistellen mit rechts klicken, erscheint ein Kontextmenü mit nützlichen Befehlen wie Freistellen zurücksetzen, Seitenverhältnis beibehalten etc. sowie Transformationsoptionen.*

Freistellen mit unbegrenztem Seitenverhältnis

In diesem Beispiel habe ich das Seitenverhältnis freigestellt, indem ich auf das Schloss-Icon klickte. *Abb. 4-28*

Abbildung 4-28

Abbildung 4-29

Jetzt können Sie den Freistellungsrahmen nach Belieben umherschieben, um das gewünschte Seitenverhältnis zu erhalten. Ich erzeuge hier ein Panorama. *Abb. 4-29*

Mit Vorgabe freistellen

Auch ein voreingestelltes Seitenverhältnis ist möglich (wie im Bibliothek-Modul). Wenn Sie auf das Dreieck neben *Original* klicken, erscheint ein Pop-up-Menü. *Abb. 4-30*

Mit der Option *Benutzerdefiniert eingeben* stellen Sie das Seitenverhältnis ein, das beim nächsten Aufruf in diesem Menü erscheint. Auch in der Bibliothek steht es dem Freistellungswerkzeug zur Verfügung. Hier erstellte ich eine Vorgabe im populären Verhältnis 16:9.

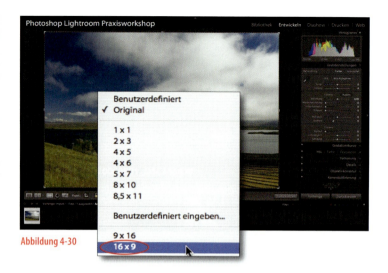

Abbildung 4-30

Direkt im Bild freistellen

Klicken Sie in der Werkzeugleiste auf das Icon des Freistellungswerkzeugs und stellen Sie frei, wie Sie es aus Photoshop gewohnt sind. Das Werkzeug verschwindet aus der Werkzeugleiste und erscheint wieder, nachdem Sie die Freistellung abgeschlossen haben. *Abb. 4-31*

Abbildung 4-31

Nun ziehen Sie einen Freistellungsrahmen nach Wunsch auf. Mit den Griffen an den Rändern vergrößern oder verkleinern Sie den Rahmen (wie in Photoshop). Sie können auch den Cursor in den Rahmen stellen (er wird zu einer Hand) und das Bild im Rahmen verschieben. *Abb. 4-32*

Abbildung 4-32

DAS ENTWICKELN-MODUL | 99

Abbildung 4-33

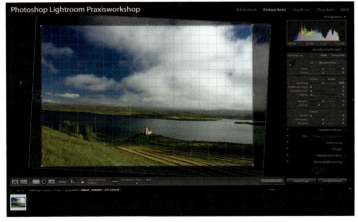

Abbildung 4-34

Abbildung 4-35

Einen schiefen Horizont ausrichten

Es gibt viele Möglichkeiten, einen schiefen Horizont auszurichten. Entweder Sie verwenden ein Raster und richten den Horizont nach Augenmaß, oder Sie verwenden das Gerade-ausrichten-Werkzeug.

Mit Raster und Freistellungswerkzeug

Nehmen Sie das Freistellungswerkzeug, stellen Sie den Cursor außerhalb des Bildbereichs und klicken Sie. *Abb. 4-33*

Ein Raster erscheint im Bild. Wenn Sie den Cursor jetzt verschieben, dreht sich das Bild, und Sie können den Horizont am Raster ausrichten. *Abb. 4-34* Drücken Sie Enter, wenn Sie fertig sind.

> *TIPP: Rasterlinien sind nützlich, um einen schiefen Horizont auszurichten, aber Lightroom bietet unter Ansicht→Freistellungsüberlagerung viele nützliche Überlagerungen an. Drücken Sie die Taste O, um sich durch die Optionen zu bewegen (inkl. Drittel, Diagonal etc.). Mit ⌘+Shift+H (Strg+Shift+H) schalten Sie die Freistellungsüberlagerungen ein und aus.*

Sie können natürlich auch den *Gerade-ausrichten*-Regler in der Werkzeugleiste verwenden. *Abb. 4-35* Wenn Sie auf diesen Regler klicken, erscheint das Raster automatisch, und Sie können den Regler so lange verschieben, bis die Horizontlinie zum geraden Raster passt.

Das Gerade-ausrichten-Werkzeug

Als wenn es nicht schon genug Möglichkeiten gäbe, können Sie auch noch das Gerade-ausrichten-Werkzeug verwenden, das in der Werkzeugleiste auftaucht, wenn das Freistellungswerkzeug aktiv ist. Sobald Sie auf das Icon klicken, verschwindet es, erscheint aber dann im Bild an der Stelle, an der Sie den Cursor platzieren. *Abb. 4-36*

Abbildung 4-36

Klicken Sie auf einen Anfangspunkt und ziehen Sie dann entlang der Linie, die Sie begradigen wollen. Wenn Sie die Maustaste loslassen, richtet sich das Bild automatisch aus. *Abb. 4-37*

> HINWEIS: *Jede Freistellung in Lightroom kann geändert werden. Ihrem Bild wurde weder etwas hinzugefügt noch daraus entfernt. Die Freistellung wird dann angewendet, wenn Sie das Bild als JPEG, TIFF oder PSD exportieren. Im DNG-Format bleibt die Freistellung in Lightroom oder Adobe Camera Raw bearbeitbar. Es kann sein, dass sie auch von anderen Programmen erkannt wird.*

Abbildung 4-37

Kennzeichnung in Miniatur

Wurde ein Bild freigestellt oder ausgerichtet, erscheint ein Freistellungs-Icon in der Rasteransicht der Bibliothek und im Filmstreifen. *Abb. 4-38* Wenn Sie auf ein solches Icon klicken, gelangen Sie direkt ins Entwickeln-Modul, wo das Freistellungswerkzeug ausgewählt ist.

Abbildung 4-38

DAS ENTWICKELN-MODUL | **101**

Lightroom kommt bei Weitem nicht an die Retuschefähigkeiten von Photoshop heran, aber bei einfachen, häufig auftretenden Aufgaben ist es sehr gut, zum Beispiel wenn Artefakte oder rote Augen zu entfernen sind. Wie immer sind die Werkzeuge von Lightroom nicht destruktiv und können widerrufen werden.

Retuschewerkzeuge

Abbildung 4-39

Die Retuschewerkzeuge im Entwickeln-Modul befinden sich in der Werkzeugleiste. *Abb. 4-39* Mit dem Bereiche-entfernen-Werkzeug können Sie *Kopierstempel / Reparieren* wählen und die Cursorgröße einstellen.

Das Rote-Augen-entfernen-Werkzeug

Dieses Werkzeug lässt sich recht leicht benutzen:

1. Klicken Sie in der Werkzeugleiste auf das Werkzeug-Icon. Die dunkle Pupille wird rot, wenn es aktiv ist.

Abbildung 4-40

2. Stellen Sie den Cursor über das rote Auge, das Fadenkreuz genau in die Pupille. *Abb. 4-40* Ist das Muster zu klein oder zu groß, klicken und ziehen Sie von der Augenmitte aus, bis das Muster etwas größer als das Auge ist. Lassen Sie die Maus los, dann sollte das Rot verschwunden sein.

3. Um die Retusche zu verfeinern, benutzen Sie die Regler *Pupillengröße* (ändert die Größe der Pupille, links) und *Abdunkeln* (beeinflusst die Deckkraft der Pupille, rechts) in der Werkzeugleiste. *Abb. 4-41*

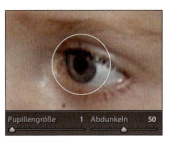 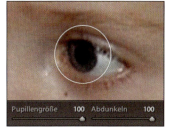

Abbildung 4-41

4. Wiederholen Sie diesen Vorgang so oft wie nötig, um alle Augen mit rotem Punkt zu bearbeiten. Klicken Sie in der Werkzeugleiste auf *Zurücksetzen*, um neu zu beginnen. Wenn Sie mit dem Werkzeug fertig sind, drücken Sie Enter. Das Icon wird nun wieder schwarz.

Das Bereiche-entfernen-Werkzeug

Ein verbreitetes Problem von Digitalkameras ist Staub auf dem Sensor, der auf allen Bildern die gleichen Störungen hervorruft. Oftmals wird ein solcher Punkt erst festgestellt, wenn er in einfarbigen Bereichen wie dem Himmel auftaucht. Genau das ist bei vielen Island-Aufnahmen von Peter Krogh passiert. Dieser Fleck stört ziemlich und lenkt von der wunderbaren Landschaft ab. *Abb. 4-42*

Um solche Flecken zu beseitigen, gehen Sie wie folgt vor – erst bei einem Bild, dann bei allen, die mit derselben Kamera aufgenommen wurden.

1. Aktivieren Sie das Bereiche-entfernen-Werkzeug in der Werkzeugleiste. Klicken Sie auf das Wort *Reparieren*. Dieses Werkzeug funktioniert ähnlich wie in Photoshop. Es »mischt« Ziel und Quelle. (Das *Kopieren*-Werkzeug kopiert die Quelle und fügt sie am Ziel wieder ein, wobei die Kanten überblendet werden.)

2. Stellen Sie Ihren Cursor über den Fleck. Stellen Sie die Cursorgröße mit dem Regler so ein, dass sie ungefähr 25% größer ist als der Fleck. (Das geht auch mit den Tasten [und] oder mit dem Mausrad.) *Abb. 4-43*

3. Wenn Sie auf den zweiten Kreis (im ersten) klicken und ihn ziehen, zeigt ein Pfeil die Beziehung zwischen den beiden an. Ziehen Sie den zweiten Pfeil umher, bis eine gute Reparatur im ersten Kreis zu sehen ist. *Abb. 4-44*

Abbildung 4-42

Abbildung 4-43

Abbildung 4-44

Abbildung 4-45

Abbildung 4-46

Diesen Vorgang wiederholen Sie so oft wie nötig, bis alle Flecken entfernt sind. *Abb. 4-45* Sie können jederzeit zurückkehren und das Ziel oder die Quelle verschieben. Löschen Sie unerwünschte Auswahlen, indem Sie den Cursor über den Kreis stellen und die Löschtaste drücken. Durch einen Klick auf den *Zurücksetzen*-Button rechts in der Werkzeugleiste entfernen Sie alle Auswahlen. Drücken Sie Enter oder klicken Sie auf das *Kopierstempel/Reparieren*-Icon, wenn Sie fertig sind. Sie können jederzeit zurückkehren, um weiterzuarbeiten und Ihre Arbeit auf andere Bilder anzuwenden. Aber dazu gleich.

Hier ein Beispiel mit dem Kopierstempel. *Abb. 4-46*

Kopierstempel/Reparieren für mehrere Bilder

Sensorstaub erscheint oft bei mehreren Bildern an der gleichen Stelle. In Lightroom können Sie eine Kopie der Einstellungen in einem Bild anfertigen und diese auf mehrere Bilder anwenden.

Wiederholen Sie die eben gezeigte Vorgehensweise an einem befleckten Bild und verwenden Sie entweder den Kopierstempel oder die Option *Reparieren*. Klicken Sie nun unten links auf *Kopieren*. Nun erscheint der Dialog aus *Abb. 4-47*. Heben Sie die Auswahl auf. Klicken Sie nun nur auf *Bereiche entfernen*.

Wählen Sie im Filmstreifen beliebig viele Bilder zum Reparieren aus. Klicken Sie auf *Einfügen*. Fertig.

> **HINWEIS:** *Derzeit können Sie hierfür keine Vorgabe erstellen.*

Abbildung 4-47

Melissa Gaul

Melissa Gaul ist seit der ersten Stunde im Adobe Lightroom-Team. Ihr Mann Troy ist der leitende Entwickler. Die Island-Expedition fand zu einem günstigen Zeitpunkt im Produktzyklus statt: im Sommer, bevor die Lightroom-Funktionen »blockiert« wurden und die verrückte Zeit des Final Release begann. Melissa konnte sich eine Woche freinehmen und sich uns anschließen. Sie trug nicht nur wunderbare Fotos bei, sondern teilte ihr umfangreiches Wissen über das Produkt mit uns allen. Ebenso konnte sie unsere Anforderungen als professionelle Fotografen zurück an die Entwickler übermitteln, und wir waren begeistert, wenn sich diese schnell in Verbesserungen und Updates niederschlugen – manchmal schon am nächsten Tag.

Rauschreduzierung

Alle Digitalkameras erzeugen mehr oder weniger elektronisches Rauschen, überflüssige Pixel, die wild über das Bild verstreut sind. Höhere ISO-Werte, Unterbelichtung, lange Belichtung und zu starkes Scharfzeichnen verstärken diesen Effekt. Mit der Rauschreduzierung korrigieren Sie das, während die Bilddetails erhalten bleiben.

Sie finden die Rauschreduzierung in Lightroom im Bedienfeld *Details*. *Abb. 4-48*

Abbildung 4-48

HINWEIS: *Rauschen muss nicht schlecht sein. Es kann dem Bild Tiefe und Authentizität verleihen.*

Zuerst das Bild untersuchen

Rauschen ist nicht immer offensichtlich, wenn Sie ein Bild bei geringer Vergrößerung betrachten. Vergrößern Sie Ihr Bild in Lightroom, nachdem Sie Farb- und Tonwertkorrekturen vorgenommen haben (aber bevor Sie scharfzeichnen), dann ist das Rauschen zu sehen. *Abb. 4-49*

Achten Sie besonders auf einfarbige Bereiche und Tiefen. Beachten Sie das Aussehen des Rauschens – ist es bunt wie eine farbige Patchwork-Decke? Oder sind die Störungen gefleckt und einfarbig?

Abbildung 4-49

Manche Bilder enthalten eine Kombination aus farbigem und einfarbigem Rauschen. Je nachdem, worum es sich handelt, bieten sich verschiedene Lightroom-Regler an: *Luminanz*, *Farbe* oder beides.

DAS ENTWICKELN-MODUL | **107**

Abbildung 4-50

Abbildung 4-51

Abbildung 4-52

Rauschen reduzieren: So geht's

Um das Bildrauschen zu reduzieren, gehen Sie wie folgt vor:

1. Wählen Sie das Bedienfeld *Details*. *Abb. 4-50* Bei einer RAW-Datei ist der Standardwert für Farbe 25, für Luminanz 0. Im Unterschied zum Schärfebetrag von 25 ist der Farbwert ein absoluter Wert. Er wird generisch angewendet, was für Ihre Kamera oder Ihr Bild nicht unbedingt passen muss. Ein guter Ausgangspunkt ist er jedoch allemal.

2. Vergrößern Sie Ihr Bild auf mindestens 1:1 (100%), besser größer. (Ein Klick auf das *!*-Icon, so vorhanden, vergrößert das Bild automatisch.)

3. Schieben Sie den *Farbe*-Regler nach links bis zur *0*. *Abb. 4-51* Bewegen Sie den Regler dann schrittweise nach rechts und erhöhen Sie den Wert dabei. Dabei wird Farbrauschen entfernt, die Details im Luminanzkanal (Helligkeit) bleiben jedoch unberührt. Wenn Sie den Wert zu sehr erhöhen, verlieren Sie zwar per se keine Details, aber die Farbgenauigkeit leidet.

4. Falls ein höherer Farbwert nichts hilft, stellen Sie den Regler wieder auf 0 und probieren es mit der Luminanz. Gehen Sie behutsam vor und erhöhen Sie den Wert langsam. Beim zu starken Verschieben des *Luminanz*-Reglers gehen schnell Bilddetails verloren. *Abb. 4-52*

5. Manchmal führt eine Kombination aus Luminanz- und Farbeinstellungen zum besten Ergebnis. Für die perfekte Kombination müssen Sie etwas experimentieren, denn die korrekten Werte variieren bei den verschiedenen Bildern. *Abb. 4-53* Denken Sie daran: Wir wollen Rauschen beseitigen, möglichst ohne Details zu verlieren.

Eine Rauschreduzierung-Vorgabe erstellen

Wenn Sie die optimale Einstellung für Ihre Kamera bei einer häufig benutzten ISO gefunden haben, können Sie genau diese Einstellungen speichern und auf andere Bilder anwenden. Gehen Sie so vor:

1. Klicken Sie im Bedienfeld *Vorgaben* auf +.

2. Klicken Sie im Dialog *Neue Entwicklungs-Vorgabe* auf den Button *Nichts auswählen* (alle Kontrollkästchen aus). Aktivieren Sie dann *Rauschreduzierung*. *Abb. 4-54*

3. Benennen Sie die Vorgabe und klicken Sie auf *Erstellen*.

Die neue Vorgabe taucht nun im *Vorgaben*-Bedienfeld (*Abb. 4-55*), im *Importieren*-Dialog, in vielen Kontextmenüs und in der Ad-hoc-Entwicklung im Bibliothek-Modul auf. Wollen Sie eine Vorgabe vom Filmstreifen aus anwenden, klicken Sie mit rechts auf eine der ausgewählten Miniaturen. Aber bitte auf die Miniatur klicken, nicht auf den Rand.

> *HINWEIS:* Wenn Sie mit der Rauschreduzierung in Lightroom nicht weit genug kommen, öffnen Sie Photoshop und setzen dort die entsprechenden Filter ein.

Abbildung 4-53

Abbildung 4-54

Abbildung 4-55

Scharfzeichnen nach Maß

Die *Schärfen*-Regler, zu finden in Lightrooms *Details*-Bedienfeld im Entwickeln-Modul, bieten umfassende Kontrolle. Etwas Grundverständnis für die Funktionsweise der Regler reicht aus, um scharfe, klare Bilddetails ohne störendes Rauschen oder Artefakte zu erhalten.

Im Vergleich zu vorherigen Versionen hat Lightroom seine Schärfeeinstellungen deutlich nachgebessert. Statt einen gibt es jetzt vier Regler. *Abb. 4-56* Vielen mag das gefallen, für andere ist es vielleicht ein Hemmnis. Diejenigen, die nicht zu viel Zeit mit dem Scharfzeichnen der Bilder verbringen wollen, müssen wissen, dass die Standardeinstellungen bereits ziemlich gut sind, vor allem bei RAW-Dateien. Es gibt auch einige fertige Vorgaben – vielleicht alles, was Sie brauchen.

Abbildung 4-56

Grundlagen des Scharfzeichnens

Im Grunde ist das Scharfzeichnen nur eine Kontrastübertreibung entlang der Kanten, wo sich helle und dunkle Pixel treffen. Der *Betrag*-Regler steuert die Intensität des Kantenkontrasts, der *Radius*-Regler legt fest, wie breit die Kante ist, der *Details*-Regler bestimmt, was eine Kante ist, und der *Maskieren*-Regler gibt Ihnen mehr Kontrolle über den Effekt der ersten drei. Ich zeige Ihnen, was ich meine:

Betrag-Regler

Der *Betrag*-Regler steuert die Kontraststärke entlang der Kanten auf einer Skala von 1 bis 150. In *Abb. 4-57* wählte ich *150* und ließ die anderen Standardeinstellungen unverändert. In *Abb. 4-58* stellte ich den Regler auf *0*. Die Extreme sehen Sie hier. Bei RAW-Dateien ist der Standardbetrag 25, ein relativer Wert basierend auf Ihrer Kamera (siehe nächste Seite). Bei

Abbildung 4-57

Abbildung 4-58

anderen Dateien wie JPEG und TIFF ist der Betrag 0, das heißt, bis Sie den Regler bewegen, wird nicht extra scharfgezeichnet.

Radius-Regler

Der *Radius*-Regler legt fest, wie breit die Kante ist. Werte reichen von 0,5 bis 3,0. Je größer der Radius, desto breiter ist die Kante und desto offensichtlicher die Scharfzeichnung. Wenn Sie es mit dem Radius übertreiben, erhalten Sie einen unpassenden Halo-Effekt. Am besten demonstriere ich das an einem Beispiel. Ich blase den *Radius* auf *3* auf (Maximum) und die *Stärke* auf *150* (Maximum), und dadurch können Sie deutlich sehen, wie das Bild vorher und nachher aussah. *Abb. 4-59*

Der Effekt des Regler ist noch besser zu erkennen, wenn man die Option-/Alt-Taste gedrückt hält und auf den Regler klickt. *Abb. 4-60* zeigt einen *Radius*-Wert von *0,5* (Minimum). Wie Sie sehen, ist der Umriss sehr schwach, und nur wenige Pixel sind betroffen. *Abb. 4-61* zeigt einen *Radius* von *3* (Maximum), und der Pixelumriss ist sehr deutlich, der durch den *Betrag*-Regler beeinflusst wird.

Bei allen Bilddateien ist 1 die Standardeinstellung und ein guter Ausgangspunkt. Bei JPEG, TIFF und anderen Nicht-RAW-Dateien müssen Sie den *Betrag*-Regler aber noch etwas verschieben, bevor eine Änderung sichtbar wird.

Details-Regler

Dieser Regler funktioniert ähnlich wie *Radius*, anstatt jedoch einen großen Bereich von Pixelwerten abzudecken, wirkt er eher auf die feinen Details. Ein Wert von 100 (Maximum) definiert alles als Kante und erhöht den Kontrast einheitlich

Abbildung 4-59

Abbildung 4-60

Abbildung 4-61

Was tut die 25?

Wenn Sie in Lightroom mit einer RAW-Datei arbeiten, stellen Sie fest, dass der Schärfen-Betrag auf 25 eingestellt ist, egal welche Kamera Sie benutzen. Warum diese Zahl, und was bedeutet sie? *Abb. 4-62* (Bei JPEG- und TIFF-Bildern ist der Standardwert 0.) Es ist hilfreich zu verstehen, wie Lightroom RAW-Dateien bearbeitet. Jede RAW-Datei wird mit einem Algorithmus bearbeitet, der statistische Bildfehler entfernt und das Bild dabei weichzeichnet. Diese Weichzeichnung verhindert Farbränder, indem benachbarte Pixel leicht ineinander überblendet werden. Jedes Kameramodell bedarf einer anderen Scharfzeichnung. Der Wert hängt von vielen Faktoren ab, inklusive Größe und Charakteristik des Kamerasensors. Kleinere Sensoren mit vielen Pixeln erzeugen meist starkes Rauschen und müssen bei der RAW-Umwandlung stärker scharfgezeichnet werden, um Halo-Effekte zu vermeiden.

Lightroom verwendet kameraspezifische Informationen, um eine RAW-Datei zu verarbeiten und festzulegen, wie stark die Weichzeichnung sein muss. Da es die Stärke der Weichzeichnung kennt, weiß es auch, wie viel Scharfzeichnung angewendet werden muss, um dies zu kompensieren. Der Wert 25 ist die optimale Scharfzeichnung für eine bestimmte Kamera. Bei einer Kamera mit kleinem Sensor bewirkt dieser Wert eine stärkere Schärfung als bei einer RAW-Datei von einer Kamera mit größerem Sensor.

Abbildung 4-62

zwischen allen Pixeln. Geringere Werte verringern den Bereich und somit auch den Effekt. Wieder ist es hilfreich, sich die Extreme anzuschauen. *Abb. 4-63* zeigt eine Vorher-Nachher-Ansicht mit einer Einstellung von 100.

> **HINWEIS:** *Lightroom kann nicht selektiv scharfzeichnen und taugt somit nicht für kosmetische Korrekturen; das muss in Photoshop geschehen. (Kosmetische Korrekturen bedeuten, begrenzte Bereiche zu schärfen, z.B. nur die Augen.)*

Abbildung 4-63

Indem Sie die Option-/Alt-Taste gedrückt halten, während Sie den Regler bewegen, wird angezeigt, welche Bereiche von dieser Einstellung betroffen sind. *Abb. 4-64*

Abbildung 4-64

Maskieren-Regler

Der *Maskieren*-Regler tut genau dies: Er legt eine Maske an, die steuert, wo die Scharfzeichnung wirksam ist. Diese Steuerung ist besonders dann sinnvoll, wenn Sie an Porträts oder anderen Bildern arbeiten, die große einfarbige Bereiche enthalten, die von erhöhtem Kontrast verschont bleiben sollen.

Wieder zeige ich Ihnen ein Beispiel: Hier stelle ich die Regler *Betrag*, *Radius* und *Details* auf ihr Maximum. Mit anderen Worten, ich zeichne das Bild viel zu scharf. *Abb. 4-65*

Abbildung 4-65

DAS ENTWICKELN-MODUL | 113

Abbildung 4-66

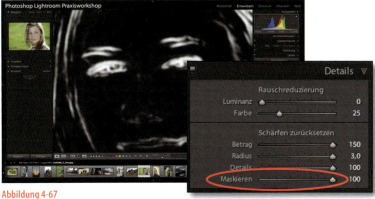

Abbildung 4-67

Abbildung 4-68

Abbildung 4-69

Nun stelle ich den *Maskieren*-Regler auf sein Maximum. Sie sehen, dass die Scharfzeichnung nur auf den Hautfarben nicht mehr zu sehen ist. *Abb. 4-66*

Indem man mit gehaltener Option-/Alt-Taste auf den *Maskieren*-Regler klickt, wird die tatsächliche Maske angezeigt. *Abb. 4-67* Die schwarzen Bereiche sind die maskierten bzw. blockierten.

Schärfungsstrategie

Fast jedes Bild profitiert von einer Scharfzeichnung. Die Standardeinstellungen sind ein guter Start, mit etwas mehr Zeit gelingt das jedoch besser. Jedes Bild braucht etwas andere Einstellungen, die Strategie dahinter ist diese:

1. Nehmen Sie zuerst alle Farb- und Tonwertkorrekturen vor (wie in den folgenden Kapiteln beschrieben).

2. Schalten Sie im *Details*-Bedienfeld die Option *Schärfen* ein und aus, indem Sie auf den entsprechenden Schalter klicken.

3. Wenn Ihr Bild nicht mindestens bei 1:1 (100%) angezeigt wird, erscheint ein Warn-Icon oben links im *Details*-Bedienfeld. *Abb. 4-68* Klicken Sie auf dieses Icon, vergrößert Lightroom das Bild automatisch. Suchen Sie einen einfarbigen Bereich, der auch Details enthält (z.B. Haare oder ein Zweig vor blauem Himmel).

4. Bei einer RAW-Datei ist zum Schärfen stets der Wert 25 voreingestellt. Ich schiebe den Regler immer zuerst auf 0 und untersuche das Bild, um einen Ausgangspunkt für meine nächsten Einstellungen zu finden. *Abb. 4-69* Der Effekt einer Schärfung von 0 variiert

von Kamera zu Kamera. Bei manchen Digitalkameras ist kaum etwas erkennbar. Bei anderen wirkt er extrem.

5. Stellen Sie dann den *Betrag*-Regler auf 150, was meist viel zu stark ist. *Abb. 4-70* Wieder wähle ich das Extrem, um einen Bereich visuell zu untermauern.

6. Durch wiederholtes Ausprobieren und Korrigieren kam ich zu recht brauchbaren Einstellungen für *Details* und *Radius*. Ich suchte nach der Balance zwischen Kantenschärfe und möglichst keinen Störungen in den einfarbigen Bereichen. Mit dem *Maskieren*-Regler können Sie das Rauschen in einfarbigen Bereichen abmildern. Halten Sie die Option-/Alt-Taste gedrückt, wenn Sie die *Radius*-, *Details*- und *Maskieren*-Regler bedienen. So sehen Sie deutlicher, welche Bildbereiche gerade verändert werden. *Abb. 4-71* und *4-72*

7. Die Stärke der Scharfzeichnung hängt von der Ausgabe ab. Für den Bildschirm schärfen Sie so lange, bis es gut aussieht. Für den Druck sollten Sie etwas zu stark scharfzeichnen, um die Reaktion von Papier und Druckfarbe zu kompensieren. (Schärfen für den Druck ist ein Thema für sich. Man muss sehr viele Variablen bedenken, inklusive Druckereigenschaften, Größe, Farbe, Papier, Betrachtungsabstand etc.).

8. Nehmen Sie sich nicht vor, alles perfekt machen zu wollen. Lightroom ist nicht destruktiv, und Sie können jederzeit zurückkehren und neu anfangen.

Mehr zu Scharfzeichnungseinstellungen im Drucken-Modul von Lightroom finden Sie in Kapitel 11.

Abbildung 4-70

Abbildung 4-71

Abbildung 4-72

Objektivkorrektur

In diesem Bedienfeld finden Sie Regler zur Reparatur chromatischer Aberrationen und von Objektiv-Vignetten. Das sind die gleichen Steuerungen wie in Adobe Camera Raw, sie können auch mit den Filtern *Rauschen reduzieren* und *Objektivkorrektur* nachempfunden werden.

Chromatische Aberrationen

Chromatische Aberrationen (CA) treten als abnormale Farbverschiebungen meist am Rand des Bildes in Bereichen mit deutlichen Farbübergängen auf. Die Ränder sind z.B. zu sehen, wenn Licht durch Glas tritt, verschiedene Wellenlängen getrennt und im Fokus leicht verschoben werden. Sie sind vor allem bei Weitwinkelaufnahmen sichtbar, können aber auch bei längeren Objektiven auftreten.

Dieses Foto eines riesigen isländischen Kraftwerks wurde in der Nähe unseres Hotels in Nesbud aufgenommen. *Abb. 4-73* Zwar sind die CA auf den ersten Blick kaum zu erkennen, die Vergrößerung in *Abb. 4-74* zeigt jedoch deutliche Anomalien an den Rändern. *Abb. 4-75*

Abbildung 4-73

Abbildung 4-74

So reduzieren Sie die CA:

1. Vergrößern Sie das Bild auf mindestens 100%, um die Farbränder zu erkennen. (Ein [!]-Icon erscheint, wenn der Zoom geringer ist. Klicken Sie darauf, um dies automatisch anzupassen.)

2. Aktivieren Sie das Bedienfeld *Objektivkorrektur*. (Der Schalter muss nach oben gestellt sein, sonst sind die Einstellungen wirkungslos.)

3. Wählen Sie den passenden Regler. Für dieses Bild verschob ich den *Rot/Cyan*-Regler auf *-30*. (Im Kasten auf der letzten Seite dieses Kapitels erfahren Sie, was welcher Regler tut.)

Abbildung 4-75

4. Wenn keiner der Regler hilft, probieren Sie die Einstellungen für *Rand entfernen* (*Spitzlicht Kanten* oder *Alle Kanten*).

Objektiv-Vignetten und Lightroom

Vignetten (zunehmende Abdunklung in den Bildecken) können von unpassenden Filter-/Objektivabdeckungen oder einem Objektiv (z.B. Weitwinkel oder einem Filter) herrühren. Auch Weitwinkelobjektive, die nicht für Digitalaufnahmen optimiert sind (d. h. nicht im gesamten Bild gleich hell sind) können für Vignetten sorgen. Das ist jedoch eines der Probleme, die sich in Lightroom am leichtesten beheben lassen. Umgekehrt können Sie auch Vignetten Ihrem Bild hinzufügen, um die Aufmerksamkeit auf einen bestimmten Bereich des Bildes zu lenken.

So fügen Sie Vignetten hinzu oder verringern sie:

1. Aktivieren Sie das Bedienfeld *Objektivkorrektur*. Abb. 4-76

Abbildung 4-76

2. Stellen Sie den *Betrag*-Regler nach links oder rechts. Die Kanten werden entsprechend einem Strahlungspunkt in der Mitte abgedunkelt oder aufgehellt. In diesem Fall habe ich die dunklen Ränder des Bildes weiter verdunkelt, um Peter Krogh in die Mitte zu rücken, der sein nächstes Meisterwerk aufnimmt. Abb. 4-77

3. Mit dem *Mittelpunkt*-Regler erweitern oder verkleinern Sie den Bereich des Effekts. Sie können jedoch nicht mehrere Mittelpunkte gleichzeitig schaffen. Am besten eignet sich eine solche Vignette also für Bilder mit einem Hauptmotiv.

Abbildung 4-77

> **HINWEIS:** Vignetten werden auf das gesamte Bild von Rand zu Rand angewendet, egal ob das Bild freigestellt wurde. Bei einem stark freigestellten Bild kann es also sein, dass die Vignette nur teilweise zu sehen ist.

So funktionieren chromatische Aberrationen

Es ist nützlich, wenn man weiß, wie die CA-Steuerungen funktionieren. Sie suchen nicht einfach nach Kanten und entfernen Farbe oder Sättigung. Wenn Sie die Regler radikal in die eine oder andere Richtung verschieben, bemerken Sie eine leichte Verzerrung Ihres Bildes, die mit größerer Entfernung zur Bildmitte stärker wird. Diese Verzerrung ist auf bestimmte Farben beschränkt, die sich je nach Einstellungen ausdehnen oder zusammenziehen. Wenn Sie einen Rot/Cyan-Rand beheben, ist entweder Rot oder Cyan betroffen. *Abb. 4-78* Bei einem Blau/Gelb-Rand sind es diese beiden Farben. *Abb. 4-79*

Abbildung 4-78

Abbildung 4-79

(Die Rand-entfernen-Optionen – *Spitzlicht Kanten* oder *Alle Kanten* – entfernen die Sättigung aus allen Rändern, was zuweilen hilfreich ist, aber zu dünnen grauen Linien führen kann.)

Einige praktische Hinweise: Stellen Sie Ihr Bild nicht frei. Benutzen Sie zuerst die CA-Regler und hoffen Sie auf gute Ergebnisse. Die CA basieren auf einem Objektivmodell. Beim Freistellen ändern Sie das. Zweitens, erwarten Sie nicht, dass dies auch bei anderen Aberrationen hilft, z.B. bei toten Pixeln oder Spitzlichtern in toten Bereichen in der Bildmitte. Der Effekt wirkt am besten am Bildrand und wird schwächer, je näher Sie der Mitte kommen. Schließlich und endlich: Die Ergebnisse hängen von dem Objektiv ab, mit dem Sie arbeiten.

KAPITEL FÜNF

Geniale Fotos entwickeln

Der Weg zu einem genialen Bild beginnt, wenn Sie das Motiv anvisieren und den Auslöser drücken. Im Entwickeln-Modul von Lightroom haben Sie die Möglichkeit, die besten Farbwerte des Bildes herauszuholen – und mehr. In diesem Kapitel zeige ich Ihnen, wie Sie mit den Werkzeugen im Entwickeln-Modul Ihr Bild bewerten und sichergehen, dass es korrekt eingestellt ist. Ich zeige Ihnen, wie Sie den richtigen Weißabgleich hinbekommen und wie Sie die Tonwerte im Bild basierend auf einer Kombination aus technischen und subjektiven Kriterien verteilen. In den darauffolgenden Kapiteln geht es um andere Seiten des Entwickeln-Moduls: Farbprobleme, Schwarz-Weiß-Umwandlung und Spezialeffekte.

In diesen Kapitel

Tonwertverteilung und Farbe evaluieren

Weißabgleich

Einfache Tonwertkorrekturen

Gradationskurve für anspruchsvolle Steuerungen

Tonwertverteilung und Farbe evaluieren

Was Sie auf Ihrem – möglicherweise kalibrierten – Monitor sehen, kann recht irreführend sein. Was auf dem Bildschirm gut aussieht, kann technische Defekte enthalten, die erst später zu sehen sind, wenn es ums Drucken geht. Schauen wir einmal, welche Überprüfungsmechanismen Lightroom anbietet.

Lightrooms Kontrollwerkzeuge für die Tonwertverteilung und zur Farbüberprüfung bestehen in einem Histogramm, Über- und Unterbelichtungswarnungen und einem Farbwerkzeug für genaue Farbwerte.

Mit dem Histogramm arbeiten

Das Histogramm zeigt die 8-Bit-RGB-Farbwerte (Rot, Grün, Blau) des ausgewählten Bildes an. Bei einer RAW-Datei zeigt es nicht die tatsächlichen RAW-Daten an (Graustufen und linear), sondern die verarbeiteten RGB-Daten mit nicht linearer Tonwertumsetzung.

Das Histogramm wird in Echtzeit aktualisiert, um die Änderungen am Weißabgleich und der Tonwertverteilung zu zeigen. Die Tonwertverteilung können Sie direkt aus dem Histogramm oder anderen Bedienfeldern im rechten Bereich ersehen, wie Sie später lesen werden. Das Lightroom-Histogramm ist viel genauer als das Ihrer Digitalkamera, also wundern Sie sich nicht über Unterschiede.

Bei dem Bild in *Abb. 5-1* ist es nicht schwer herauszufinden, was die Farben im Histogramm aussagen. Grau steht für Pixel in allen drei Kanälen: Rot, Grün und Blau. Rot steht für rote Pixel, Grün für grüne, Blau für blaue. Cyan repräsentiert die Pixel im grünen und blauen Kanal, Magenta die im roten und blauen Kanal, Gelb die im roten und grünen Kanal. Eine scharfe Linie am Ende eines Histogramms bedeutet

Abbildung 5-1

GENIALE FOTOS ENTWICKELN | 121

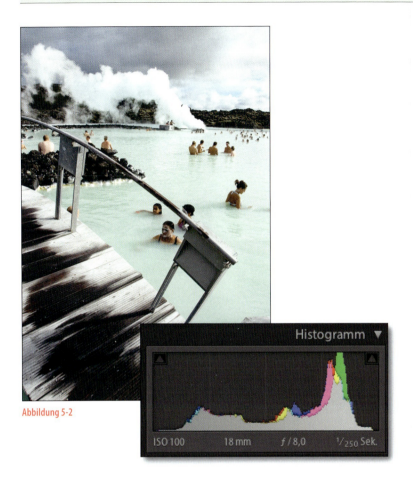

Abbildung 5-2

eine Beschneidung, das heißt, in einem Tiefen- oder Lichterbereich sind bei den aktuellen Einstellungen keine Details mehr zu sehen. Die Höhe der Linie zeigt an, wie stark die Beschneidung ist; je höher sie ist, desto stärker wurden die Farben beschnitten. An der Farbe der Linie erkennen Sie, welche Farbe betroffen ist. In diesem Beispiel wurden die Lichter nicht beschnitten, die Tiefen jedoch in allen drei Kanälen.

Jedes Bild – und jede Tonwert- oder Farbanpassung in einem Bild – erzeugt ein anderes Histogramm. Hier erhöhte ich die Belichtung, indem ich das Bild aufhellte und so automatisch das Histogramm änderte. *Abb. 5-2* Das Ziel ist, eine Tonwertverteilung sowohl auf subjektiven als auch auf zählbaren Kriterien aufzubauen (wie der Bescheidung der Lichter oder Tiefen). Das Histogramm ist zwar nicht das ultimative Maß, aber ein wichtiges Werkzeug, um das gewünschte oder benötigte Bild zu gestalten.

Farbumfangwarnungen

Wenn Sie den Cursor über das Dreieck oben im Histogramm stellen, und Ihr Bild Tiefen- bzw. Lichterbereiche ohne Details enthält, leuchten diese Bereiche in der Vorschau blau (Tiefen) bzw. rot (Lichter). *Abb. 5-3* Diese Warnungen beziehen alle Ihre Tonwert- und Farbänderungen mit ein. Ihre Originaldatei kann also in Ordnung sein, während nach einer Bearbeitung Beschneidungswarnungen auftreten.

Abbildung 5-3

Histogrammoptionen

Klicken Sie mit rechts irgendwo ins Histogramm, erhalten Sie ein Kontextmenü. *Abb. 5-4* Darüber steuern Sie die Sichtbarkeit der Werkzeuge und Informationen, die mit dem Histogramm angezeigt werden.

Abbildung 5-4

Option-/Alt-Taste halten und Belichtung-Regler verschieben

Mehr Informationen darüber, welche Farben genau beschnitten wurden, bekommen Sie, indem Sie die Option-/Alt-Taste gedrückt halten, während Sie den *Belichtung-*, *Wiederherstellung-* oder *Schwarz*-Regler im Bedienfeld *Grundeinstellungen* verschieben.

Wenn Sie Option bzw. Alt gedrückt halten und den *Belichtung-* bzw. *Wiederherstellung*-Regler bewegen, wird das Bild schwarz, und die beschnittenen Bereiche werden weiß. *Abb. 5-5*

Rote, grüne oder blaue Bereiche zeigen Beschneidungen in den jeweiligen Kanälen an. Wenn mehr als ein Farbkanal beschnitten wird, zeigt die Vorschau dies mit Cyan, Magenta oder Gelb an.

Machen Sie das Gleiche mit dem *Schwarz*-Regler, wird das Bild weiß, und die beschnittenen Bereiche werden schwarz. *Abb. 5-6*

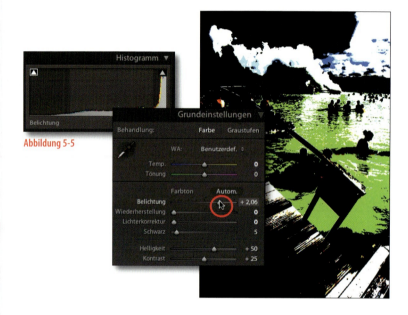

Abbildung 5-5

Abbildung 5-6

Farbwerte

Stellen Sie Ihren Cursor über eine Farbe im Vorschaufenster, dann werden die entsprechenden RGB-Werte in der Werkzeugleiste unter dem Vorschaufenster angezeigt. (Im Popup-Menü mit den Werkzeugleistenoptionen muss die Option *Informationen* aktiv sein.) *Abb. 5-7* Farbinformationen sind besonders dann sinnvoll, wenn Sie ein abrechenbares Farbziel in Ihrem Bild platziert haben, das fast neutral sein sollte. In diesem Fall können Sie einen Farbstich feststellen, indem Sie die RGB-Prozentwerte vergleichen. Je ähnlicher diese einander sind, desto näher sind sie am Neutralwert.

Abbildung 5-7

Monitor kalibrieren

Wenn ein Monitor zu kontrastreich oder zu hell ist oder wenn die Farben nicht stimmen, kann man nicht vorhersagen, wie das Bild im Druck aussehen wird. Ein Monitor kann mithilfe von Software kalibriert werden, eine Hardwarekalibrierung ist jedoch genauer.

Für einige Hundert Euro können Sie ein Produkt erwerben, das an Ihrem Monitor angebracht wird und die Farbe und Helligkeit misst, womit es ein Farbprofil erzeugt, das für konsistente Farben verwendet wird.

Hier sehen Sie das Eye-One Display 2, das ca. 250 € kostet (*www.gretagmacbeth.com*). *Abb. 5-8* Eine Kalibrierungssoftware ist in Mac OS X integriert. Sie finden sie in den Monitor-Systemeinstellungen im Register *Farbe*. Windows-Anwender müssen auf Programme von Drittanbietern zurückgreifen.

Abbildung 5-8

Bill Atkinson ist eine Legende – sowohl in der Welt der Computer als auch der der Fotografie. Für die Island-Expedition brachte er eine Tasche voll Hasselblad/Phase One-Ausrüstung mit; was Bildqualität und Auflösung angeht, konnte damit nur Michael Reichmann mit seinem fotografischen Arsenal mithalten. Bill und Michael waren ein gutes Team. Sie starteten oft um Mitternacht in ihrem Allrad Suzuki Grand Vitara, um das beste Licht und die genialste Landschaft zu knipsen. Wir sahen sie häufig bis zum nächsten Nachmittag nicht wieder, wenn sie mit tiefen Augenringen mit uns am Computer arbeiteten. Dieses Foto wurde bei 1/8 Sekunde mit f/22 bei ISO 50 aufgenommen. In Lightroom waren fast keine Farbkorrekturen nötig. Bill mag eigentlich keine »Etiketten«, aber zumindest bei diesem Bild blieb er ein Purist.

Bill Atkinson

Weißabgleich

Unter einfachen Lichtverhältnissen sind der Weißabgleich und die Farbtreue einfacher Digitalkameras meist recht gut. Wenn der Weißabgleich verrutscht, ist das nicht schlimm. In Lightroom können Sie das ganz leicht korrigieren, vor allem bei RAW-Aufnahmen.

Es gibt mehrere Möglichkeiten, den Weißabgleich im Entwickeln-Modul einzustellen. *Abb. 5-9* Im Bedienfeld *Grundeinstellungen* benutzen Sie die folgenden Optionen:

- *Vorgaben*
- *Weißabgleichauswahl*
- Regler *Temp.* und *Tönung*

Mit einer dieser Methoden wollen Sie eine angenehme Farbbalance erreichen, mit weißem Weiß und neutralen Mitteltönen. (Natürlich kann ein korrekter Weißabgleich auch subjektiv sein. Manche Bilder brauchen wärmere Farbtöne, andere kühlere.)

Abbildung 5-9

Generell sollte der Weißabgleich vor allen anderen Farbkorrekturen vorgenommen werden. Deshalb finden Sie die Weißabgleich-Werkzeuge auch ganz oben im rechten Bereich, wo Sie die Bildeinstellungen vornehmen. Nach allen Tonwerteinstellungen sollten Sie hierher zurückkehren und den Weißabgleich verfeinern.

Weißabgleich-Vorgaben

Wenn Sie mit einer RAW-Datei arbeiten, erscheint nach einem Klick auf das Dreieck neben *Wie Aufnahme* das WA-Pop-up-Menü wie links in *Abb. 5-10*. Bei allen anderen Dateien wie TIFF oder JPEG sieht das Menü aus, wie rechts in der Abbildung dargestellt.

Abbildung 5-10

GENIALE FOTOS ENTWICKELN | 127

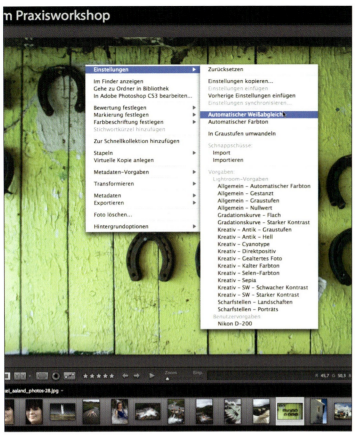

Abbildung 5-11

Der automatische Weißabgleich steht auch über *Entwickeln→Automatischer Weißabgleich*, das Tastenkürzel ⌘+Shift+U (Strg+Shift+U) oder über das Kontextmenü zur Verfügung, das nach Rechtsklick auf das Vorschaubild erscheint. *Abb. 5-11*

Wie Aufnahme ist die Standardeinstellung im WA-Pop-up-Menü im Bedienfeld *Grundeinstellungen*. Lightroom wendet den Weißabgleich an, der zur Zeit der Belichtung aktiv war. Bei einfachen Lichtverhältnissen – also bei einer Lichtquelle – kann ich sowohl bei RAW- als auch bei JPEG-Dateien gut mit dieser Einstellung leben.

> *TIPP: Ich halte oft die Taste L gedrückt, wenn ich den Weißabgleich überprüfe und mein Bild im Modus Beleuchtung aus oder Gedämpftes Licht betrachte. Hier wählte ich Beleuchtung aus.*

Abbildung 5-12

Wenn das Licht von mehreren Lichtquellen kommt, wird ein korrekter Weißabgleich problematisch. In dieser Aufnahme kam das Licht zum Beispiel sowohl von einer natürlichen Lichtquelle als auch von einer Glühlampe. *Abb. 5-12* Hier entstand ein starker Grünstich, der deutlich wird, wenn ich den Cursor über einen »neutralen« Bereich stelle und dabei die Gründominanz in der Werkzeugleiste beobachte.

Andere Weißabgleich-Vorgaben

Wenn Ihnen die Option *Wie Aufnahme* nicht zusagt, probieren Sie die anderen Einstellungen aus dem Pop-up-Menü aus. Beginnen Sie mit *Automatisch*, wobei Lightroom die Bilddaten liest und einen automatischen Angleich versucht. *Automatisch* funktioniert meistens gut, in diesem Fall entsteht jedoch ein leichter Blaustich. *Abb. 5-13*

Wählen Sie die anderen Vorgaben und beobachten Sie die Veränderungen im Bild. Hier sehen Sie die Auswirkungen verschiedener Vorgaben auf mein Beispielbild. Wie Sie sehen, erzeugt keine davon wirklich neutrales Weiß. *Abb. 5-14* bis *5-17*

TIPP: *Bei der Island-Expedition benutzten viele Fotografen einen digitalen Weißabgleich-Filter (Expo-Disc, wie hier zu sehen), um einen eigenen Weißabgleich zu erzielen. (Expoimaging war ein Sponsor der Expedition.) Mit einer einfachen Graukarte erreichen Sie auch einen passablen Weißabgleich, aber mir gefallen die Ergebnisse mit einem solchen Filter deutlich besser. Mehr Informationen dazu finden Sie unter www.expoimaging.net.*

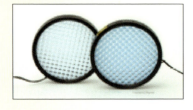

Abbildung 5-13

Abbildung 5-14

Abbildung 5-15

 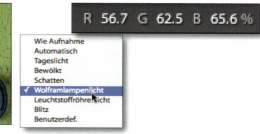

Abbildung 5-16

 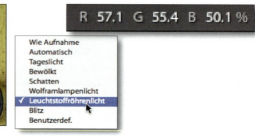

Abbildung 5-17

Die Weißabgleichauswahl

Die Weißabgleichauswahl ist bemüht, eine exakt neutrale Farbe zu erzielen. *Abb. 5-18* Die Änderungen spiegeln sich in den *Temp.*- und *Tönung*-Reglern wider, ebenso im Histogramm. Manchmal ist der Effekt okay, manchmal auch nicht.

Weißabgleichauswahl benutzen

Die Weißabgleichauswahl – zu erreichen per Klick auf das Pipette-Icon oben im Bedienfeld *Grundeinstellungen*, über *Ansicht→Weißabgleichauswahl* oder durch Drücken der Taste W – ist sehr einfach zu benutzen.

Klicken Sie auf das Werkzeug und stellen Sie den Cursor über einen Bereich in Ihrem Bild, der neutral grau oder weiß sein soll. Eine 24-Pixel-Vergrößerung zeigt Ihnen genau, welche Farbe Sie aufnehmen. *Abb. 5-19*

Beobachten Sie die Änderungen am Weißabgleich in Echtzeit im Navigator-Fenster, während Sie das Werkzeug umherbewegen. Sobald Sie zufrieden sind, klicken Sie mit der Maus, und die neue Einstellung wird angewendet.

Weißabgleich-Ergebnisse bewerten

Sie sollten die Weißabgleichauswahl in einem »weißen« Bereich Ihres Bildes anwenden und mit dem Farbaufnehmer die Ergebnisse bewerten oder Ihr Bild im Modus *Beleuchtung* betrachten. Mit ⌘+Z (Strg+Z) oder dem Protokoll widerrufen Sie den Effekt.

Auf diese Weise konnte ich einen korrekten Weißabgleich anfertigen, was die fast gleichmäßig verteilten RGB-Werte in der Werkzeugleiste bestätigten. *Abb. 5-20*

Abbildung 5-18

Abbildung 5-19

Abbildung 5-20

Regler Temperatur und Tönung

Unter dem Weißabgleich-Pop-up-Menü finden Sie zwei Regler – *Temperatur* und *Tönung* –, die für Feineinstellungen am Weißabgleich oder für kreative Effekte verwendet werden können.

Schieben Sie den *Temperatur*-Regler nach links, und die Farben erscheinen bläulich (werden kühler). *Abb. 5-21*

Abbildung 5-21

Schieben Sie den Regler jedoch nach rechts, werden die Farben gelblicher (wärmer). *Abb. 5-22*

Abbildung 5-22

Bewegen Sie den *Tönung*-Regler nach links (negativer Wert), färben Sie das Bild grünlich. *Abb. 5-23*

Abbildung 5-23

Durch das Schieben des Reglers nach rechts (positiver Wert) entsteht ein Magenta-ähnlicher Ton. *Abb. 5-24*

Jede Verschiebung an einem Regler ändert das Weißabgleich-Pop-up-Menü in *Benutzerdefiniert*. Indem Sie auf das Dreieck des Reglers doppelklicken, setzen Sie diesen auf seine Originalwerte zurück. (Das gilt für alle Schieberegler in Lightroom.)

Abbildung 5-24

Weißabgleich aus Zielfarbe ableiten

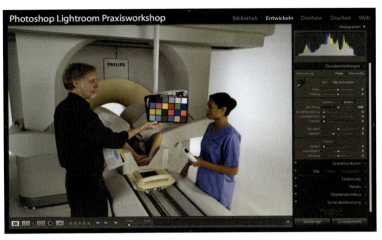

Abbildung 5-25

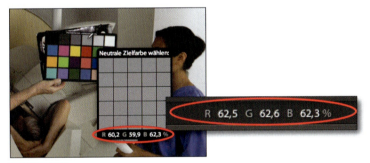

Abbildung 5-26

Abbildung 5-27

Wenn Sie ein messbares Ziel in Ihrer Aufnahme platzieren, lässt sich der Weißabgleich leichter überprüfen. Ich lege gern eine Farbkarte von GretagMacbeth in eine Aufnahme, wenn die Licht- oder Aufnahmebedingungen relativ stabil sind. *Abb. 5-25* (Natürlich stammt dieses Foto nicht aus Island, ich nahm es für Philips Medical Systems auf.)

Eine einfache, weniger teure 18-%-Graukarte funktioniert auch, aber ich mag die zusätzlichen Referenzfarben. Dann stelle ich einfach das Weißabgleichauswahl-Werkzeug über das Ziel (hier ein neutrales Feld).

Wenn mein Weißabgleich vertretbar ist, sollten die RGB-Werte unterhalb der 25-Pixel-Vergrößerung (Kreis, links) nahe beieinanderliegen. *Abb. 5-26* Dann klicke ich auf das Ziel, und die RGB-Werte im Info-Bereich der Werkzeugleiste sind fast gleich oder neutral. Änderungen im Weißabgleich sind im Bild und im Histogramm zu sehen.

Um diese Weißabgleichwerte selektiv auf andere Bilder (eines nach dem anderen) anzuwenden, klicken Sie im linken Bereich unten auf *Kopieren*. Der Dialog *Einstellungen kopieren* erscheint. *Abb. 5-27* Aktivieren Sie nur das Kontrollkästchen *Weißabgleich* und klicken Sie auf *Kopieren*. Wählen Sie dann ein anderes Bild, das unter ähnlichen Lichtverhältnissen aufgenommen wurde, aus dem Filmstreifen aus und klicken Sie auf den Button *Einfügen*. Um die Einstellungen auf mehrere Bilder gleichzeitig anzuwenden, wählen Sie diese aus und klicken auf *Sync.* unten im rechten Bereich. Schalten Sie in dem Dialog nur den Weißabgleich ein.

Einfache Tonwertkorrekturen

Jedes Digitalbild enthält eine Reihe von Tonwerten, die je nach Helligkeit im ganzen Bild verteilt sind. Oftmals, sogar bei korrekt belichteten Bildern, möchten Sie diese Tonwerte umverteilen, um gewissen ästhetischen oder messbaren Kriterien zu entsprechen. In Lightroom haben Sie dazu mehrere Möglichkeiten.

Lightrooms Bildbearbeitungswerkzeuge sind systematisch angeordnet, ungefähr in der Reihenfolge, in der Sie Ihr Bild bearbeiten. Nach dem Weißabgleich (wie eben besprochen) bearbeiten Sie die Farbtöne im Bedienfeld *Grundeinstellungen* oder direkt im Histogramm. *Abb. 5-28*

 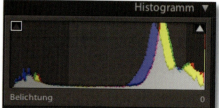

Abbildung 5-28

Automatischer Farbton

Der *Autom.*-Button ist ein guter Ausgangspunkt. *Abb. 5-29* Wenn Sie darauf klicken, erzeugt Lightroom eine voreingestellte Tonwertumsetzung, die auf den Eigenschaften des jeweiligen Bildes beruht. Die Schieberegler darunter werden nicht beeinflusst. Diese Option funktioniert zwar oft, aber nicht immer.

In diesem Bild zum Beispiel dunkelt die Auto-Einstellung die hellblaue Wand nach, jedoch leider auch das Motiv. *Abb.5-30* Ich lasse die Auto-Einstellung meist und bearbeite das Ergebnis mit den anderen Farbton-Reglern nach. Ich zeige Ihnen gleich, wie ich das Bild mit einer Lichterkorrektur fast perfekt korrigierte. Wenn die Auto-Einstellung zu weit danebenliegt, drücken Sie ⌘+Z (Strg+Z) oder gehen im Protokoll einen Schritt zurück. Klicken Sie unten rechts auf *Zurücksetzen*, kehren Sie zu den Original-Kameraeinstellungen zurück – aber ist das auch genau das, was Sie wollen?

Abbildung 5-29

Abbildung 5-30

Regler Belichtung

Wenn die Einstellung Auto-Einstellung nicht für die gewünschte Tonwertverteilung sorgt, probieren Sie den *Belichtung*-Regler. Nehmen wir zum Beispiel das Bild in *Abb. 5-31*. Aus dem Histogramm erkennen Sie, dass die Tonwerte nach rechts verschoben sind, in Richtung *Lichter*, und dort beschnitten werden (Detailverlust).

Abbildung 5-31

Wenn ich den *Belichtung*-Regler nach rechts verschiebe (positive Werte), wird das Bild heller, aber die Lichter werden noch stärker beschnitten. *Abb. 5-32* Auch wenn ich mit dem *Wiederherstellung*-Regler einige Details retten kann – mehr dazu später –, war eine höhere Belichtung wohl nicht der richtige Weg für dieses Bild.

Abbildung 5-32

> **HINWEIS:** *Belichtungswerte, die direkt in das Zahlenfeld mit den Vorzeichen + oder – eingegeben werden können, entsprechen grob den Blendenwerten. Eine Belichtung von +1,00 ähnelt einer um eine Stufe höheren Blende. Entsprechend ist eine Belichtung von –1,00 ähnlich, als reduziere man die Blende um eine Stufe.*

Wenn ich den Regler nach links verschiebe (negative Werte), wird das Bild abgedunkelt, und in den Lichtern kehren die Details zurück. *Abb. 5-33* Nun ist die Farbverteilung relativ gut. Um das Bild jedoch abzuschließen, verschiebe ich den *Helligkeit*-Regler, der sich vor allem auf die Mitteltöne auswirkt.

Abbildung 5-33

Wiederherstellung

Dieses Bild ist ein perfekter Kandidat für den *Wiederherstellung*-Regler, der als nächster folgt. *Abb. 5-34* (Wenn Sie direkt im Histogramm arbeiten, gelangen Sie zur Wiederherstellung, indem Sie den Cursor auf die rechte Seite des Histogramms bewegen.)

In diesem Bild fehlen Details im Himmel, gut zu erkennen an den roten Warnungen im Bild und der vertikalen Linie rechts im Histogramm.

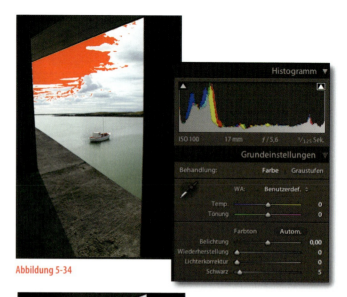

Abbildung 5-34

Sinn und Zweck des *Wiederherstellung*-Reglers ist es, die fehlenden Details in den Lichtern zurückzuholen. Die Wiederherstellung betrachtet den roten, grünen und blauen Kanal, sucht Daten in einem Kanal und rekonstruiert sie für alle drei. Die Lichter werden dadurch leicht abgedunkelt, ohne die dunkleren Bereiche zu verändern.

Wie Sie an der verringerten Beschneidung sehen, ist das bei diesem Bild besonders effektiv gewesen. Die Details in den Wolken werden sichtbar, der Rest des Bildes bleibt fast unverändert. *Abb. 5-35*

Abbildung 5-35

Lichterkorrektur

Der Regler *Lichterkorrektur* öffnet die Tiefenbereiche, ohne die Lichter (bis zu einem gewissen Punkt) zu verändern. Ich verwendete den Regler, um das Bild aus dem vorhergehenden Beispiel weiter aufzubessern. *Abb. 5-36* Der Mann ist in dem Eingang nur deutlich besser zu erkennen. (Übertreiben Sie es mit dem *Lichterkorrektur*-Regler nicht, sonst entsteht starkes Rauschen in den Tiefen.)

Abbildung 5-36

GENIALE FOTOS ENTWICKELN | 135

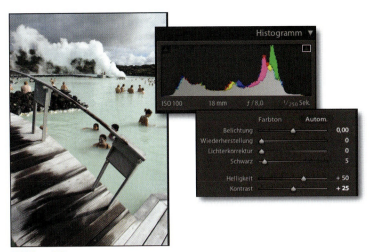

Abbildung 5-37

Schwarz

Diesen Regler verwende ich oft. Er dunkelt die dunkelsten Bereiche im Bild nach (indem er die Tiefen beschneidet), während der Rest meist unverändert bleibt. Im Grunde ist das der gegenteilige Effekt zur Wiederherstellung. Ich verwendete den *Schwarz*-Regler bei diesem Bild, das in der ersten Vorschau und im Histogramm ganz gut aussah. *Abb. 5-37*

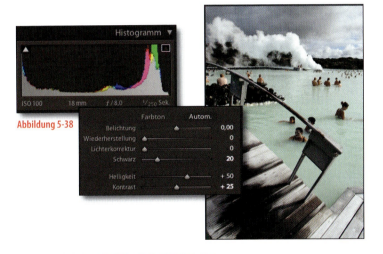

Abbildung 5-38

Ich verschob den *Schwarz*-Regler nur etwas nach rechts (auf 20), und das verlieh dem Bild deutlich mehr Tiefe. Viele Bilder profitieren von einer leichten Schwarzkorrektur. *Abb. 5-38*

Helligkeit

Der *Helligkeit*-Regler ist dem *Belichtung*-Regler sehr ähnlich, er verteilt jedoch die Farbwerte mit Betonung der Mitteltöne. Während eine positive Belichtung zu einer Beschneidung der Lichter führen kann – wenn man *Helligkeit* nach rechts verschiebt, gibt es keine Beschneidung –, komprimiert sie die Lichter und öffnet die Mitteltöne und die Tiefen. Umgekehrt wird bei einer Verschiebung nach links das Bild abgedunkelt, indem die Tiefen komprimiert und die Lichter geöffnet werden. Hier setzte ich *Helligkeit* für den finalen Effekt bei dem Bild ein, das ich vorher mit dem *Belichtung*-Regler korrigiert hatte. *Abb. 5-39*

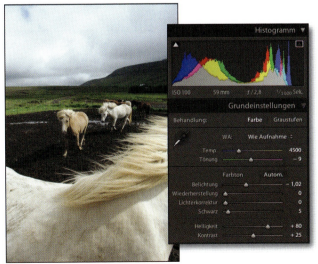

Abbildung 5-39

Kontrast

Dieser Regler erhöht oder verringert den Kontrast, während die Extreme unbehelligt bleiben. (Sie sehen das, wenn Sie beim Bewegen des *Kontrast*-Reglers das Histogramm beobachten.) Das Bild in *Abb. 5-40* wurde nicht bearbeitet, bei dem in *5-41* wurde der Regler nach links verschoben, in *5-42* extrem nach rechts.

Farbtöne zurücksetzen

Wenn Sie nur die Farbton-Einstellungen auf ihre Originalwerte zurücksetzen wollen, doppelklicken Sie im Bedienfeld *Grundeinstellungen* auf das Wort *Farbton*. Die *Präsenz*-Regler (*Klarheit*, *Lebendigkeit* und *Sättigung*) sind davon nicht betroffen.

Präsenz-Regler

Die letzten Regler im Bedienfeld *Grundeinstellungen* sind unter dem Namen *Präsenz* zusammengefasst. Zu ihnen gehören *Klarheit*, *Lebendigkeit* und *Sättigung*. Diese Regler haben alle mit Farben zu tun, deshalb gehe ich genauer darauf ein, wenn ich sie im nächsten Kapitel einsetze.

> **TIPP:** Benutzen Sie die Vergleichsansicht, um Vorher-/Nachher-Versionen Ihres Bildes zu sehen. Drücken Sie die Taste Y, um zwischen Lupen- und Vergleichsansicht umzuschalten.

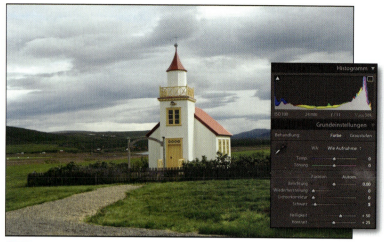

Abbildung 5-40

Abbildung 5-41

Abbildung 5-42

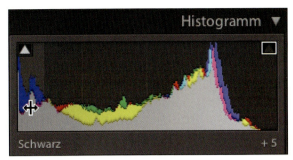

Abbildung 5-43

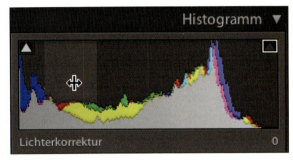

Abbildung 5-44

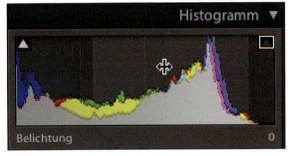

Abbildung 5-45

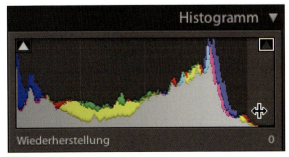

Abbildung 5-46

Farbtöne direkt im Histogramm korrigieren

Sie können einfache Farbkorrekturen auch direkt vom Histogramm aus vornehmen. Stellen Sie den Cursor ins Histogramm und ziehen Sie nach links oder rechts. Die Stelle, an der der Cursor steht, bestimmt, welcher Farbton betroffen ist. Wenn Sie den Cursor im Histogramm von links nach rechts schieben, greifen Sie auf folgende Einstellungen zu:

- Abb. 5-43 *Schwarz*
- Abb. 5-44 *Lichterkorrektur*
- Abb. 5-45 *Belichtung*
- Abb. 5-46 *Wiederherstellung*

Beim Bewegen des Cursors sehen Sie, dass sich der entsprechende Regler ebenfalls bewegt.

Ich arbeite oft direkt im Histogramm, wenn ich das *Grundeinstellungen*-Bedienfeld nicht geöffnet habe, sondern z.B. im Bedienfeld *Teiltonung* arbeite. So muss ich nicht im rechten Bereich scrollen.

Zusammenfassung Schritt für Schritt

Beginnen Sie mit dem automatischen Weißabgleich. Verwenden Sie dann, wenn nötig, die anderen Farbton-Regler. Wenn die automatische Korrektur nicht funktioniert, beginnen Sie mit *Belichtung*. Benutzen Sie dann *Wiederherstellung* und/oder *Lichterkorrektur*, dann *Schwarz*. Schließlich verwenden Sie *Helligkeit* und/oder *Kontrast*. (Mit der Gradationskurve sind weitere Feineinstellungen möglich, diese werden nachfolgend beschrieben.)

Verlassen Sie sich nicht nur auf das Vorschaufenster, bewerten Sie die Effekte auch mit dem Histogramm und anhand der Farbwarnungen.

Gradationskurve für anspruchsvolle Steuerungen

Nachdem Sie die wichtigsten Farbtonkorrekturen im Bedienfeld *Grundeinstellungen* vorgenommen haben, erledigen Sie die Feinarbeiten mit der Gradationskurve. Ich glaube, es wird Ihnen gefallen, direkt im Vorschaubild mit dem genialen Zielkorrektur-Werkzeug zu arbeiten.

Ich mag die Gradationskurve von Lightroom. Zugegeben, Sie haben hier nicht so viel Kontrolle wie bei den Gradationskurven in Photoshop, aber man kann wenigstens kaum etwas falsch machen.
Abb. 5-47

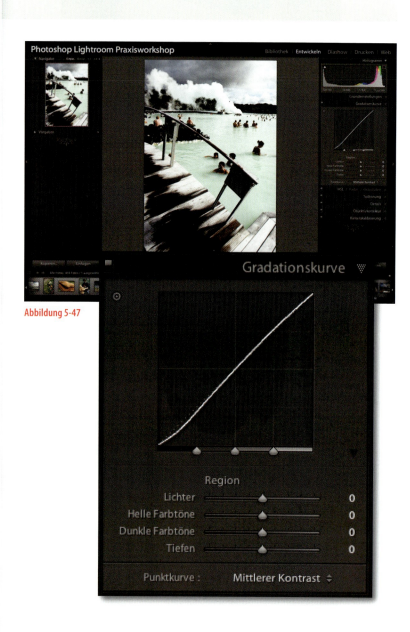

Abbildung 5-47

Wie in Photoshop repräsentiert die horizontale Achse die Originalintensität der Pixel, die vertikale Achse steht für die neuen Tonwerte.

Anstatt viele Punkte auf der Kurve zu platzieren und diese in die gewünschte Position zu ziehen, arbeiten Sie hier im Wesentlichen mit vier festen Punkten: Lichtern, hellen und dunklen Farbtönen und Tiefen. Sie können diese Werte direkt in der Kurve mit den Pfeiltasten, den Reglern oder direkt im Vorschaubild mit dem Gradationskurven-Werkzeug steuern. Voreingestellte Punktkurven gibt es auch: Mittlerer Kontrast, Linear und Starker Kontrast.

HINWEIS: *Mit den Tonwertkorrekturen in Lightroom können Sie die Farbtöne zwar auch selektiv korrigieren, mit den Ebenen und Masken von Photoshop ist das jedoch nicht vergleichbar.*

GENIALE FOTOS ENTWICKELN | 139

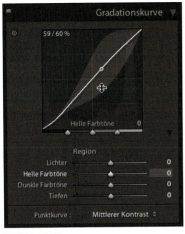 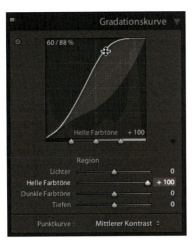

Abbildung 5-48

Kurve auf Stützrädern

So sehr Sie sich auch Mühe geben, mit der Gradationskurve können Sie kaum etwas falsch machen. Probieren Sie es aus. Klicken Sie irgendwo auf die Kurve. Sie sehen, dass sich darum eine Wölbung abzeichnet. *Abb. 5-48* Ziehen Sie die Kurve nun nach oben oder unten. (Nach oben wird das Bild aufgehellt, nach unten abgedunkelt.) Über die Grenzen der Wölbung können Sie sich nicht hinausbewegen, sonst würde das Bild entweder in den Lichtern beschnitten (oben) oder in den Tiefen (unten). Wenn Sie das wirklich wollen und unbedingt die Grenze überschreiten müssen, können Sie Vorgaben erstellen, die die Warnungen ignorieren. (Siehe Kasten am Ende des Kapitels.)

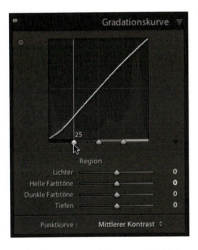 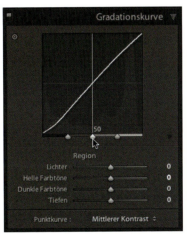

Teilungsregler

Mit den Teilungen besitzen Sie weitere Kontrolle; das sind die Dreiecke unten an der Kurve. Ziehen Sie die Dreiecke nach links oder rechts, um die Breite des jeweiligen Farbbereichs zu steuern. Zum Zurücksetzen der Teilungen klicken Sie mit rechts und wählen *Teilungen zurücksetzen* aus dem Kontextmenü. *Abb. 5-49* Ein Doppelklick auf ein Dreieck setzt die jeweilige Region zurück.

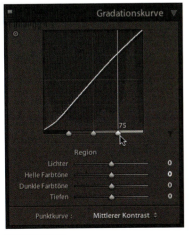 

Abbildung 5-49

George Jardine

Für mich ist George Jardine ein Synonym für Lightroom. Vor einigen Jahren erzählte mir George nach einem Vortrag von Adobes Kevin Connor von dem supergeheimen »Shadowland«-Projekt, wie Lightroom damals hieß. Er brachte einige Mitarbeiter aus dem Shadowland-Team nach San Francisco, um mir bei der Arbeit an besonders komplexen Werbeaufnahmen zuzuschauen. Schnell wurde klar, dass George uns Fotografen beobachtete, um mit dem Adobe-Projekt besser auf unsere Ansprüche reagieren zu können. Auf Island lernte ich George von einer anderen Seite kennen: den Fotografen George, der selbst viele geniale Bilder schoss, so wie dieses hier.

Das Zielkorrektur-Werkzeug

Ich bin so ein großer Fan von diesem Werkzeug – lassen Sie uns also gleich damit anfangen. Klicken Sie zuerst auf das Werkzeug oben links im *Gradationskurve*-Bedienfeld. Um das Ziel sind Pfeile nach oben und unten platziert. *Abb. 5-50* (Sie erreichen das Werkzeug auch über *Ansicht→Zielkorrektur→Gradationskurve* oder das Tastenkürzel ⌘+Option+T bzw. Strg+Alt+T).

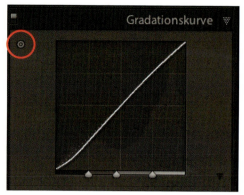
Abbildung 5-50

Stellen Sie Ihren Cursor in das Bild auf die Stelle, deren Farbton Sie verändern möchten. *Abb. 5-51* Bewegen Sie Ihren Cursor nun nach oben oder unten. Beim Bewegen nach oben werden die Bereiche, die den Farbton unter dem Werkzeug enthalten, aufgehellt, entsprechend werden sie bei Bewegen nach unten abgedunkelt. Die Veränderungen können Sie im Histogramm beobachten. Sobald Sie zufrieden sind, stellen Sie den Cursor in einen anderen Bereich des Vorschaubildes, der einen anderen Farbton enthält, den Sie korrigieren wollen. Tun Sie das so lange, bis Ihnen das Bild gefällt.

Um das Zielkorrektur-Werkzeug zu deaktivieren, klicken Sie erneut auf dessen Icon im Bedienfeld oder drücken auf Esc.

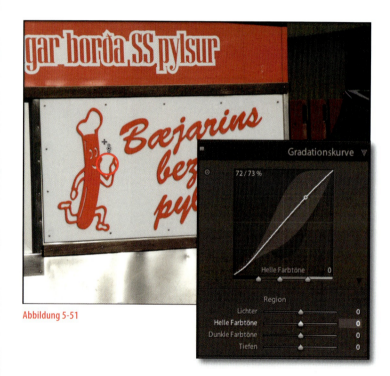
Abbildung 5-51

Gradationskurve ein und aus

Betrachten Sie Ihr Bild ohne die Gradationskurven-Einstellungen, indem Sie auf den Schalter links oben im Bedienfeld klicken. *Abb. 5-52* Klicken Sie erneut auf das Icon, um die Einstellungen wieder einzublenden.

Abbildung 5-52

GENIALE FOTOS ENTWICKELN | 143

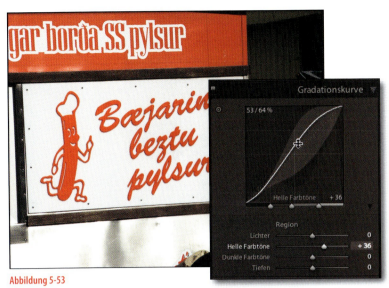

Abbildung 5-53

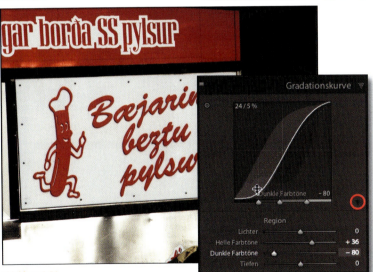

Abbildung 5-54

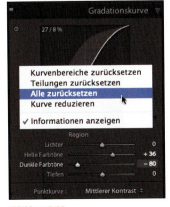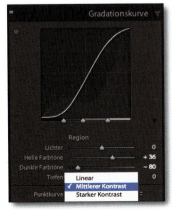

Abbildung 5-55

Direkt aus der Kurve steuern

Natürlich können Sie die Kurve auch direkt im Diagramm ändern. Unten im Diagramm erscheinen Begriffe, die den vier Reglern entsprechen, die jeweils betroffen sind. Ziehen Sie die Kurve nach oben, hellen sich die entsprechenden Bereiche auf. *Abb. 5-53* Ziehen Sie den Cursor nach unten, verdunkeln sich die Farbtöne. *Abb. 5-54* Beobachten Sie, wie sich die Regler unter dem Begriff *Region* entsprechend verschieben. Wenn der Cursor über der Kurve steht, können Sie diese auch mit den Pfeiltasten bewegen.

Die Kurve mit den Reglern verschieben

Auch mit den Reglern unter dem Begriff *Region* steuern Sie die Kurve. *Abb. 5-54* Indem Sie auf den Pfeil klicken (Kreis), blenden Sie die Regler ein und aus.

Gradationskurvenstandards und -vorgaben

Durch Doppelklicken auf die Kurve wird diese Region auf ihre Standardwerte zurückgesetzt. Ein Rechtsklick auf die Kurve öffnet ein Kontextmenü mit verschiedenen Optionen zum Zurücksetzen. *Abb. 5-55* Wenn Sie die Option-/Alt-Taste gedrückt halten, ändert sich der Begriff *Region* in *Region zurücksetzen*. Klicken Sie darauf, um die Regler zurückzusetzen.

Die Standard-Vorgabe für Gradationskurven ist *Linear*, sie erzeugt eine Diagonale, was keine Veränderung zwischen Eingabe und Ausgabe bewirkt. *Mittlerer Kontrast* erhöht den Kontrast etwas, *Höherer Kontrast* etwas mehr.

Gradationskurven unter Kontrolle

Wie ich bereits erwähnte, ist es technisch unmöglich, die Gradationskurve aus dem Bogen herauszuziehen, was, wenn es möglich wäre, zu Beschneidungen in Tiefen oder Lichtern führen würde. *Abb. 5-56*

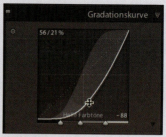

Abbildung 5-56

Das ist so lange prima, bis Sie die Kurve umkehren oder eine Kurve erstellen wollen, die einen Solarisationseffekt erzeugt.

So lässt sich das umgehen:

1. Öffnen Sie den Ordner *Develop Presets* auf Ihrem Desktop. Sie finden ihn, indem Sie *Hilfe→Gehe zu Lightroom-Vorgabenordner* wählen. *Abb. 5-57*

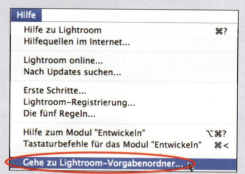

Abbildung 5-57

2. Mac-Anwender duplizieren die Vorgabe namens *Tone Curve – Medium Contrast.lrtemplate*. Öffnen Sie das Duplikat in einem Texteditor wie TextEdit. *Abb. 5-58* Windows-Nutzer öffnen *Tone Curve – Medium Contrast.lrtemplate* in Notepad oder einem üblichen Programm, wählen sofort Speichern unter und benennen dabei die Vorgabe beliebig in »LR Adventure Invert« oder ähnlich. Speichern Sie sie in *Develop Presets/User Presets*. Die Erweiterung *.lrtemplate* muss unbedingt erhalten bleiben.

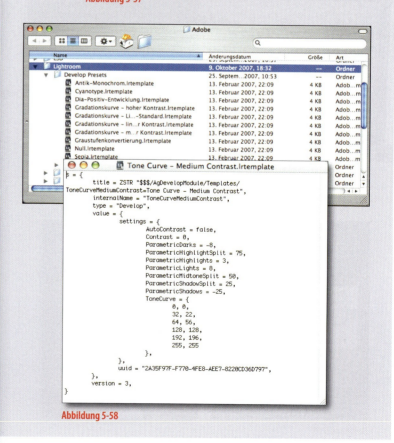

Abbildung 5-58

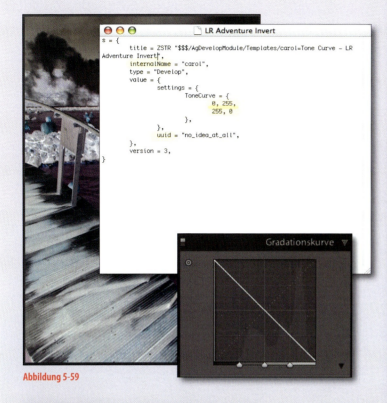

Abbildung 5-59

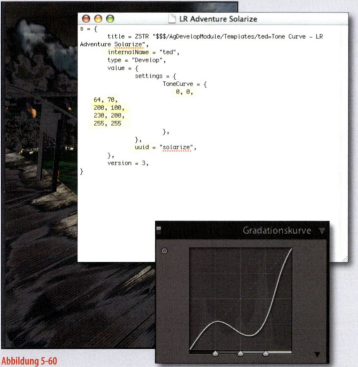

Abbildung 5-60

3. Ersetzen Sie den Originaltext durch den Text und die Koordinaten *ToneCurve x,y*, die Sie hier sehen. *Abb. 5-59* Der *internalName* und *uuid* sind dabei unwichtig, solange beide eindeutig sind. Auch als *internalName* können Sie alles verwenden, nur muss der Name in der Titelzeile wieder auftauchen (in diesem Fall »Carol«, im nächsten »Ted«.)

4. Mac-Anwender speichern und benennen die Datei (d.h. *LR Adventure Invert*) und legen sie in den Ordner *Develop Presets/User Presets*. Achten Sie auf die Erweiterung *.lrtemplate*.

5. Wenn Sie das duplizieren, was Sie hier in Ihrer Duplikatdatei sehen, erhalten Sie eine invertierte Kurve, die den gezeigten Effekt erzeugt.

6. Folgen Sie diesen Schritten und duplizieren, was Sie in *Abb. 5-60* sehen, erstellen Sie eine Kurve, die einen Solarisationseffekt erzeugt wie diesen hier. Verwenden Sie einen eindeutigen Namen wie *internalName* oder *uuid*, sonst lädt Lightroom die Vorgabe nicht. Nennen Sie die neue Vorgabe *LR Adventure Solarize*. Achten Sie auf die Endung *.lrtemplate*.

7. Beim nächsten Start erscheint die neue Vorgabe im *Vorgaben*-Bedienfeld unter *Benutzervorgaben*.

Wenn Sie keine Lust haben, selbst umzuprogrammieren, schicken Sie mir eine Mail, und ich sende Ihnen die Vorgaben zu (*mikkel@cyberbohemia.com*). Sie können sich auch etliche Vorgaben von *http://inside-lightroom.com* herunterladen.

KAPITEL SECHS

Farbverbesserte Fotos

Farben lassen sich in Lightroom sehr einfach korrigieren. Im Entwickeln-Modul finden Sie Schieberegler, die Ihnen bei Farbanpassungen helfen. Außerdem können Sie den Cursor direkt auf einer Farbe in Ihrem Bild platzieren und nur diese mit einem Klick und einer einfachen Bewegung nach oben oder unten anpassen. Einen roten Apfel übersättigen, aus einem orangefarbenen Pullover einen grünen machen – und all das, ohne von der Farblehre auch nur die geringste Ahnung zu haben. Mit den Farbreglern in Lightroom ist das möglich, und dieses Kapitel zeigt Ihnen, wie. Ich werde Ihnen außerdem das Bedienfeld *Teiltonung* erläutern, um damit feine Farbanpassungen in Lichtern und Tiefen vorzunehmen, und vorführen, wie Sie auch ein eigenes Kameraprofil erstellen.

In diesem Kapitel:

Lebendigkeit und Sättigung steuern

Mehr Klarheit

Das Bedienfeld HSL

Das Bedienfeld Teiltonung

Kamerakalibrierung

Lebendigkeit und Sättigung steuern

Eben habe ich Ihnen gezeigt, wie Sie einen Farbstich im Bild mit dem Weißabgleich bearbeiten. Jetzt sollen Sie erfahren, wie Sie die Regler *Lebendigkeit* und *Sättigung* in den *Grundeinstellungen* im Entwickeln-Modul einsetzen. Beide Regler erhöhen oder verringern die Farbintensität, allerdings sehr unterschiedlich.

Lebendigkeit versus Sättigung

Lebendigkeit ist vor allem dann nützlich, wenn Sie an Bildern mit Primärfarben arbeiten, bei denen Sie die Sättigung erhöhen oder verringern wollen, während Sekundärfarben (z.B. Haut) unverändert bleiben. Die *Sättigung* verringert bzw. erhöht die Farbintensität generell. Sie werden sehen, dass jeder Regler seine eigene Funktion hat.

Sehen Sie sich dieses Vorher-/Nachher-Bild an. *Abb. 6-1* Ich habe die *Lebendigkeit* unverändert gelassen und die *Sättigung* auf 66 erhöht. Sie sehen, dass das Rot im Bikini deutlich verstärkt wurde – genau wie ich es wollte. Die Hautfarben wollte ich allerdings nicht so stark verändern.

Abbildung 6-1

Ich setze nun also die *Sättigung* auf 0 zurück und verwende stattdessen den Regler *Lebendigkeit*. Im Vorher-/Nachher-Bild in *Abb. 6-2* ist der rote Bikini auch lebendiger, die Hauttöne blieben jedoch unverändert.

> **HINWEIS:** *Lebendigkeit und Sättigung sind (mit einem Regler namens Klarheit) in der Kategorie Präsenz zusammengefasst. Um den Klarheit-Regler geht es im nächsten Abschnitt.*

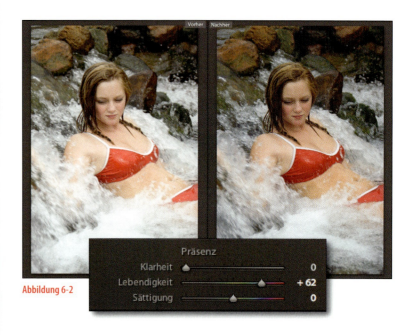

Abbildung 6-2

Lebendigkeit

Ich finde den *Lebendigkeit*-Regler dann sehr sinnvoll, wenn ich mit Porträts arbeite. Da Hauttöne keine Primärfarben sind, lässt er sie ziemlich unverändert, auch ungeachtet der Hautfarbe. *Abb. 6-3*

Abbildung 6-3

TIPP: Sie setzen die Regler auf ihre Standardeinstellungen zurück, indem Sie die Option-/Alt-Taste gedrückt halten, sodass sich der Titel in Präsenz zurücksetzen ändert. Ein Klick auf den Text setzt die Regler zurück, ein Doppelklick auf das Dreieck des Reglers setzt nur diesen zurück.

Lebendigkeit ist jedoch nicht nur für Porträts geeignet. Er kann auch für andere Bilder verwendet werden. In *Abb. 6-4* hat mehr Lebendigkeit den Vordergrund verstärkt, während die braunen Hügel im Hintergrund unverändert blieben.

Abbildung 6-4

Sättigung

Der *Sättigung*-Regler wirkt global auf alle Farben in einem Bild. Das kann gewollt sein, vor allem wie bei diesem Bild in der Vorher-/Nachher-Ansicht. *Abb. 6-5* Als ich auf dasselbe Bild den *Lebendigkeit*-Regler anwendete, blieb das türkise Seil unverändert, aber das gefiel mir nicht. *Sättigung* verstärkte jedoch alle Farben. In Kapitel 8 zeige ich Ihnen, wie der Fotograf Martin Sundberg die Sättigung seiner Bilder leicht verstärkt, um das Aussehen seines Lieblingsfilms, Fuji Vevia, zu simulieren.

Abbildung 6-5

Mehr Klarheit

Der *Klarheit*-Regler stellt eine der einfachsten Möglichkeiten dar, Ihre Bilder etwas aufzupeppen. Sie finden ihn im Bedienfeld *Grundeinstellungen* im Abschnitt *Präsenz*, wie die Regler *Lebendigkeit* und *Sättigung*. In kleinen Dosen – wie die berühmte Prise Salz – wirkt er auf Ihre Bilder wie ein Zaubertrank.

Photoshop-Anwender wissen den Wert des Unscharf-maskieren-Filters zu schätzen, wenn sie lokal den Kontrast verstärken wollen. Mit einer *Stärke* von 20%, einem *Radius* von 50 und einem *Schwellenwert* von 0 werden mittelgute Fotos scharf, langweilige leuchten, und die Tiefe wird verstärkt. *Abb. 6-6*

Bei dieser Technik wird der Kontrast in kleinen Bereichen selektiv erhöht, wobei große Bereiche unberührt bleiben. Damit gehen keine Details in den Lichtern/Tiefen verloren, und das Bild wirkt klarer.

Abbildung 6-6

Klarheit in Lightroom

Lightroom hat die Grundlagen dieser Technik in den Regler *Klarheit* eingebaut bekommen (im Bedienfeld *Grundeinstellungen* unter *Präsenz*). Nur ein Regler steuert die Intensität dieses Effekts, alles andere läuft im Hintergrund ab. *Abb. 6-7*

Klarheit funktioniert bei vielen Bildtypen, solange Sie es nicht übertreiben. Auch wenn der Effekt auf dem Monitor minimal zu sein scheint, erkennt man den Unterschied deutlich, wenn es um den Druck geht.

Abbildung 6-7

Übertriebene Klarheit

Ich will Ihnen zeigen, was ich mit »den Regler vernünftig einsetzen« meine. In diesem Beispiel habe ich die *Klarheit* auf 100 erhöht. *Abb. 6-8* Ich vergrößerte das Bild auf 200% und zeige Ihnen hier die Vorher-/Nachher-Version, damit Sie den Effekt besser erkennen können. Schauen Sie sich den Übergang zwischen Rohr und Boden an, dann sehen Sie, was ich meine: *Klarheit* erhöht den Kontrast lokal. In diesem Fall helfen höhere Werte dem Bild nicht.

Abbildung 6-8

Klarheit gerade richtig

Im nächsten Beispiel wählte ich den Wert 14 für *Klarheit*, was den Vordergrund vom Hintergrund abhebt und das Bild generell aufwertet. *Abb. 6-9* Selbst bei genauem Hinsehen stellen Sie fest, dass die Hautfarben noch immer weich sind.

Abbildung 6-9

Bei welchem Bild am besten?

Klarheit sollte differenziert eingesetzt werden. Ich finde *Klarheit* besonders bei Bildern mit geringem Kontrast nützlich, wenn zum Beispiel durch ein verschmutztes Fenster oder mit einem Objektiv fotografiert wurde, das von sich aus wenig Kontrast mitbringt. Auch Bilder mit Blendenflecken sind gute Kandidaten.

Seien Sie jedoch vorsichtig, wenn Sie Klarheit auf Porträts anwenden. Man übertreibt hier leicht, was zu fleckiger Haut führen kann. Verbunden mit einer verringerten *Sättigung*, kann der Effekt jedoch sehr gut wirken, wie in der Abbildung zu sehen ist. *Abb. 6-10*

Abbildung 6-10

Martin Sundberg

Ich war mit Martin in einem kleinen Fischerdorf in Westisland, als er dieses grandiose Foto aufnahm. Während ich am Pier tote Fische fotografierte, zoomte Martin ganz nah heran und knipste das Charakteristische dieses alten Fischerboots: abgeblätterte Farbe und Rost. Später erhöhte er die Sättigung in Lightroom, ansonsten ließ er das Bild unverändert.

Das Bedienfeld HSL

In Lightrooms Bedienfeld *HSL* steuern Sie Ihre Farben wie nirgendwo sonst. HSL steht für Farbton, Sättigung und Luminanz, und Lightroom verwendet eine Methode, die Farben mit diesen drei Werten zu definieren und zu bearbeiten. Den meisten wird diese Arbeitsweise sehr intuitiv und einfach erscheinen.

Die HSL/Farbe-Regler

Sehen wir uns das *HSL*-Bedienfeld einmal genauer an. Auf den ersten Blick sehen Sie drei Optionen: *HSL / Farbe / Graustufen*. *Abb. 6-11* *HSL* und *Farbe* erzeugen ähnliche Ergebnisse, sie funktionieren nur unterschiedlich. (Mehr zu Graustufen in Kapitel 7).

HSL-Grundlagen

Wenn Sie im Bedienfeld auf *HSL* klicken, erhalten Sie die folgenden Optionen. *Abb. 6-12*

Farbton Regler ändern die jeweilige Farbe. Ändern Sie zum Beispiel nur die Rottöne in Ihrem Bild, indem Sie den *Rot*-Regler nach links oder rechts verschieben.

Sättigung ändert die Lebhaftigkeit und Reinheit der angegebenen Farbe. Sie können die Sättigung einer bestimmten Farbe verringern, z.B. Grün, indem Sie den Regler *Grün* nach links ziehen. Wenn Sie den *Rot*-Regler nach rechts verschieben, erhöhen Sie z.B. nur die Sättigung der Rottöne.

Luminanz ändert die Helligkeit einer bestimmten Farbe.

(Durch einen Klick auf *Alle* erscheinen *Farbton*, *Sättigung* und *Luminanz* im Bedienfeld. Auf einem kleinen Bildschirm kann es sein, dass Sie scrollen müssen, um alle zu sehen.)

Abbildung 6-11

Abbildung 6-12

FARBVERBESSERTE FOTOS | 155

Abbildung 6-13

Abbildung 6-14

Abbildung 6-15

Abbildung 6-16

Farbe

Wenn Sie auf *Farbe* klicken, erhalten Sie die Optionen, wie in *Abb. 6-13* zu sehen. Wählen Sie in diesem Fall zuerst die Farbe, an der Sie arbeiten wollen, und stellen Sie dafür dann *Farbton*, *Sättigung* und *Luminanz* ein. Wieder können Sie auch auf *Alle* klicken.

Zielkorrektur-Werkzeug

Klicken Sie im *HSL*-Modus (nicht im Modus *Farbe*) auf das Zielkorrektur-Werkzeug oben links im Bedienfeld. *Abb. 6-14* Stellen Sie nun den Cursor über eine Farbe im Vorschaubild, die Sie ändern wollen. Klicken Sie und ziehen Sie die Maus nach oben oder unten oder drücken Sie die Pfeiltasten, um die generelle Einstellung vorzunehmen.

Farbeinstellungen ausschalten

Sie können die Wirkung der Einstellungen im Bedienfeld *HSL* jederzeit ausschalten. Klicken Sie dazu auf das Schalter-Icon. *Abb. 6-15*

Beispiel Dach

Sehen wir uns einige Beispiele dazu an, wie Sie das *HSL*-Bedienfeld am besten einsetzen. Wir beginnen, indem wir die Farbe des Dachs dieser isländischen Kirche umfärben und dann *Sättigung* und *Luminanz* ändern. *Abb. 6-16* Ich verwende dazu das Zielkorrektur-Werkzeug, denn damit habe ich die beste Kontrolle. Natürlich können Sie auch mit den einzelnen Schiebereglern arbeiten. (In diesem Fall ist es nicht leicht, die Zielfarbe mit den einzelnen Reglern hinzubekommen.)

Farbton ändern

Um die Farbe des Dachs zu ändern, wähle ich das Zielkorrektur-Werkzeug und bewege den Cursor über die Farbe, die ich ändern möchte. Dann halte ich die Maustaste gedrückt, während ich den Cursor nach unten oder oben verschiebe. Ich halte an, wenn mir die Farbe gefällt. Beim Bewegen des Werkzeugs sind die Farbänderungen auch an den Reglern im *HSL*-Bedienfeld zu sehen. *Abb. 6-17* (Die meisten Bereiche enthalten eine Mischung aus Farben, meist mehr, als ein Regler bewegen kann.) Sie können die Farben auch direkt mit den Reglern anpassen, aber dazu müssen Sie vorher wissen, welche Farbe Sie ändern wollen. Sie wissen ja, dass das alles globale Änderungen sind, und in diesem Beispiel ändert sich dann nicht nur das Dach, sondern alle Rottöne im Bild.

Abbildung 6-17

Sättigung anpassen

Um die Sättigung der Farben im Dach zu ändern, klicke ich auf den *Sättigung*-Regler im *HSL*-Feld. Ich bewege das Zielkorrektur-Werkzeug direkt auf das Dach und ziehe nach oben und unten. Im Bedienfeld reflektieren der *Rot*- und der *Orange*-Regler diese Bewegungen. *Abb. 6-18*

Abbildung 6-18

Luminanz anpassen

Um die Luminanz zu ändern, klicke ich im *HSL*-Feld auf *Luminanz*. Mit dem Zielkorrektur-Werkzeug klicke ich und ziehe nach oben und unten. Die Änderungen spiegeln sich erneut in den *Rot*- und *Orange*-Reglern wider, indem sich diese Farben verändern. Auch die anderen Rot- und Orangetöne im Bild ändern sich. *Abb. 6-19*

Abbildung 6-19

Einen dramatischen Himmel erzeugen

Hier sehen Sie eine Kombination aus angepasster Sättigung und Luminanz. Wieder verwende ich das Zielkorrektur-Werkzeug, um aus diesem normalen einen dramatischen Himmel zu machen. *Abb. 6-20*

Abbildung 6-20

Zuerst klicke ich im Bedienfeld *HSL* auf *Sättigung*. (Klicken Sie auf das Zielkorrektur-Werkzeug oben links.) Dann stelle ich das Werkzeug über den blauen Himmel (eingekreist). Durch Ziehen nach oben entsteht ein starkes Kobaltblau. *Abb. 6-21*

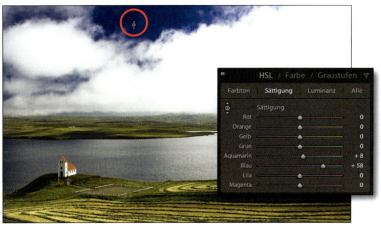
Abbildung 6-21

Dann klicke ich im Bedienfeld *HSL* auf *Luminanz*. Wieder bewege ich das Werkzeug in den blauen Himmel und ziehe nach unten. Dadurch wird der blaue Himmel abgedunkelt und hebt sich noch stärker von den weißen Wolken ab. *Abb. 6-22*

Abbildung 6-22

> *HINWEIS: Werfen Sie einen Blick in die Werkzeugleiste, wenn das Zielkorrektur-Werkzeug aktiv ist. Das HSL-Modul ist auch hier zu sehen. Im Pop-up-Menü neben dem Text können Sie den Farbmodus ändern. Auch eine RGB-Anzeige der ausgewählten Farben finden Sie hier.*

Strandbräune

Ich benutze hier das Bedienfeld *HSL/Farbe* dazu, feine Änderungen an der Hautfarbe in diesem Gesicht vorzunehmen, ohne dabei die Zähne oder die Lippen zu verändern. In der Haarfarbe werden Sie eine leichte Veränderung feststellen, denn manche Töne der Haut sind auch da vertreten.

Das Vorher-Bild sehen Sie nebenstehend.
Abb. 6-23

Abbildung 6-23

Und hier sehen Sie das Nachher-Bild, dazu das *HSL*-Bedienfeld mit den entsprechenden Verschiebungen in *Orange* und *Rot*.
Abb. 6-24.

Wieder setzte ich das Zielkorrektur-Werkzeug ein, platzierte es direkt auf dem Gesicht, klickte und zog den Cursor nach oben, um diese leichte Sonnenbräune zu erreichen.

> **TIPP:** *Aus einem anderen Modul gelangen Sie mit der Tastenkombination ⌘+3 (Strg+3) schnell zum HSL-Bedienfeld.*

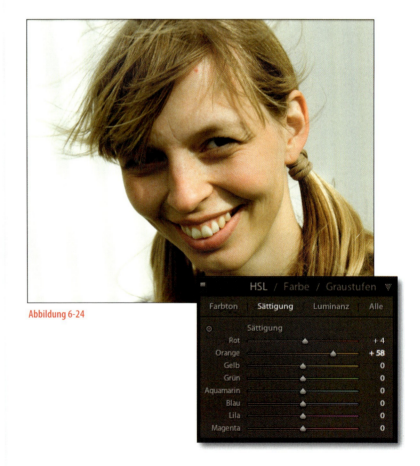

Abbildung 6-24

Einzelne Farben regeln

Das Zielkorrektur-Werkzeug wählt den Farbbereich unter dem Cursor aus. Manchmal möchte man jedoch eine bestimmte Farbe auswählen, und dann ist die *Farbe*-Option hilfreich.

Dieses Foto von Richard Morgenstein eines Gewächshauses auf Island ist ein gutes Beispiel, um zu zeigen, was ich meine. *Abb. 6-25*

Abbildung 6-25

Wenn ich das Werkzeug über die grüne Reihe stelle und die Sättigung erhöhe, ziele ich sowohl auf die Gelb- als auch auf die Grüntöne ab und erhöhe damit die Sättigung in Bereichen, die ich nicht ändern wollte. Zum Beispiel wird die Gelbsättigung der Pflanze im Vordergrund erhöht. *Abb. 6-26*

Abbildung 6-26

Im Modus *Farbe* wähle ich das grüne Farbfeld und verstärke nur die Sättigung dieser einen Farbe. Nun sind lediglich die Grüntöne betroffen, und ich habe, was ich wollte: ein Bild, das dem Original ähnlich ist, aber stärkere Grüntöne besitzt. *Abb. 6-27*

Abbildung 6-27

Das Bedienfeld Teiltonung

Das Bedienfeld *Teiltonung* wird auch oft als Schwarz-Weiß-Steuerung oder FX-Werkzeug bezeichnet, wie Sie im nächsten Kapitel sehen werden. Es kann aber Farben auch sehr fein korrigieren und ein angenehmeres Bild erzeugen. Schauen Sie zu, wie das geht.

Hier ist eine Aufnahme von John Isaac, er hat Russell Brown (Adobe) fotografiert, als er von einer Rolle Killerklopapier attackiert wurde. *Abb. 6-28* Das Pipette-Werkzeug teilt uns mit, dass die Riesenrolle ziemlich viel Blau enthält. (Stellen Sie den Cursor über einen Bereich, den Sie messen wollen. Eine RGB-Prozentanzeige erscheint in der Werkzeugleiste.) Der blaue Farbstich stammt von dem sich darin reflektierenden Himmel. (Farbverschiebungen wie diese sind auch bei Schneefotos recht häufig. Richtig weißer Schnee wird schnell blau, wenn er den Himmel reflektiert.)

Wenn wir das Blau mit HSL entfernen, verschwinden alle Blautöne aus dem Bild – keine gute Idee. Deshalb arbeiten wir nur an den Blautönen in den Lichtern und hellen Bereichen des Bildes. Dazu nutzen wir das *Teiltonung*-Bedienfeld.

Abbildung 6-28

Mit Teiltonung Farbstich aus Lichtern entfernen

Teiltonung gibt Ihnen eine spezielle Kontrolle über die Lichter und die Tiefen. Ich beobachte die Änderungen gern in der Vergleichsansicht. Klicken Sie dazu auf das Vorher-/Nachher-Icon in der Werkzeugleiste. *Abb. 6-29*

Zuerst werden Sie feststellen, dass der *Farbton*-Regler das Bild nur dann beeinflusst, wenn Sie gleichzeitig auf den Regler Option-/Alt-klicken oder die

Abbildung 6-29

FARBVERBESSERTE FOTOS | 161

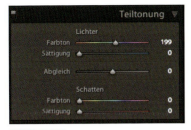
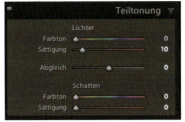

Abbildung 6-30

Sättigung erhöhen. *Abb. 6-30* Option-/Alt-Klicken erzeugt eine Vorschau, als wäre die Sättigung auf 100% eingestellt. Für einfache Arbeiten wie diese lasse ich die Sättigung von Tiefen oder Lichtern bei ca. 10% stehen. Dann verschiebe ich den *Farbton*-Regler für *Tiefen* oder *Lichter* und beobachte die Veränderungen.

Abbildung 6-31

Während ich den *Farbton*-Regler verschiebe, beobachte ich die Auswirkung auf mein Bild. Ich verlasse mich dabei auf meine Augen. Kurz bevor ich den Farbton entfernt habe, stoppe ich den Regler und stelle meinen Cursor über den Bereich des Bildes, den ich aufnehmen möchte. Dabei beobachte ich die RGB-Werte in der Werkzeugleiste. In diesem Beispiel sind – aufgrund der Vergleichsansicht – die Vorher-/Nachher-Werte zu sehen. *Abb. 6-31* Ein Farbton von 54 verbunden mit einer Sättigung von 10 verringerte das Blau ausreichend, um den Blaustich aus den Lichtern im Heuballen zu entfernen. Der Rest des Bildes – ausgenommen die Wolken, die ebenfalls Lichter sind – bleibt unberührt.

Der Abgleich-Regler

Mit dem *Abgleich*-Regler könnte ich die Einstellungen der Teiltonung verfeinern. Indem ich den *Lichter*-Regler auf +100 verschiebe, wird der Effekt aus den Lichtern auf die Mitteltöne und Tiefen ausgeweitet. *Abb. 6-32* Bei –100 ist der Effekt fast ganz verschwunden. In diesem Beispiel war der Abgleich nicht nötig, aber wenn Sie sowohl Regler in den Lichtern als auch den Tiefen verwenden, erhalten Sie dadurch eine bessere Kontrolle über beide. (Mehr zur Teiltonung bei Schwarz-Weiß-Bildern in Kapitel 7.)

Abbildung 6-32

Kamerakalibrierung

Lightroom verwendet zum Darstellen eines Bildes bestimmte von Adobe erzeugte Kameraprofile. Im Bedienfeld Kamerakalibrierung passen Sie diese Profile an das Aussehen Ihrer Bilder an. Sie können Profile als Vorgaben speichern und jederzeit anwenden oder automatisch für jede Kamera anwenden lassen.

Zum Kalibrieren können Sie jedes Bild verwenden, aber ein Bild mit Farbkarte, unter Normlicht aufgenommen, erzeugt verlässlichere Ergebnisse. *Abb. 6-33*

TIPP: Das Tastenkürzel ⌘+7 (Strg+7) bringt Sie direkt zum Bedienfeld Kamerakalibrierung im Entwickeln-Modul.

Abbildung 6-33

Die Kalibrierung

Öffnen Sie im Entwickeln-Modul ein Foto, während das Bedienfeld *Kamerakalibrierung* aktiv ist. Wählen Sie ein Profil aus dem Pop-up-Menü aus. *Abb. 6-34* ACR (Adobe Camera Raw, Photoshops RAW-Konverter, der die gleichen Profile wie Lightroom verwendet) öffnet sich.

ACR 3.0 oder höher enthält die neuen und verbesserte Kameraprofile. Oft ist ACR 2.4 aufgeführt, was bedeutet, dass Ihre Kamera das aktuellere Profil nicht benötigt. Sind sowohl 2.4- als auch höhere Profile aufgelistet, können Sie wählen. Adobe empfiehlt, 2.4 zu nutzen, um bei älteren Fotos konsistent arbeiten zu können. Liegt ein Bild im Format TIFF, JPEG, PSD oder DNG vor und nicht in RAW, erscheint *Eingebettet* in der Liste.

Erzeugen Sie mit den Reglern den gewünschten Look. Verschieben Sie zuerst die *Schatten*-Regler, um Grün- oder Magentastiche in den Tiefen zu beseitigen. Verschieben Sie dann *Primärwerte Rot*,

Abbildung 6-34

Abbildung 6-35

Primärwerte Grün oder *Primärwerte Blau*, um diese Farben zu verfeinern. *Abb. 6-35* Beginnen Sie mit dem *Tönung*-Regler (ändert die Farbe), stellen Sie dann die *Sättigung* ein.

Überprüfen Sie die Einstellungen visuell oder mit dem Farbaufnehmer. Die Vorher-/Nachher-Ansicht ist hier hilfreich. Speichern Sie die Einstellungen dann als Vorgabe.

Als Benutzervorgabe speichern

Speichern Sie diese Einstellungen, um sie wiederzuverwenden. Klicken Sie dazu auf + im Bedienfeld *Vorgaben*. *Abb. 6-36* Der gezeigte Dialog erscheint.

Sie möchten wahrscheinlich nur die Kalibrierungseinstellungen speichern, also einen Startpunkt, um das Bild individuell zu korrigieren. Wenn Sie fertig sind, klicken Sie auf *Erstellen*. Die Vorgabe ist nun unter *Benutzervorgaben* und beim Import zu sehen, bei dem Sie sie auf einen Bilderstapel anwenden können.

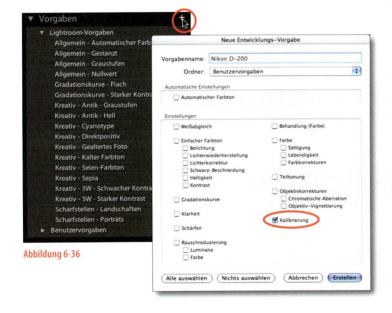

Abbildung 6-36

Standardentwicklungseinstellungen

Sie können auch eigene Kalibrierungen vornehmen, indem Sie eine Standardeinstellung erzeugen, die auf Dateien von einer bestimmten Kamera automatisch angewendet wird. Wählen Sie dazu *Entwickeln→Standardeinstellungen festlegen*. Klicken Sie im Dialog auf den *Aktualisieren*-Button. *Abb. 6-37*

> **HINWEIS:** *In Kapitel 8 erfahren Sie, wie Angela Drury mit der Kamerakalibrierung interessante Schwarz-Weiß-Effekte erzeugt.*

Abbildung 6-37

Maggie Hallahan

Nein, Maggie hat sich nicht darauf verlassen, dass irgendeine Schönheit durch die isländische Landschaft spaziert. Mit erstaunlichem Weitblick kontaktierte sie vor unserer Ankunft eine Modellagentur in Reykjavík und arrangierte alles. Für dieses Foto verwendete Maggie die Farbeinstellungen von Lightroom und fügte an den Kanten eine Vignette hinzu. Ihre Technik wird in Kapitel 8 genauer erklärt.

KAPITEL SIEBEN

Schwarz-Weiß und Spezialeffekte

Manche Bilder werden erstellt, um sie sich in Schwarz-Weiß anzuschauen. Lightroom ermöglicht nicht nur eine schnelle Umwandlung eines Farbbildes in ein Graustufenbild, sondern steuert auch die Konvertierung der einzelnen Farben. Die Ergebnisse entsprechen etwa dem, was Sie bei Verwendung unterschiedlich gefärbter Filter bei panchromatischem Schwarz-Weiß-Film erhalten. Sie können dramatischen Himmel oder brillantes Laub und vieles mehr herstellen. Es liegt ganz bei Ihnen. Wie Sie in diesem Kapitel lernen werden, ist es mit den Reglern des Entwickeln-Moduls in Lightroom einfach, aufregende Spezialeffekte zu erzielen.

In diesem Kapitel

In Schwarz-Weiß umwandeln – aber wann?

Einfache Schwarz-Weiß-Konvertierung

Mehr Kontrolle mit Graustufen-Kanalanpassung

Eine farbige Tönung hinzufügen

Mit Teiltonung den Anschein von Cross-Processing erreichen

Mit Spezialeffekten alle Grenzen sprengen

In Schwarz-Weiß umwandeln – aber wann?

Nicht alle Farbbilder eignen sich für eine Umwandlung in Schwarz-Weiß. Ein konvertiertes Farbbild kann einfach langweilig aussehen, wenn es weder einen guten Aufbau noch einen fesselnden Inhalt hat. Auch wenn es nicht richtig umgewandelt wurde, kann das Bild leiden. Wir wollen uns anschauen, was in Schwarz-Weiß funktioniert, was nicht und wieso.

Manche Bilder funktionieren in Farbe genauso gut wie in Schwarz-Weiß. Nehmen Sie nur diese wunderbare Aufnahme von Derrick Story, die hier sowohl farbig als auch schwarz-weiß zu sehen ist. *Abb. 7-1* (Auf den nächsten Seiten finden Sie größere Vorher-/Nachher-Versionen.) Als Farbbild ist Derricks Aufnahme schon ziemlich gut. Mir gefällt, wie das rote Kleid durch die rote Blume ergänzt wird. Das Foto bleibt gut, wenn es mithilfe der Schwarz-Weiß-Steuerungen von Lightroom richtig umgewandelt wird. In mancherlei Hinsicht ist es meiner Meinung nach sogar besser. Aufbau und Dramatik werden ohne die Ablenkung durch die Farbe betont.

Abbildung 7-1

Funktioniert nicht

Und dann gibt es noch Bilder wie dieses hier von John Isaac, die in Farbe deutlich besser sind. *Abb. 7-2* Nach der Umwandlung in ein Schwarz-Weiß-Bild wird diese Aufnahme relativ banal. Farbe ist es, was das Bild zusammenhält. Dramatische Beleuchtung oder aufregende Komposition spielen kaum eine Rolle. Das offenbart sich, wenn die Farbe entfernt wird.

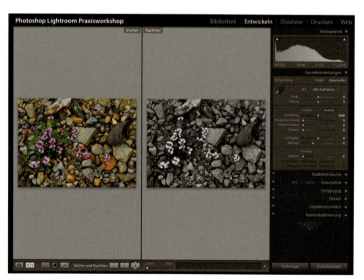

Abbildung 7-2

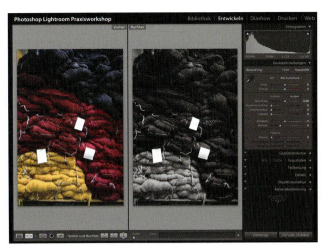

Abbildung 7-3

Abbildung 7-4

Abbildung 7-5

Funktioniert, aber mit Aufwand

Eine schlechte Umwandlung von Farbe in Schwarz-Weiß kann ebenfalls ein langweiliges Bild zur Folge haben. Nehmen Sie die Aufnahme von Maggie Hallahan in *Abb. 7-3*. Ich habe zum Umwandeln in ein Schwarz-Weiß-Bild im *Grundeinstellungen*-Bedienfeld des Entwickeln-Moduls auf *Graustufen* geklickt. Das funktioniert bei manchen Bildern, aber in diesem Fall scheinen sich alle Farbtöne zu ähneln, und das Bild wirkt flach. (Ich habe die Option *Beim Konvertieren in Graustufen automatische Graustufen-Kanalanpassung anwenden* in den Lightroom-Voreinstellungen aktiviert. Mehr dazu später.)

Im nächsten Beispiel habe ich die Graustufen-Kanalanpassung-Steuerungen aus dem Entwickeln-Modul benutzt. Indem ich kontrollierte, auf welche Weise die einzelnen Farben umgewandelt wurden, habe ich ein Bild erhalten, das sich anzuschauen lohnt. (Näheres erfahren Sie weiter unten.) *Abb. 7-4*

Einfach besser in Schwarz-Weiß

Und dann gibt es Bilder, die in Schwarz-Weiß einfach besser aussehen. Diese Aufnahme von Jóhann Guðbjargarson ist ein gutes Beispiel dafür. *Abb. 7-5* (Größere Versionen finden Sie auf den folgenden Seiten.) In diesem Fall trägt die Farbe nicht viel zum Bild bei – wenn überhaupt. Nehmen Sie die Farbe weg, und das Bild wird stimmungsvoll, zeitlos und – wie ich finde – einprägsam.

Derrick Storys Foto ist in Farbe wunderschön ...

... und wirkt auch in Schwarz-Weiß ganz toll.

Jóhann Guðbjargarsons Foto sieht in Farbe ganz gut aus ...

... ist aber in Schwarz-Weiß viel schöner.

Einfache Schwarz-Weiß-Konvertierung

In Lightroom ist die Schwarz-Weiß-Umwandlung so einfach oder kompliziert, wie Sie wollen. Wir beginnen mit den grundlegenden Schritten bei der Umwandlung eines RGB-Farbbildes in Schwarz-Weiß. (Im nächsten Schritt wenden wir uns Lightrooms professioneller Graustufen-Kanalanpassung zu.)

Sie können in irgendeinem Lightroom-Modul (mit Ausnahme des Web-Moduls) ein oder mehrere Farbbilder ganz einfach in Schwarz-Weiß umwandeln. Verwenden Sie dazu eine der vorhandenen Vorgaben.

Umwandlung mit dem Kontextmenü

Rechtsklicken Sie auf die Bildvorschau (außer im Web-Modul). Im sich öffnenden Kontextmenü können Sie *In Graustufen umwandeln* aus dem Untermenü *Entwicklungseinstellungen* wählen. Sind Sie mit dem Ergebnis bereits zufrieden, war's das. Ansonsten bearbeiten Sie es im Entwickeln-Modul weiter. *Abb. 7-6* Das Kontextmenü gibt es auch im Filmstreifen. Achten Sie darauf, den Cursor über den Bildbereich und nicht über den Rahmen zu stellen.

Figure 7-6

In der Ad-hoc-Entwicklung konvertieren

Im Bibliothek-Modul nutzen Sie die Ad-hoc-Entwicklung für die Umwandlung in Schwarz-Weiß. Wählen Sie das Bild (oder die Bilder) in der Vorschau aus. Wählen Sie dann Graustufen aus dem Pop-up-Menü Behandlung. *Abb. 7-7*

> **HINWEIS:** *Mit V können Sie Bilder in Schwarz-Weiß umwandeln (nicht im Web-Modul). Drücken Sie erneut V, um das Bild wieder einzufärben. Die Graustufen-Kanalanpassung erledigt die Feinabstimmung.*

Figure 7-7

SCHWARZ-WEISS UND SPEZIALEFFEKTE | **175**

Umwandlung im Entwickeln-Modul

Sie können Bilder in den Bedienfeldern *Grundeinstellungen* oder *HSL / Farbe / Graustufen* konvertieren. *Abb. 7-8* Die Option *Graustufen* liefert jeweils die gleichen Ergebnisse. Beide Methoden führen zur Graustufen-Kanalanpassung für die ultimative Kontrolle. (Wenn Sie ein Bild mit dem Sättigung-Regler in den Grundeinstellungen entsättigen, ist die Graustufen-Kanalanpassung nutzlos, allerdings eignet sich das Bedienfeld *Kamerakalibrierung* zur Feinabstimmung.)

Abbildung 7-8

Unterschiede bei der Konvertierung

Sowohl die Vorgabe *Graustufen* als auch die Konvertierung in den Bedienfeldern *Grundeinstellungen* und *HSL / Farbe / Graustufen* erzeugt automatisch eine Graustufen-Kanalanpassung für ein bestimmtes Bild. *Abb. 7-9* und *7-10* Diese automatische Anpassung beachtet die Tatsache, dass das menschliche Auge Luminanzwerte entsprechend der Farbe unterschiedlich wahrnimmt. Zum Beispiel sehen wir Blau viel dunkler als Grün oder Rot, auch wenn alle die gleichen Helligkeitswerte aufweisen. Wenn Sie die Graustufen-Vorgabe verwenden, wird eine automatische Belichtung angewandt. *Antik Graustufen* und *Sepia* sind weitere Vorgaben zur Graustufenumwandlung in Lightroom. Sie verwenden Teiltönung.

Abbildung 7-9
Die Graustufen-Vorgabe stellt die Belichtung automatisch ein. In diesem Fall wurde das Bild insgesamt aufgehellt.

Abbildung 7-10
Die Graustufenkonvertierung aus den Grundeinstellungen setzt eine passende Graustufen-Kanalanpassung ein, ändert aber nicht die Belichtung.

HINWEIS: Deaktivieren Sie in den Voreinstellungen das Kontrollkästchen *Beim Konvertieren in Graustufen automatische Graustufen-Kanalanpassung vornehmen*, wenn Sie diesen Automatismus nicht wünschen.

Mehr Kontrolle mit Graustufen-Kanalanpassung

Lightrooms Graustufen-Kanalanpassung hat die digitale Schwarz-Weiß-Umwandlung revolutioniert. Seither habe ich verschiedene komplexere und zeitaufwendigere Techniken in den Ruhestand geschickt. Ich zeige Ihnen, wie und warum ich inzwischen ausschließlich Lightroom für die Schwarz-Weiß-Umwandlung einsetze.

Zunächst benötigen Sie ein Farbbild. Mit Blick auf die Qualität sollten Sie mit einer nativen RAW-Datei arbeiten, JPEG, TIFF oder PSD tun es aber auch – Hauptsache, sie sind farbig. *Abb. 7-11*

> **HINWEIS:** *Viele Digitalkameras bieten eine »Schwarz-Weiß«-Option. Die Graustufen-Kanalanpassung aus Lightroom beeinflusst solche Bilder nur, wenn sie im RAW-Format gespeichert werden, bei dem die Farbdaten immer verfügbar sind. Sie können von Kameras generierte Graustufen-JPEGs oder -TIFFs aber mit einer Vorgabe aus dem Entwickeln-Modul, den Farbtonreglern aus den Grundeinstellungen oder dem Bedienfeld Teiltonung »tönen«.*

Abbildung 7-11

Klicken Sie auf *Graustufen* im Bedienfeld *HSL / Farbe / Graustufen*. *Abb. 7-12* Ihr Bild wirkt ungesättigt. Das ist allerdings irreführend. Die zugrunde liegenden Farbdaten sind immer noch da, Sie können also mit den Graustufen-Kanalanpassungsreglern festlegen, wie die einzelnen Farben umgewandelt werden. Wenn Sie Ihr Bild als TIFF, JPEG oder PSD exportieren, werden – auch wenn es als RGB gespeichert ist – alle Farbdaten eliminiert. Exportieren Sie Ihr umgewandeltes Bild als DNG-Datei, bleiben die Farben erhalten und können in anderen Programmen, wie etwa Photoshop, zurückgeholt werden.

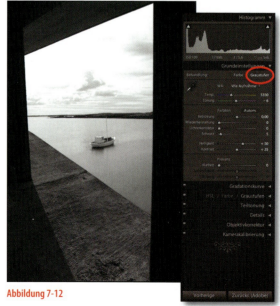

Abbildung 7-12

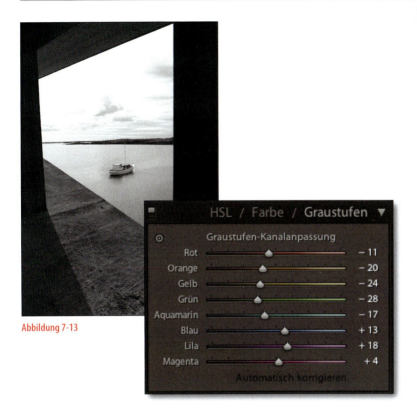

Abbildung 7-13

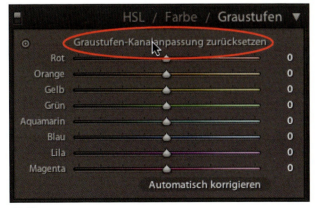

Abbildung 7-14

Wir können sehen, dass sich die Regler für die Graustufen-Kanalanpassung nicht alle gleich stark bewegt haben. *Abb. 7-13* Lightroom erzeugt automatisch einen angepassten Kanalmix (siehe Kasten weiter oben). Die Ergebnisse sind zwar oft ganz ordentlich, ich betrachte sie jedoch meist nur als Ausgangspunkt.

Oft möchte ich die Farbumwandlung anders interpretieren. Nehmen wir an, dass ich den blau-lila Himmel dunkler erscheinen lassen möchte. Es gibt verschiedene Möglichkeiten, speziell an dieser Farbe zu arbeiten.

> *HINWEIS: Vergleichen Sie die einfache Graustufenumwandlung in Lightroom mit anderen Programmen zur Bildbearbeitung. Sie werden von dem Unterschied überrascht sein. Lightroom führt seine Konvertierung im Lab-Farbraum bei 16 Bit pro Pixel anstatt in RGB mit 8 Bit pro Pixel aus. Banding-Effekte (deutlich sichtbare Streifen) werden dadurch vermieden, die Übergänge zwischen den Tonwerten erscheinen viel sanfter. (In Wikipedia gibt es einen guten Artikel über die technischen Vorzüge von Lab-Farbe.)*

Schwarz-Weiß-Einstellung mit dem Zielanpassungswerkzeug

Meine bei Weitem bevorzugte Methode für diese Art der Anpassung ist die mithilfe des Zielanpassungswerkzeugs. Ich beginne entweder mit den automatischen Werten, die standardmäßig erzeugt werden, oder ich drücke die Option-/Alt-Taste und wähle *Graustufen-Kanalanpassung* zurücksetzen, um von einem neutralen Punkt aus zu starten. *Abb. 7-14*

Ich wähle das Zielanpassungswerkzeug im Bedienfeld *HSL / Farbe / Graustufen*. Dann setze ich den Cursor auf den Bereich, auf dem ich arbeiten möchte (hier: der Himmel), und ziehe nach unten, um ihn abzudunkeln, oder nach oben, um ihn aufzuhellen. *Abb. 7-15*

Wenn Sie sich die Kanalanpassungsregler anschauen, erkennen Sie die Schönheit dieser Methode. Ich selbst war zwar nicht sicher, aus welchen Farben mein Himmel bestand (schließlich arbeite ich an einer Graustufenversion meines Bilds), das Werkzeug »wusste« es aber und bewegte entsprechend die Regler Blau, Lila, Magenta und – wenn auch nicht so stark – Aquamarin.

Auf diese Weise kann ich basierend auf den Farbwerten des Bildes mit dem Werkzeug verschiedene Bereiche des Fotos aufhellen oder abdunkeln.

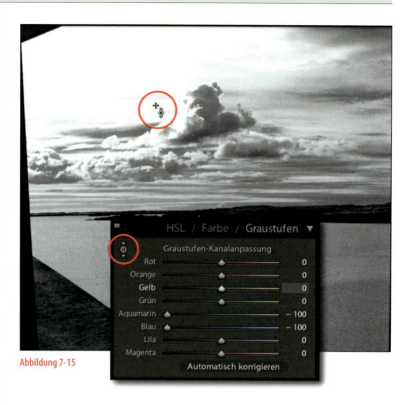

Abbildung 7-15

Vorher-/Nachher-Ansichten als Referenz

Es ist schwierig, mit den Reglern für die Graustufen-Kanalanpassung farbenweise zu arbeiten, es sei denn, Sie wissen, welche Farben sich wo befinden. Lassen Sie sich helfen: mit dem Vorher-/Nachher-Modus.

In diesem Beispiel habe ich die Regler Gelb, Grün, Blau, Lila und Magenta anhand der Farben in der Vorher-Ansicht bewegt. Meine Anpassungen sind in der Nachher-Ansicht sofort zu sehen (*Abb. 7-16*). (Um die Vorher-/Nachher-Ansicht zu aktivieren, klicken Sie auf das Icon in der Werkzeugleiste unter dem Vorschaufenster.)

Abbildung 7-16

SCHWARZ-WEISS UND SPEZIALEFFEKTE | 179

Abbildung 7-17

Virtuelle Kopien und Schnappschüsse anlegen

Eine virtuelle Kopie des Schwarz-Weiß-Bildes erzeugen Sie, indem Sie in einem der Module oder im Filmstreifen mit rechts auf ein Bild klicken und *Virtuelle Kopie anlegen* aus dem Kontextmenü wählen. *Abb. 7-17* Im Bibliothek-Modul können Sie Ihre Versionen stapeln. Lightroom dupliziert die Bilddatei nicht etwa, sondern erzeugt Anweisungen, die in der Lightroom-Datenbank gespeichert werden und nur wenig Platz auf der Festplatte wegnehmen. Im Entwickeln-Modul können Sie Ihre Einstellungen auch in einem Schnappschuss sichern. Klicken Sie auf das Pluszeichen im Bedienfeld *Schnappschüsse* und geben Sie Ihrem Schnappschuss einen Namen. Er bleibt in diesem Bedienfeld, bis Sie ihn durch einen Klick auf das Minuszeichen wieder löschen.

Abbildung 7-18
John McDermott verwendete für diese Aufnahme eine Canon EOS 5D und stellte sie auf Schwarz-Weiß ein. Das Bild wurde als RAW-Datei gespeichert. Beim Import nach Lightroom spiegelte die Vorschau kurz Johns Einstellungen wider.

Abbildung 7-19
Lightroom erzeugte automatisch eine eigene Vorschau, alle Schwarz-Weiß-Einstellungen der Kamera wurden ignoriert.

Vorsicht: Schwarz-Weiß-Einstellungen der Kamera ignoriert

Viele Digitalkameras (SLRs und einfache Digitalkameras) erlauben die Schwarz-Weiß-Umwandlung der Bilder in der Kamera. *Abb. 7-18* und *7-19* Falls Sie Lightroom einsetzen, verschwenden Sie Ihre Zeit nicht mit dem Herumfummeln an diesen oder anderen Kameraeffekten. Oft sind die Einstellungen verschlüsselt und können von Lightroom nicht gelesen werden. Beim Import in Lightroom erhalten Sie zwar scheinbar eine Miniaturvorschau mit den ursprünglichen Kameraeinstellungen, erzeugt Lightroom dann seine normale Vorschau, werden diese jedoch nicht angewandt.

Angela stieß in letzter Minute zum Adventure-Team. Sie arbeitet für Adobe, war aber nicht direkt an Lightroom als Produkt beteiligt. Sie wurde von Jennifer Stern, die den Adobe-Teil des Adventure organisiert (und aus ihrem Budget die Rechnungen bezahlt) hat, über die Lightroom-Beta informiert. Angela fragte Jennifer per E-Mail, ob sie an den Betatests teilnehmen könnte. Einige Wochen später lud Jennifer Angela zu diesem Adventure ein. Ich warf nur einen Blick auf Angelas atemberaubendes Online-Portfolio mit Blumen- und Naturaufnahmen und hieß sie herzlich an Bord willkommen. Die Lightroom-Tönungstechnik, die Angela bei diesem Foto verwendet hat, wird in Kapitel 8 erklärt.

Angela Drury

Eine farbige Tönung hinzufügen

Farbige Tönungen für Schwarz-Weiß-Fotos gibt es in der traditionellen Fotografie schon sehr lange. Ich habe früher meine Silberhalogenidabzüge mit Teebeuteln gefärbt! Und wer kann den Geruch der Chemikalien für die sepiafarbenen Abzüge vergessen? Glauben Sie mir, mit Lightroom geht das viel einfacher.

Wir beginnen mit der einfachsten Methode und wenden uns zunächst den in Lightroom enthaltenen Vorgaben zu. Mit ihnen kann man ein Farbbild oder ein Schwarz-Weiß-Foto farbig tönen. Am offensichtlichsten sind *Sepia* und *Antik-Graustufen*, weniger ins Auge springt ist *Cyanotype*. Sie finden diese Vorgaben im Kontextmenü, in der Ad-hoc-Entwicklung der Bibliothek und in den Vorgaben des Entwickeln-Moduls. Sie erhalten dort übrigens eine Vorschau auf die Vorgaben, wenn Sie mit dem Cursor über deren Namen fahren. Im *Navigator*-Bedienfeld spiegeln sich die Änderungen wider (ich habe hier den Cursor über die Vorgabe *Sepia* gestellt). *Abb. 7-20* Um die Vorgabe anzuwenden, klicken Sie auf ihren Namen.

Abbildung 7-20

Der Weißabgleich-Tönung-Regler

Der Weißabgleich-Tönung-Regler bietet eine weitere Möglichkeit, um ein Farbbild farbig zu tönen. Er befindet sich im Bedienfeld *Grundeinstellungen* des Entwickeln-Moduls. Schieben Sie den Tönung-Regler nach links, ändern sich die Farben in Richtung Grün, schieben Sie ihn nach rechts, ändern sie sich in Richtung Magenta. *Abb. 7-21* Bei manchen Bildern funktioniert das besser als andere Methoden – je nach den Farben des Bildes. Es geht überhaupt nicht, wenn Sie das Bild vollständig entsättigt oder es in Graustufen gewandelt haben.

Abbildung 7-21

SCHWARZ-WEISS UND SPEZIALEFFEKTE | **183**

Abbildung 7-22

Abbildung 7-23

Abbildung 7-24

Ein einziger Farbton mit Teiltonung

Mithilfe des Bedienfelds *Teiltonung* können Sie eine einheitliche Tönung für Ihr Bild erzeugen. (Im nächsten Abschnitt zeige ich Ihnen, wie Sie eine Teiltonung erzeugen, bei der die Tönung unterschiedlich auf die Schatten und die Lichter verteilt wird.)

Und so geht's:

1. Wandeln Sie Ihr Bild in den Bedienfeldern *Grundeinstellungen* oder *HSL / Farbe / Graustufen* in Graustufen. Stellen Sie die Graustufen-Kanalanpassung ein. (Sie können dies auch nach dem Tönen erledigen.) *Abb. 7-22*

2. Gehen Sie zum Bedienfeld *Teiltonung*.

3. Schieben Sie den *Abgleich*-Regler ganz nach rechts auf +100. *Abb. 7-23* (Damit wird die Tönung bei allen Tonwerten verändert, nicht nur bei den Lichtern oder den Schatten.)

4. Setzen Sie die *Sättigung* mit dem Regler auf die gewünschte Stärke.

5. Verschieben Sie den *Farbton*-Regler, bis Sie die gewünschte Tönung erreicht haben. Drücken Sie dabei die Option-/Alt-Taste, um eine Vorschau auf die Tönung zu sehen. Die Intensität der Tönung steuern Sie mit dem *Sättigung*-Regler. *Abb. 7-24*

HINWEIS: Auch mit dem Bedienfeld Kamerakalibrierung *können Sie ein Bild tönen, allerdings hat man kaum Kontrolle bei der Bedienung. Ich setze es daher im Allgemeinen nicht ein, wenn ich eine Tönung mit einer Farbe erstellen will.*

Maggie Hallahan

Ich kenne Maggie Hallahan beruflich und privat seit fast 20 Jahren. Sie sitzt nie still! Wenn sie nicht gerade fotografiert, leitet sie weltweit Paddeltouren für Frauen. Maggie war für das Engagieren und Organisieren der isländischen Models zuständig. Ich muss zugeben, als die Models das erste Mal auftauchten, war ich sauer. Viele der Fotografen ließen alles stehen und liegen und schlossen sich Maggie und ihrem Anhang an. Doch wenn ich jetzt die Fotos anschaue – vor allem dieses hier –, läuft es mir eiskalt den Rücken herunter. In Kapitel 8 erfahren Sie, wie Maggie solche High-Key-Bilder herstellt.

Mit Teiltonung den Anschein von Cross-Processing erreichen

Cross-Processing ist eine beliebte Technik in der Filmwelt, bei der Film mit Absicht falsch verarbeitet wird. Die Ergebnisse lassen sich nicht vorhersagen, zeigen aber oft interessante unnatürliche Farben und starken Kontrast. Sie können diese beliebte Technik mit Lightrooms Teiltonung-Reglern simulieren.

Beginnen wir mit dem Foto, das links zu sehen ist. Ich wandle es in Graustufen um (rechts) und spiele mit dem Bedienfeld *Teiltonung*, bis ich den gewünschten Cross-Processing-Effekt erzielt habe. *Abb. 7-25* Dem Ganzen liegt folgende Theorie zugrunde: Sie können den Farbton und dessen Sättigung für die Lichterbereiche eines Bildes getrennt von denen für die Schattenbereiche steuern. Der *Abgleich*-Regler in der Mitte ist für die Reichweite der einzelnen Regler zuständig. Sie werden ihn nach einigen Beispielen besser verstehen.

Abbildung 7-25

Die richtige Einstellung

Zuerst werde ich Ihnen zeigen, wie ich das gewünschte Cross-Processing einstelle. Anschließend gehe ich ins Extreme, um Ihnen zu demonstrieren, wie der Abgleich-Regler funktioniert.

Gehen Sie für *Abb. 7-26* so vor:

1. Ich habe den Lichter-Farbton geändert, bis ich den Aquamarin-Ton in den Pferden und den Wolken (in den Lichtern) hatte. Wenn Sie beim Einstellen des Reglers die Option-/Alt-Taste halten, können Sie die Tönung leichter ermitteln.

2. Ich habe den Schatten-Farbton geändert, bis ich den Magenta-Ton in den Bergen und dem Boden hatte.

3. Die Sättigungswerte für die Lichter und die Schatten habe ich auf die gewünschte Stufe erhöht.

Abbildung 7-26

SCHWARZ-WEISS UND SPEZIALEFFEKTE | **187**

Ins Extreme gehen

Damit Sie sehen können, wie der *Abgleich*-Regler funktioniert, erhöhe ich meinen Abgleich auf *+100*. *Abb. 7-27* Der Aquamarin-Ton, der sonst nur in den Lichter-Bereichen zu finden war, hat sich in die Schatten »ausgebreitet«. Wenn ich den Regler wieder in Richtung der negativen Werte ziehe, wird der Aquamarin-Ton in den Schattenbereichen immer weniger wirksam.

Abbildung 7-27

Abbildung 7-28

Hier habe ich den *Abgleich*-Regler in die andere Richtung, auf *–100*, gezogen. *Abb. 7-28* Wie Sie sehen, hat sich das Magenta aus den Schatten-Bereichen in die Lichter »ausgebreitet«. Auch hier zieht sich das Magenta aus den Lichtern zurück, wenn ich den Regler wieder in Richtung der positiven Werte ziehe.

Mit Spezialeffekten alle Grenzen sprengen

Mit den Reglern des Entwickeln-Moduls aus Lightroom können Sie stimmige, realistische Fotos erzeugen. Sie können aber auch alle Barrieren sprengen und mit nur einem Zug an einem Regler wilde, unrealistische Effekte schaffen. Die Möglichkeiten sind schier grenzenlos.

Beginnen wir oben im Entwickeln-Modul und arbeiten wir uns durch die Bedienfelder nach unten, um festzustellen, welche Regler sich für die Herstellung von Spezialeffekten eignen. (Im nächsten Kapitel wenden wir uns speziellen Rezepten anderer Fotografen zu, die in ihren Arbeiten ebenfalls interessante Spezialeffekte erzeugen.)

Effekte durch geänderten Weißabgleich

Wenn Sie Ihre Bilder als RAW-Dateien speichern, können Sie durch einfaches Ändern des Weißabgleichs im Bedienfeld *Grundeinstellungen* des Entwickeln-Moduls unerwartete und oft interessante Ergebnisse erzielen. Mehr war nicht nötig, um den Effekt zu erzeugen, der im Nachher-Teil von *Abb. 7-29* zu sehen ist. Ich habe alle Einstellungen ausprobiert, mich dann aber für *Wolframlampenlicht* entschieden.

Abbildung 7-29

Schwarz-Werte und Lichterkorrektur maximieren

Eine weitere einfache und garantiert erfolgreiche Methode, um Spezialeffekte zu erzeugen, besteht darin, die Regler *Lichterkorrektur* und *Schwarz* in den Grundeinstellungen auf 100 zu ziehen. Die Wirkung sehen Sie in *Abb. 7-30*.

Abbildung 7-30

SCHWARZ-WEISS UND SPEZIALEFFEKTE | 189

Abbildung 7-31

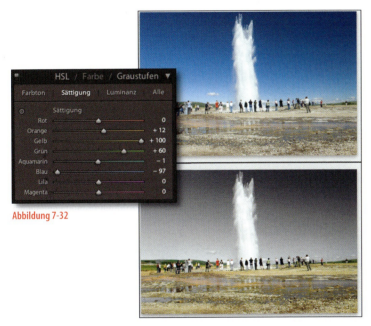

Abbildung 7-32

Abbildung 7-33

Sättigung und Lebendigkeit benutzen

Die Regler *Sättigung* und *Lebendigkeit* im Abschnitt *Präsenz* der Grundeinstellungen verstärken die Farbsättigung, allerdings auf jeweils unterschiedliche Weise. (Ich habe die praktische Anwendung beider Regler im vorherigen Kapitel besprochen.) Wenn Sie in einem Farbbild beide Regler auf ihren entsprechenden Maximalwert stellen, erzeugen Sie zweifellos einen interessanten – und manchmal ansprechenden – Effekt. *Abb. 7-31*

Selektiv Farben (und mehr) entsättigen

Sie erzielen sehr leicht Spezialeffekte, indem Sie Farben selektiv entsättigen. Auf diese Weise habe ich die Aufnahme erzeugt, die Sie auf der nächsten Seite sehen. Ich verwendete für dieses Beispiel eine Kombination aus Steuerungen des Entwickeln-Moduls, einschließlich *HSL/Sättigung* und *Teiltonung*.

Hier die durchgeführten Schritte:

1. Belichtung eingestellt. In diesem Fall verschob ich nur den *Schwarz*-Regler in den Grundeinstellungen, um den Kontrast in dem Foto zu verstärken.

2. Bedienfeld *HSL* ausgewählt. Mit dem Zielanpassungswerkzeug entsättigte ich den blauen Himmel. Außerdem verstärkte ich die Sättigung der Vordergrundfarben. *Abb. 7-32*

3. Bedienfeld *Teiltonung* ausgewählt. Zuerst stellte ich den *Lichter-Sättigung*-Regler auf 30 und dann den *Farbton*-Regler auf 134. Das gesamte Bild wurde dadurch leicht aquamarin getönt, vor allem in den Lichtern (Wasserstrahl). *Abb. 7-33*

4. Das Aquamarin verteilte sich jedoch über die Lichter hinaus, sodass ich den *Abgleich*-Regler im Bedienfeld *Teiltonung* auf *−40* stellen musste, damit die Tönung sich nur auf die hellsten Lichter auswirkte. Das fertige Bild sehen Sie hier.

HINWEIS: Im nächsten Kapitel werden Sie erfahren, wie Angela Drury das Bedienfeld Kamerakalibrierung für einige ihrer Spezialeffekte einsetzt. Ich möchte hier noch nichts verraten, außer dass ich die Bedienung dieser Steuerungen viel schwieriger und die Ergebnisse viel schlechter vorhersagbar finde. Ich spreche die Kamerakalibrierung deshalb an, weil ich weiß, dass viele von Ihnen mit der Kamerakalibrierung aus Adobe Camera Raw vertraut sind, die im Prinzip genau so funktioniert wie die Lightroom-Steuerungen. Vermutlich haben Sie sich an deren Benutzung gewöhnt und wollen sie deshalb auch in Lightroom einsetzen.

KAPITEL ACHT

Entwicklungsrezepte aus Island

Wie Sie in den vorangegangenen Kapiteln gelernt haben, ist es mithilfe des Entwickeln-Moduls und der Farbtonsteuerungen von Lightroom ganz einfach, Ihren Bildern ein individuelles Aussehen zu verpassen. Einige Teilnehmer unserer Island-Expedition haben nämlich nichts anderes getan. Wir wollen uns anschauen, was herausgekommen ist, welche Entwicklungseinstellungen sie verwendet haben und wie Sie deren Rezepte bei Ihren eigenen Bildern ausprobieren können.

In diesem Kapitel

Michael Reichmanns Rezept:
Kontrolliertes Umfärben

Richard Morgensteins Rezept: Lichtmischen

Angela Drurys Rezept Nr. 1: Dramatik

Angela Drurys Rezept Nr. 2: Der Cibachrome-Look

Angela Drurys Rezept Nr. 3: Antik-Look

Maggie Hallahans Rezept: High-Key-Bilder

Martin Sundbergs Rezept: Der Velvia-Look

Jóhann Guðbjargarsons Rezept: Der Bergman-Look

Mikkel Aalands Rezept: Oz-Farben

Michael Reichmanns Rezept: Kontrolliertes Umfärben

Leser von Michael Reichmanns unwahrscheinlich erfolgreicher Website The Luminous Landscape (*luminous-landscape.com*) wissen, was Michael von den Lightroom-Reglern zur Graustufen-Kanalanpassung und zur Teiltonung hält. Er liebt sie! Er hat eine Färbemethode weiterentwickelt, mit der man – vor allem bei hochwertigen Ausdrucken – großartige Ergebnisse erzielt.

Michaels Originalaufnahme für dieses Beispiel ist eine wunderschöne, farbige Landschaft auf Island. *Abb. 8-1* Nachdem er die Farbversion in Schwarz-Weiß umgewandelt und darauf eine Teiltonung angewandt hat, ist das Ergebnis wahrhaft atemberaubend.

Abbildung 8-1

Michael geht folgendermaßen vor, um seinen kontrollierten Färbeeffekt zu erzielen:

1. Wählen Sie *Graustufen* aus dem Bedienfeld *HSL / Farbe / Graustufen*. Michael beginnt mit den automatischen Einstellungen der Graustufen-Kanalanpassung. *Abb. 8-2*

Abbildung 8-2

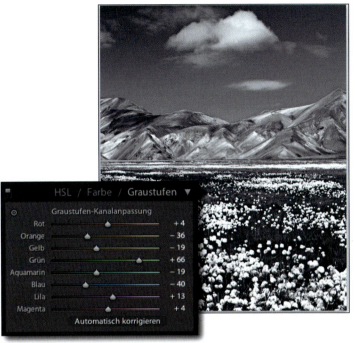

Abbildung 8-3

Abbildung 8-4

2. Regeln Sie die Graustufen-Kanalanpassung nach Geschmack. Michael hat den Himmel in diesem Bild mit dem *Blau*-Regler leicht abgedunkelt, den Kontrast in den Bergen mit dem *Orange*-Regler verstärkt und das Gras im Vordergrund mit dem *Grün*-Regler etwas aufgehellt. *Abb. 8-3*

3. Prüfen Sie nun, ob das Monochrombild gefärbt werden muss. Manchmal braucht ein Bild Farbe in den Lichtern, manchmal in den Schatten und manchmal in beiden Bereichen. Manchmal bleibt man auch einfach bei der monochromen Umwandlung.

Die Teiltonung-Regler verwenden

Michael nutzt folgenden Ansatz für die Teiltonung:

1. Der *Sättigung*-Regler wird auf 50 gestellt. Das ist übertrieben, allerdings wird so offenbar, welche Farbe es ist.

2. Mithilfe des *Farbton*-Reglers wird die Farbe für die Tonung gewählt. Michael empfiehlt warme Farbtöne für die Lichter und kalte für die Schatten.

3. Der *Sättigung*-Regler wird auf die gewünschte Stufe zurückgezogen. In diesem Fall stellte er *20* ein.

In *Abb. 8-4* sehen Sie Michaels endgültige Werte für das Bedienfeld *Teiltonung*.

Auf den folgenden Seiten finden Sie vergrößerte Versionen des Ausgangsbilds und der fertigen Fassung.

Michael Reichmann begann mit diesem Farbbild einer isländischen Landschaft.

Mithilfe von Lightrooms Graustufen-Kanalanpassung konvertierte Michael das Bild nach Schwarz-Weiß. Anschließend setzte er die Regler im Bedienfeld *Teiltonung* ein, um die Lichter wärmer und die Schatten kälter zu machen.

Richard Morgensteins Rezept: Lichtmischen

Für dieses Rezept verwendete Richard sowohl eine Aufnahme als auch eine Entwicklungskomponente. Am Ende erhält er ein unheimliches Aussehen, das besonders gut bei Landschaftsaufnahmen (wie der hier verwendeten) und bei Porträts funktioniert.

Für die passende Aufnahme sucht Richard nach einer Szene, die eine Mischung aus natürlichem und künstlichem Umgebungslicht enthält. Er setzt die Kamera auf ein Stativ und verwendet – im Fall dieser Aufnahme bei schwacher Beleuchtung – eine lange Belichtungszeit (20 Sekunden bei f/9), anstatt den ISO-Wert und die Empfindlichkeit der Kamera zu erhöhen. *Abb. 8-5*

Im Fall des hier gezeigten Beispiels erhält man ein Foto, gefüllt mit unnatürlichen Farben. Achten Sie vor allem auf den Baum im Foto. Er bekommt sein Licht vom Himmel – der im Sommer auf Island niemals völlig dunkel wird – *und* von den Quecksilberdampfstraßenlampen.

Nachdem Richard sein RAW-Foto in Lightroom und das Entwickeln-Modul importiert hat, geht er so vor:

1. Er wählt eine der Lichtquellen zur Korrektur aus. Richard hat hier beschlossen, die Straßenlampen zu korrigieren, indem er mit dem Weißabgleich-Werkzeug auf den Fußweg geklickt hat, und zwar auf den Bereich, der das meiste Licht von den Lampen abbekommt. *Abb. 8-6* (Drücken Sie W, um das Weißabgleich-Werkzeug zu aktivieren.)

Abbildung 8-5

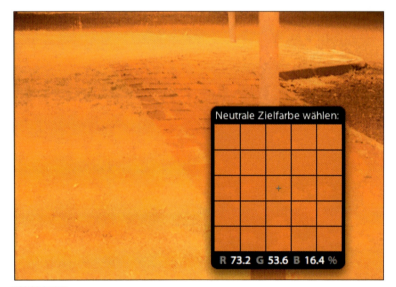

Abbildung 8-6

Abbildung 8-7

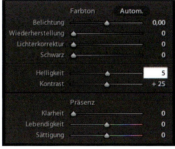

Abbildung 8-8

Abbildung 8-9

Die Farbkorrektur einer der Lichtquellen schickt die andere Lichtquelle in eine interessante und oft erfreuliche Richtung. *Abb. 8-7*

2. Er passt die Tonwerte an. Hier hat Richard das Schwarz auf +7 erhöht und die Helligkeit von +50 auf +5 verringert, um das Bild insgesamt abzudunkeln. *Abb. 8-8*

Klicken Sie schließlich auf *HSL* und passen Sie die Einstellungen für *Farbton*, *Sättigung* und *Luminanz* entsprechend Ihren Wünschen an. *Abb. 8-9* zeigt die von Richard verwendeten Werte.

(Auf den nächsten Seiten gibt es vergrößerte Vorher-/Nachher-Bilder.)

Andere Anwendungen für Richards Rezept

Wenden Sie Richards Rezept auf eine Person an, kann das Ergebnis schrecklich oder auch interessant sein – je nachdem, was Sie suchen. Bei einer Landschaft haben Sie viel mehr Spielraum für unnatürliche Farben. Außerdem wird ein breiteres Farbspektrum in Landschaftsbildern eher akzeptiert – vor allem bei Nachtaufnahmen.

Richard Morgenstein beginnt mit einer Aufnahme, die eine Mischung aus natürlichem und künstlichem Licht enthält ...

... und korrigiert dann den Weißabgleich für eine Lichtquelle, wodurch interessante Effekte für die andere Lichtquelle entstehen.

Angela Drurys Rezept Nr. 1: Dramatik

Angela ist die Rezeptmeisterin der Island-Expedition. Hier ist eines ihrer Lieblingsrezepte, mit dessen Hilfe Sie eines Ihrer eigenen Bilder dramatischer gestalten können. Zwei weitere Lieblingsrezepte von Angela folgen.

Zunächst ist das Original-Farbbild zu sehen. *Abb. 8-10* Das Gesicht des Models, das ohne Füllblitz fotografiert wurde, ist dunkel und weist kaum klare Farbtonunterschiede auf. Um ein aufregenderes Bild herzustellen, führt Angela im Entwickeln-Modul von Lightroom folgende Schritte aus:

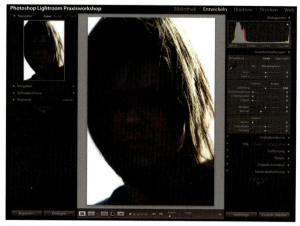

Abbildung 8-10

1. Setzen Sie zuerst den *Sättigung*-Regler in den Grundeinstellungen auf *–100*, wodurch alle Farben entfernt werden und ein flach aussehendes Bild entsteht. *Abb. 8-11* Wie Sie feststellen werden, verwendet Angela nicht die Graustufenkonvertierung aus den Grundeinstellungen, sondern bevorzugt das Bedienfeld *Kamerakalibrierung*, um Kontrast und Farbton einzustellen und ihrem Bild ein unverwechselbares Aussehen zu verleihen.

Abbildung 8-11

2. Bei Bedarf passen Sie die Belichtung im Bedienfeld *Grundeinstellungen* an. In diesem Beispiel hat Angela ein ansonsten dunkles Bild aufgehellt. *Abb. 8-12*

Abbildung 8-12

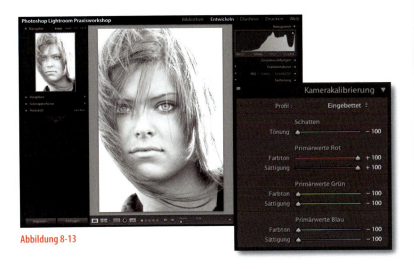

Abbildung 8-13

3. Im nächsten Schritt wendet Angela eine eigene Lightroom-Vorgabe an, die sie angelegt und *B&W Medium Contrast* genannt hat. Sie erzeugte diese Vorgabe mit den hier gezeigten Einstellungen des Bedienfelds *Kamerakalibrierung*. *Abb. 8-13*

Abbildung 8-14

4. Angela benutzte diese eigene Vorgabe als Ausgangspunkt. Sie bearbeitete die Hautfarbe und den Bildkontrast im Bedienfeld *Kamerakalibrierung* mit den Reglern *Schatten / Tönung* und *Primärwerte Blau / Sättigung*. *Abb. 8-14*

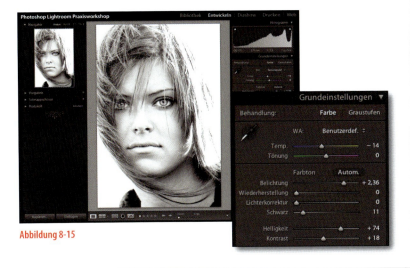

Abbildung 8-15

5. Wieder in den *Grundeinstellungen*, setzte Angela die Regler *Temp.*, *Schwarz*, *Helligkeit* und *Kontrast* ein, um den Gesamtkontrast weiter zu verstärken. *Abb. 8-15*

(Auf den folgenden Seiten finden Sie vergrößerte Vorher-/Nachher-Bilder.)

Angela Drury begann mit einem relativ flauen und wenig aufregenden Bild, das kaum Farbtonunterschiede aufwies ...

... doch nach dem Umwandeln des Bildes in Graustufen benutzte sie die Regler aus dem Bedienfeld *Kamerakalibrierung*, um diesen dramatischen Look zu erzeugen.

Angela Drurys Rezept Nr. 2: Der Cibachrome-Look

Dieses Rezept beginnt mit einer Lightroom-Standardvorgabe namens *Direktpositiv*. Angela treibt diese Vorgabe ein bisschen weiter, um einen traditionellen fotografischen Ausgabevorgang zu imitieren, der kommerziell als Cibachrome oder allgemein als Umkehrentwicklung bekannt ist. Ein vorher eher flaues Bild wirkt nun deutlich reichhaltiger.

Bei diesem Bild begann Angela mit einer Lightroom-Standardvorgabe namens *Direktpositiv*. *Abb. 8-16* Ihr gefielen zunächst die hell gesättigten Farben, die diese Vorgabe erzeugte, dennoch nahm sie kleinere Änderungen in den Bedienfeldern *Grundeinstellungen*, *HSL* und *Kamerakalibrierung* vor.

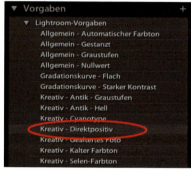

Abbildung 8-16

Hier das Vorgehen von Angela:

1. Sie wandte die Vorgabe *Direktpositiv* auf das Bild an. Diese erzeugte interessante Farbtöne, allerdings gab es zu viel Gelb, und außerdem lag über dem ganzen Bild ein leichter Grünstich. Darüber hinaus war es etwas zu dunkel. *Abb. 8-17*

Abbildung 8-17

2. Ändern Sie die unerwünschten Effekte im Bedienfeld *HSL*. Angela verringerte die Farbtonwerte *Grün* und *Gelb* und setzte die Sättigung mit den Reglern *Orange*, *Gelb* und *Aquamarin* herab, um sie gegenüber den Werten der Vorgabe abzuschwächen. *Abb. 8-18*

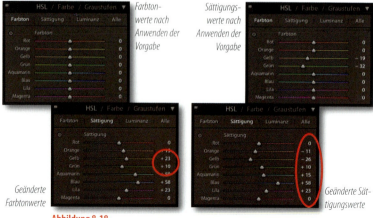

Abbildung 8-18

Abbildung 8-19

Abbildung 8-20

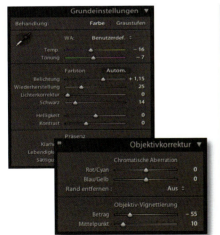

Abbildung 8-21

3. Um den leichten Grünstich zu vermindern, wurden im Bedienfeld *Kamerakalibrierung* die Regler *Primärwerte Grün / Farbton* auf –21 und *Primärwerte Grün / Sättigung* auf –63 gestellt. Die anderen Regler wurden so angepasst wie hier dargestellt. *Abb. 8-19*

4. Um den Kontrast im Himmel und in den Bergen zu verstärken, verringerte Angela im Bedienfeld *HSL* den *Luminanz*-Regler *Blau* von 0 auf –19, wodurch sie leicht abgedunkelt wurden. *Abb. 8-20*

5. Zuletzt führte sie folgende Anpassungen aus: *Abb. 8-21*

- Änderungen in den Grundeinstellungen, um die dunkleren Bereiche des Bildes aufzuhellen.

- Leichte Abdunklung der Kanten mithilfe der *Objekt-Vignettierung*-Regler.

- Leichte Aufhellung der Regler *Dunkle Farbtöne* und *Tiefen* im Bedienfeld *Gradationskurve*.

Auf den folgenden Seiten finden Sie vergrößerte Vorher-/Nachher-Bilder.

Angela beginnt mit einem ziemlich flauen Bild ...

... erzeugt dann aber mittels ihrer Cibachrome-Technik ein Bild mit lebhaften, stark gesättigten Farben sowie verstärkter Tiefe und Reichhaltigkeit.

Angela Drurys Rezept Nr. 3: Antik-Look

Wie Sie im vorangegangenen Kapitel gesehen haben, lässt sich das Umfärben auch leicht im Entwickeln-Modul mit dem Bedienfeld *Teiltonung* bewerkstelligen. Angela hat eine Färbetechnik entwickelt, die etwas komplizierter ist, aber ein unverwechselbares Ergebnis erzeugt.

Für das Bild in *Abb. 8-22* verwendete Angela diese Einstellungsmöglichkeiten aus dem Entwickeln-Modul: *Temperatur*, *Tönung* und *Sättigung* aus den *Grundeinstellungen*, *Kamerakalibrierung*, *Objektiv-Vignettierung* aus der *Objektivkorrektur* und *Farbtonregler* aus dem Bedienfeld *Gradationskurve*.

> **HINWEIS:** Mit dieser Grundformel erzeugte Angela in Kapitel 7 das dramatische Bild der zwei Pferde.

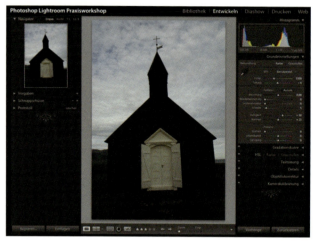

Abbildung 8-22

Angela ging folgendermaßen vor:

1. Stellen Sie im Bedienfeld *Grundeinstellungen* eine Temperatur ein (*12500*), die das Bild wärmer macht. Sie erhöht anschließend die Tönung ein wenig (*+19*), um zusätzlich zu der wärmeren Temperatur einen leichten Magenta-Stich zu erreichen. *Abb. 8-23*

Abbildung 8-23

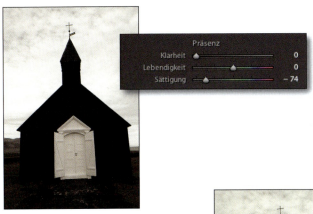

Abbildung 8-24

Abbildung 8-25

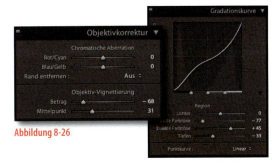

Abbildung 8-26

Abbildung 8-27

2. Reduzieren Sie die Sättigung stark. Angela verringert die *Sättigung* von *0* auf *–74*, um das Bild schwarz-weiß aussehen zu lassen. Sie hat das Bild nicht völlig entsättigt, weil sie für das Tönen im Bedienfeld *Kamerakalibrierung* noch etwas Farbe benötigte. *Abb. 8-24*

3. Erzeugen Sie mit den Reglern in der *Kamerakalibrierung* einen Sepia-Ton. Angela steuert die Stärke von Magenta im Bild mit dem *Tönung*-Regler, der die Intensität der Sepia-Färbung einstellt. Die Regler *Primärwerte Rot* verfeinern die Sepia-Färbung, die Regler *Primärwerte Blau* stellen den Rotgehalt und die Gesamthelligkeit des Bildes ein. *Abb. 8-25*

4. Verstärken Sie den Ausdruck im Himmel mit zwei Schritten. Zuerst setzt Angela *Objektiv-Vignettierung* aus dem Bedienfeld *Objektivkorrektur* ein. *Abb. 8-26, links* Dann stellt sie die Regler *Helle* und *Dunkle Farbtöne* in der *Gradationskurve* ein. *Abb. 8-26, rechts* Das Verringern der hellen Farbtöne erhöhte die Details in den Wolken, das Verstärken der dunklen Farbtöne hellte die Details in dem Gebäude auf. Eine kleine Änderung der Regler *Tiefen* und *Schwarz* erzeugte den richtigen Farbton in den dunkleren Bereichen des Bildes.

5. Schließlich benutzt sie *Überlagerung freistellen* aus der Werkzeugleiste, um die Perspektive des Gebäudes zu korrigieren. *Abb. 8-27*

Auf den folgenden Seiten können Sie vergrößerte Vorher-/Nachher-Versionen dieses Bildes sehen.

Dieses Foto von Angela Drury verbessert sich deutlich durch ...

... eine altmodisch anmutende Färbung.

Maggie Hallahans Rezept: High-Key-Bilder

Maggies Island-Fotos rufen oft Entzücken hervor – und nicht nur, weil die Models meist wunderschön sind. Maggie fügt vielen ihrer Bilder während der Bearbeitung in Lightroom eine persönliche Note hinzu. Die Bilder werden dadurch unverwechselbar und sind leicht als Maggies Arbeiten erkennbar.

Hier ist das farbige Originalbild. *Abb. 8-28* Maggie fotografiert häufig im Querformat, auch wenn sie die Bilder später auf eine vertikale Ausrichtung beschneidet. Aus jahrelanger Erfahrung weiß sie, dass Werbe- und Bildagenturen den freien Platz zu schätzen wissen, der auf diese Weise Platz für die Texte der Kunden lässt.

Abbildung 8-28

Mit dem folgenden Vorgehen erstellte Maggie die Aufnahme, die Sie auf der nächsten Seite sehen. Sie können die Einstellungen auf Ihr eigenes Bild anwenden – müssen dabei aber natürlich die individuellen Eigenschaften des Bildes beachten.

1. Ziehen Sie den Weißabgleichregler nach rechts und machen Sie dadurch das Bild wärmer. *Abb. 8-29*

Abbildung 8-29   Ausgangswerte Weißabgleich

Angepasste Weißabgleichwerte

2. Stellen Sie die Regler *Belichtung* und *Schwarz* ein. Hier hat sie das Bild mit einer Belichtung von *–0,34* leicht abgedunkelt. Durch einen Schwarz-Wert von *15* erhielt das Bild mehr Tiefe.

3. Verschieben Sie die *Lebendigkeit*- und *Sättigung*-Regler in entgegengesetzte Richtungen – die Lebendigkeit wird erhöht, während die Sättigung verringert wird. (Ich weiß, das klingt nicht sehr intuitiv, aber probieren Sie es. Es ruft einen sehr interessanten Effekt hervor!) *Abb. 8-30*

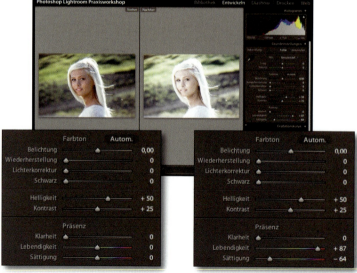

Abbildung 8-30   Ausgangswerte Weißabgleich

Angepasste Weißabgleichwerte

Abbildung 8-31

4. Wärmen Sie im Bedienfeld *Teiltonung* die Lichterbereiche leicht an. Maggie stellt den *Farbton*-Regler nach ganz links und die *Sättigung* auf 5. *Abb. 8-31*

Abbildung 8-32

Abbildung 8-33

5. Passen Sie die Tönung im Bedienfeld *Kamerakalibrierung* mit den Werten, die in *Abb. 8-32* gezeigt werden, weiter an:

- *Schatten*: +21,
- *Primärwerte Rot*: Farbton +100, Sättigung –66;
- *Primärwerte Grün*: Farbton +100, Sättigung –87;
- *Primärwerte Blau*: Farbton –6, Sättigung –11.

6. Dunkeln Sie die Kanten mithilfe des Reglers *Objektiv-Vignettierung* ab. *Abb. 8-33*

7. Beschneiden Sie das Bild mit dem Freistellungswerkzeug aus der Werkzeugleiste so, dass es hochkant ausgerichtet ist. *Abb. 8-34*

Auf den folgenden Seiten finden Sie vergrößerte Vorher-/Nachher-Bilder.

Abbildung 8-34

Maggie Hallahan beginnt mit diesem Bild im Querformat ...

... und erhält schließlich dieses bezaubernde High-Key-Bild im Hochformat.

Martin Sundbergs Rezept: Der Velvia-Look

Martin ist ein sehr direkter Typ, der seine Bilder nach der Aufnahme so wenig wie möglich bearbeitet. Dies ist ein außerordentlich einfaches Rezept, mit dessen Hilfe Martin lebendigere, intensivere Farben erzeugt. Er hat es sowohl bei dem Pferdebild in Kapitel 3 als auch bei diesem Beispiel eingesetzt.

Lightroom verleiht einem Bild auf der Grundlage seiner eigenen Farbinterpretation ein spezielles Aussehen. Wenn Sie ein RAW aufnehmen und einen RAW-Konverter benutzen, der nicht von Adobe stammt, erhalten Sie unterschiedliche Konvertierungen. Wenn Sie wie Martin denken, werden Sie das Aussehen und die Anmutung an Ihren persönlichen Geschmack anpassen wollen.

Martins Bilder werden durch einen seiner Lieblingsfilme inspiriert: Fuji Velvia, der aufgrund seines übersättigten Aussehens oft auch als »Disney-Chrome« bezeichnet wird.

Um diesen Velvia-Look herzustellen, hat Martin eine sehr einfache Lightroom-Vorgabe angelegt, die er auf alle Bilder beim Import anwendet. Sein Rezept ist sehr simpel.

Erhöhen Sie im *Grundeinstellungen*-Bedienfeld des Entwickeln-Moduls die *Sättigung* auf *+16*. Das ist schon alles. Sie sind fertig.

Abb. 8-35 zeigt das Ausgangsbild ohne Änderungen der Sättigung. Martin erhöht die *Sättigung* auf *+16* (*Abb. 8-36*), und erhält das Ergebnis, das auf der gegenüberliegenden Seite zu sehen ist.

Abbildung 8-35

Abbildung 8-36

Jóhann Guðbjargarsons Rezept: Der Bergman-Look

Jóhann, der aus Island stammt, erzeugt mit diesem Rezept eine Art Ingmar-Bergman-Look, sozusagen in dem düsteren Stil des schwedischen Regisseurs. Jóhann verwandelte eine verspielte, unbeschwerte Aufnahme in ein dunkleres, an eine Allegorie gemahnendes Bild. Ich habe Variationen seiner Einstellungen mit ähnlichen Ergebnissen auf einige meiner Bilder angewandt.

Als er mit der Arbeit an dem Bild aus *Abb. 8-37* begann, hatte Jóhann anfänglich vor, mit den Belichtungseinstellungen aus dem Bedienfeld *Grundeinstellungen* einige der Details im Himmel zurückzuholen. Bei der Arbeit an dem Bild merkte er jedoch, dass ihm der ausgewaschene Himmel gefiel, weil der das obere Pferd quasi einrahmte. Er ließ den Himmel so, wie er war.

Abbildung 8-37

Und so ging Jóhann vor. Am besten funktioniert es mit einem RAW-Bild. Wenn Sie dieses Vorgehen an einer Nicht-RAW-RGB-Datei ausprobieren, müssen Sie Schritt 1 ändern, da Sie nicht die gleiche Art von Weißabgleich nehmen wie Jóhann.

1. Setzen Sie zuerst in den Grundeinstellungen *Temp* auf *4700* und *Tönung* auf *+10*. *Abb. 8-38*

2. Setzen Sie *Helligkeit* auf *+9* und *Kontrast* auf *+89*.

3. Der nächste Schritt ist nicht intuitiv. Erhöhen Sie die *Lebendigkeit* auf *+86* und verringern Sie die *Sättigung* auf *−84*. (Auch Maggie Hallahan hat diesen Yin-Yang-Ansatz weiter oben in diesem Kapitel benutzt.)

Abbildung 8-38

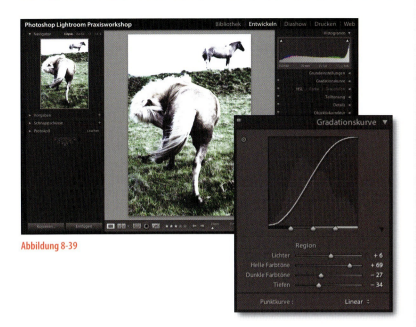

Abbildung 8-39

4. Setzen Sie im Bedienfeld *Gradationskurve* die *Lichter* auf +6, *Helle Farbtöne* auf +69, *Dunkle Farbtöne* auf −27 und die *Tiefen* auf −34. (Die genauen Werte hängen von Ihrem Bild ab.) *Abb. 8-39*

5. Führen Sie im Bedienfeld *HSL / Farbe / Graustufen* die letzten Anpassungen durch. *Abb. 8-40* Jóhann begann mit der Sättigung und stellte folgender Werte ein:

    Orange-Sättigung: +35
    Gelb-Sättigung: −31
    Grün-Sättigung: −10

    Schließlich im Feld *Luminanz*:
    Gelb-Luminanz: −5
    Grün-Luminanz: −17

Auf den folgenden Seiten finden Sie vergrößerte Vorher-/Nachher-Bilder.

Kochkunst in Lightroom

Wie Sie bemerkt haben werden, spielt Improvisation eine große Rolle beim Kochen mit Lightroom. Ich benutze absichtlich das Wort Kochen. Die besten Köche schmecken ihre Werke laufend ab und fügen bei Bedarf (und nicht anhand absoluter Werte) etwas Salz oder eine Messerspitze Oregano hinzu. Bei Lightroom ist es ähnlich. Wenn Sie die Rezepte aus diesem Kapitel ausprobieren, denken Sie daran, dass jedes Bild anders ist und entsprechend einen etwas anderen Ansatz verlangt.

Abbildung 8-40

Jóhann Guðbjargarsons Rezept lässt dieses Pferdebild aussehen ...

... wie von Ingmar Bergman aufgenommen – dunkel, düster.

Mikkel Aalands Rezept: Oz-Farben

Folgen Sie der großen gelben Straße zu meinem Rezept namens »Oz-Farben«. Das Rezept erzeugt ein übersättigtes Aussehen mit einer sehr goldenen Tönung. Bei manchen Bildern funktioniert es gut, bei anderen gar nicht. Man kann die Ergebnisse nicht vorhersehen. Probieren Sie es einfach aus.

Ich begann mit dem Bild, das Sie hier sehen. *Abb. 8-41* Dann feuerte ich mit allen erdenklichen Mitteln aus dem Arsenal des Entwickeln-Moduls darauf. Einzig das Bedienfeld *Kamerakalibrierung* kam nicht zum Einsatz! Das Ergebnis hätte ich normalerweise nicht noch einmal herstellen können. Zum Glück habe ich eine Vorgabe erzeugt und kann meine Schritte nun für Sie nachvollziehen.

Abbildung 8-41

1. Ich begann im Entwickeln-Modul mit einigen ziemlich radikalen Werten im Bedienfeld *Grundeinstellungen*. Die *Belichtung* habe ich nur leicht auf *+0,68* erhöht, dann aber zog ich die Regler *Wiederherstellung*, *Lichterkorrektur* und *Schwarz* auf ihren jeweiligen Maximalwert von *100*. Ich setzte die *Helligkeit* auf *+10* und den *Kontrast* auf *+25*. Den *Lebendigkeit*-Regler schob ich auf *+11*. (Wie gesagt, ich experimentierte, erzielte aber ein paar coole Effekte.) *Abb. 8-42*

Abbildung 8-42

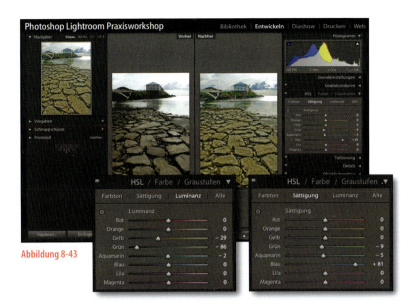

Abbildung 8-43

2. Auch im Bedienfeld *HSL* war ich sehr radikal. Im Bereich *Farbton* verringerte ich den *Gelb*-Regler auf *−29*, den *Grün*-Regler auf *−86* und den *Aquamarin*-Regler auf *−2*. Im Bereich *Sättigung* verringerte ich den *Grün*-Regler auf *−9* und den *Aquamarin*-Regler auf *−5*. Den *Blau*-Regler erhöhte ich dagegen auf *+81*. Abb. 8-43

Abbildung 8-44

3. Im Bedienfeld *Teiltonung* setzte ich *Lichter / Farbton* auf *38* und *Lichter / Sättigung* auf *10*. Den *Abgleich*-Regler stellte ich auf *+100*. *Schatten / Farbton* ließ ich bei *0*, *Schatten / Farbton* dagegen stellte ich auf *100*. Abb. 8-44

Abbildung 8-45

4. Für einen letzten Dreh ging ich in die *Gradationskurve* und setzte *Lichter* auf *−43*, *Helle Farbtöne* auf *−6*, *Dunkle Farbtöne* auf *−34* und *Tiefen* auf *−15*. Abb. 8-45

Und das war's. Wir sind nicht mehr in Kansas!

Auf den folgenden Seiten finden Sie vergrößerte Vorher-/Nachher-Bilder.

Dies sind einfache Nullachtfünfzehn-Steine, …

... nach dem Anwenden des Oz-Rezepts verwandeln Sie sich jedoch in Gold.

KAPITEL NEUN

Dateien exportieren

In der Lightroom-Umgebung speichern Sie die Bilddateien nicht so wie in anderen Anwendungen. Wenn Sie an einem Bild arbeiten, speichert Lightroom automatisch eine Reihe von Anweisungen, die auf Ihr Bild angewandt werden, wenn Sie die Anwendung öffnen und dieses Bild wieder auswählen. Sobald Sie jedoch außerhalb von Lightroom weiterarbeiten oder Ihre Bilder an andere weitergeben wollen, müssen Sie sie exportieren oder zumindest dafür sorgen, dass die Lightroom-Anweisungen die Bilddatei begleiten. Hier erfahren Sie, wie das geht und wie Sie ausgewählte Bilder als Lightroom-Katalog exportieren, damit sie in einen anderen Lightroom-Katalog importiert werden können. Schließlich geht es noch um die Kompatibilität zwischen Lightroom und externen Editoren wie Photoshop und Photoshop Elements.

In diesem Kapitel

Alles über das Exportieren

Bilder in Photoshop und Co. bearbeiten

Metadaten mit der Originaldatei speichern

Alles über das Exportieren

Mit Lightroom lassen sich ein oder mehrere Fotos gleichzeitig exportieren. Die Einstellungen zum Exportieren nehmen Sie im Exportieren-Dialog vor. Dort können Sie einen Namen eingeben sowie Dateiformat, Größe, Farbraum etc. wählen. Einen Katalog exportieren Sie mithilfe des Dialogs *Als Katalog exportieren*.

Sie können Bilder aus einem Lightroom-Modul exportieren, indem Sie sie im Filmstreifen auswählen. Führen Sie dann den Befehl *Datei→Exportieren* aus. *Abb. 9-1* Oder Sie verwenden das Tastenkürzel ⌘+Shift+E (Strg+Shift+E). Dies öffnet den Exportieren-Dialog.

Es ist möglich, einen Stapel Bilder auszuwählen und mit bestimmten Einstellungen zu exportieren (z.B. als JPEG) und dann noch vor Abschluss des Exports einen weiteren Export mit anderen Einstellungen zu starten (z.B. als TIFF). Der Fortgang des Exports wird in einem Fortschrittsbalken angezeigt (oder in mehreren Balken, falls Sie zwei Exporte gleichzeitig durchführen). *Abb. 9-2*

Export aus dem Bibliothek-Modul

Um aus dem Bibliothek-Modul von Lightroom zu exportieren, wählen Sie das Bild, das Sie exportieren wollen, in der Rasteransicht aus. Wählen Sie *Datei→Exportieren* aus dem Menü oder klicken Sie auf *Exportieren* am unteren Ende des linken Bedienfeldbereichs. *Abb. 9-3*

Weitere Exportbefehle

Hier sind einige weitere nützliche Exportmenübefehle:

Mit Vorher exportieren

Der Menübefehl *Datei→Mit Vorher exportieren* umgeht den Exportieren-Dialog und wendet die Einstellungen

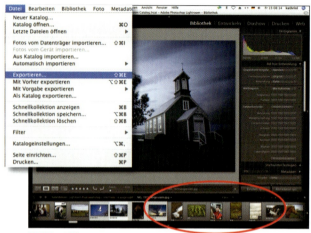

Abbildung 9-1

Abbildung 9-2

Abbildung 9-3

DATEIEN EXPORTIEREN | 231

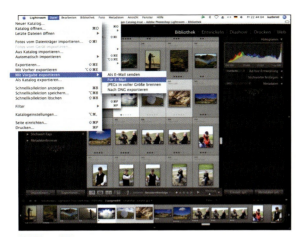

Abbildung 9-4

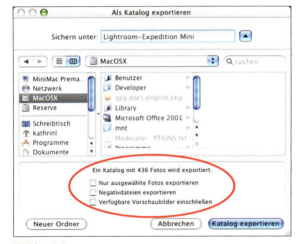

Abbildung 9-5

Abbildung 9-6

des zuletzt durchgeführten Exports auf Ihre Bilder an. Die Bilder gelangen in den zuletzt festgelegten Zielordner.

Mit Vorgabe exportieren

Der Befehl *Datei→Mit Vorgabe exportieren* stellt alle Exportvorgaben (sowohl Standardvorgaben als auch Vorgaben, die im Exportieren-Dialog angelegt wurden) bereit, ohne dass Sie noch einmal den Exportieren-Dialog durchlaufen müssen. *Abb. 9-4*

Als Katalog exportieren

Dieser Befehl eignet sich, um einen neuen Lightroom-Katalog zu erzeugen, der Vorschauen und Verweise auf ausgewählte Bilder enthält. Dieser »Mini«-Katalog kann in einem anderen Lightroom-Katalog auf einem anderen Computer importiert werden.

Optionen für Als Katalog exportieren

Wenn Sie *Datei→Als Katalog exportieren* wählen, erscheint der Dialog aus *Abb. 9-5*. Benennen Sie den neuen Katalog und wählen Sie einen Ablageort auf der Festplatte. Lightroom fügt beim Export automatisch die Dateierweiterung *.lrcat* hinzu. Deaktivieren Sie die Optionen *Negativdateien exportieren* und *Verfügbare Vorschaubilder einschließen* für einen schnellen Export ohne die Original-Bilddateien oder Vorschauen. Die importierende Lightroom-Version muss identisch mit der exportierenden Version oder höher als diese sein.

Export-Optionen

Dies ist der Exportieren-Dialog. *Abb. 9-6* Hier legen Sie Exportziel, Dateinamen, Dateityp etc. fest. Wir wollen uns die Optionen nun anschauen.

Eine Vorgabe wählen

Lightroom enthält einige gebräuchliche Exportvorgaben: *JPEGs in voller Größe brennen*, *Nach DNG exportieren* und *Für E-Mail*. *Abb. 9-7* Diese sehen Sie ebenfalls, wenn Sie aus der Menüleiste *Datei→Mit Vorgabe exportieren* wählen. Sicher wollen Sie aber auch eigene Vorgaben anlegen. Ich zeige Ihnen das später.

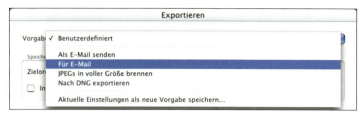

Abbildung 9-7

Speicherort

Hier geben Sie ein Ziel an, indem Sie auf *Wählen* klicken. Bei einem Klick auf das Dreieck neben *Wählen* erscheint ein Pop-up-Menü mit den zuletzt gewählten Zielen. *Abb. 9-8* Klicken Sie auf *In Unterordner ablegen*, um einen neuen Ordner zu benennen, der sich in dem ausgewählten Ordner befindet.

Abbildung 9-8

Dateibenennung

In diesem Feld können Sie einen Dateinamen anpassen. *Abb. 9-9* Im Exportieren-Dialog sehen Sie dann eine Vorschau auf den Dateinamen. Unabhängig davon fügt Lightroom entsprechend dem gewählten Format der Datei automatisch die passende Dateierweiterung hinzu. Es gibt auch Vorgaben zur Benennung (im Pop-up-Menü *Vorlage*). Wenn Sie in diesem Pop-up-Menü *Bearbeiten* wählen, können Sie eine eigene Vorgabe erzeugen.

Nach der Auswahl von *Bearbeiten* erscheint der Dateinamenvorlagen-Editor. *Abb. 9-10* In Kapitel 3 haben wir dessen Gebrauch besprochen. Sobald Sie fertig sind, wählen Sie *Aktuelle Einstellungen als neue Vorgabe speichern* aus dem Vorgaben-Pop-up-Menü.

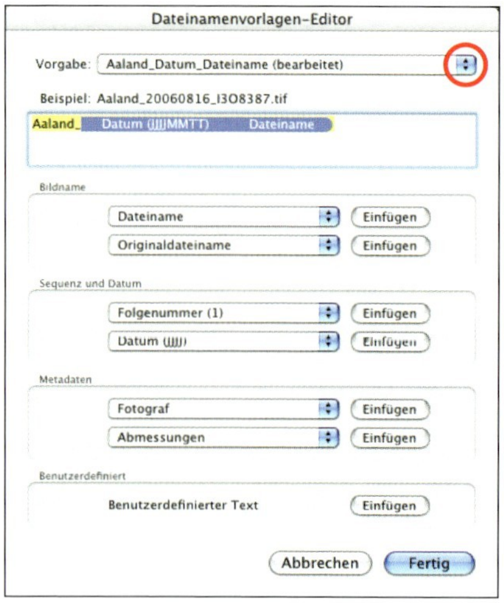

Abbildung 9-9

Abbildung 9-10

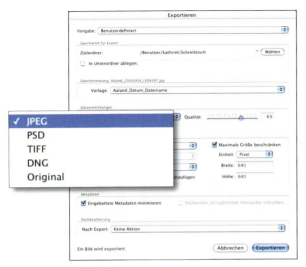

Abbildung 9-11

Abbildung 9-12

Abbildung 9-13

Dateiformateinstellungen

Sie haben die Wahl zwischen den folgenden Dateiformaten: *JPEG*, *PSD*, *TIFF*, *DNG* oder *Original*. *Abb. 9-11* Sie können immer nur ein Dateiformat auf einmal exportieren, allerdings ist es – wie erwähnt – möglich, einen Export zu starten, bevor ein anderer abgeschlossen ist, wobei Sie im Prinzip fast gleichzeitig mehrere Formate exportieren.

Die Dateiformateinstellungen hängen von den einzelnen Formaten ab. Wenn Sie sich z.B. für JPEG entscheiden, können Sie mit dem *Qualität*-Regler auch die Stärke der Komprimierung festlegen. *Abb. 9-12* Wählen Sie *TIFF*, haben Sie die Wahl zwischen den Komprimierungsarten *Kein*, *LZW* (das ist ein verlustfreier Komprimierungsalgorithmus) und *ZIP* (ein weiterer verlustfreier Komprimierungsalgorithmus). Bei *Original* gibt es natürlich keine Optionen zum Einstellen, stattdessen wird eine exakte Kopie Ihres Originalbildes an das gewünschte Ziel geschickt. Auf die verschiedenen wichtigen Optionen für DNG gehe ich später ein.

Bildeinstellungen

Falls Sie *JPEG*, *PSD* oder *TIFF* wählen, stehen Ihnen verschiedene Optionen zur Bildeinstellung zur Verfügung. *Abb. 9-13* Hier ist eine Zusammenfassung:

Farbraum

Wählen Sie zwischen *sRGB* (ein engerer Raum für das Web und viele einfache Drucker), *AdobeRGB* (ein breiterer Raum, üblich in Bildbearbeitungsprogrammen) und *ProPhoto RGB* (ein breiterer Farbraum, der aber allgemein nicht unterstützt wird).

Bittiefe

Bei den Dateiformaten *TIFF* oder *PSD* (nicht *JPEG*) können Sie zwischen *8* und *16 Bit/Komponente* wählen. *Abb. 9-14* Am besten ist es, 8 Bit zu verwenden, es sei denn, Sie möchten in einer anderen Anwendung fortfahren und brauchen dafür eine größere Bittiefe.

Abbildung 9-14

Auflösung

Die Auflösung wird in Pixel pro Zoll oder Pixel pro Zentimeter angegeben. Vorgabe sind 240 Pixel pro Zoll. *Abb. 9-15*

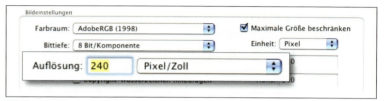

Abbildung 9-15

Maximale Größe beschränken

Ist dieses Kontrollkästchen deaktiviert, exportiert Lightroom Ihr Bild in seinen Original-Pixelmaßen. Ansonsten können Sie eine Maximalgröße für die Breite oder Höhe in einer Einheit Ihrer Wahl angeben. *Abb. 9-16*

Abbildung 9-16

Copyright-Wasserzeichen hinzufügen

Bei Auswahl dieser Option fügt Lightroom den Namen, der im IPTC-Copyright-Feld steht, in der unteren linken Ecke des Bildes hinzu. *Abb. 9-17*

Eingebettete Metadaten minimieren

Ohne diese Option fügt Lightroom alle Metadaten ein, die in den IPTC-Feldern stehen. Ansonsten werden nur die Copyright-Metadaten in die exportierten Bilder aufgenommen.

Abbildung 9-17

Metadaten

Ungeachtet des Dateiformats können Sie festlegen, wie die Stichwörter organisiert sind. Mit der Option *Stichwörter als Lightroom-Hierarchie schreiben* (*Abb. 9-18*) zeigen auch Anwendungen, die diese Option nicht unterstützen, die Stichwörter an, wenn auch ohne hierarchische Struktur.

Abbildung 9-18

Abbildung 9-19

Nachbearbeitung

Hier weisen Sie Lightroom dazu an, wie es nach dem Abschluss des Exports fortfahren soll. *Abb. 9-19*

Keine Aktion

Hiermit kehren Sie nach dem Export wieder in das Lightroom-Modul zurück, in dem Sie zuvor gearbeitet haben.

Lightroom-Interpolation

Wenn Lightroom die Größe für den Export (oder zum Druck oder für eine Webgalerie) ändert, haben Sie keine Möglichkeit, wie bei Photoshop oder Photoshop Elements die Interpolationsmethoden festzulegen (je nachdem, ob Sie das Bild vergrößern oder verkleinern). Was macht Lightroom ... und ist das gut? Ich habe Lightrooms »Vater«, Mark Hamburg, gefragt. Er sagte:

»Lightroom benutzt eine Lanczos-Kernel-Interpolationsmethode. Der wirklich große Unterschied besteht darin, dass das Resampling im linearen Raum erfolgt. Je nach Bild kann das einen riesigen Unterschied ergeben. Wenn Sie sich ein Bild genauer anschauen, das mit Photoshop neu berechnet wurde, werden Sie dunkle Kanten bemerken, da Photoshop nicht im linearen Raum arbeitet.

Welche Resampling-Ergebnisse einem letztendlich besser gefallen, ist einerseits eine Frage des Geschmacks und hängt andererseits vom Inhalt des Bildes ab. Lightroom sollte im Allgemeinen so gut wie Photoshop und in einigen Fällen – wie dem Upsampling – deutlich besser sein.«

In Finder/Explorer anzeigen

Wenn Sie diese Option wählen, werden die Dateien nach dem Export in einem Explorer- (Windows) oder Finder-Fenster (Mac OS) angezeigt. *Abb. 9-20* Ich mag diese Exportoption und benutze sie ständig. Ich vermeide damit Frust beim Auffinden der Datei.

Abbildung 9-20

Exportierte Bilder auf Datenträger brennen

Mit dieser Option werden Sie nach dem Export durch den Vorgang des Brennens der Dateien auf eine CD oder DVD geführt. *Abb. 9-21*

Abbildung 9-21

In Adobe Photoshop CS3 (oder einem anderen angegebenen Editor) öffnen

Öffnet ein exportiertes Bild im gewünschten externen Editor, *nachdem* Lightroom die Parameter angewandt hat, die im Exportieren-Dialog festgelegt wurden (Dateiformat, Bittiefe, Größe etc.). *Abb. 9-22*

Abbildung 9-22

Jetzt zum Ordner "Export Actions" wechseln

Damit wird der Ordner *Export Actions* geöffnet, in dem Sie ein Programm, eine Verknüpfung oder einen Alias eines Programms ablegen können. *Abb. 9-23* In diesem Fall erscheint der Alias, den Sie in den Ordner gelegt haben, beim nächsten Export im Nach-Export-Menü des Exportieren-Dialogs. Sie können in diesem Ordner auch Photoshop-Droplets oder Skriptdateien ablegen.

Abbildung 9-23

Eigene Vorgaben anlegen

Lightroom enthält bereits drei Vorgaben. Sie können sie verändern, auf ihrer Basis neue Vorgaben erzeugen oder von Grund auf neue Vorgaben erstellen. Die Optionen im Vorgaben-Pop-up-Menü hängen von Ihrer Wahl ab. *Abb. 9-24*

Abbildung 9-24

HINWEIS: *In den Voreinstellungen können Sie mit Exportvorgaben wiederherstellen zu den Originalvorgaben zurückkehren. Ihre Vorgaben bleiben unberührt. Die Option Vorgaben mit Katalog speichern sorgt für eine katalogweise Verwaltung der Vorgaben.*

DNG-Exportoptionen

Es gibt folgende Optionen zum Exportieren einer DNG-Datei. *Abb. 9-25*

JPEG-Vorschau

Optionen: *Ohne, Mittlere Größe* und *Volle Größe*. Größere Vorschauen erhöhen die Dateigröße, erlauben aber druckfertiges Proofing.

Dateierweiterung

Wählen Sie zwischen groß- und kleingeschriebener Erweiterung.

Interpolationsmethode

Am besten benutzen Sie *RAW-Bild beibehalten*. Wählen Sie *In lineares Bild konvertieren* nur dann, wenn die RAW-Datei ungewöhnliche Mosaikmuster enthält, die nicht von allen Konvertern unterstützt werden. *Abb. 9-26*

Optionen: Komprimiert (Verlustfrei)

Mit dieser Option wird Ihre DNG-Datei etwa um ein Drittel kleiner als die Original-RAW-Datei – ohne Qualitätsverlust. *Abb. 9-27*

Optionen: RAW-Originaldatei einbetten

Bei dieser Option wird eine exakte Kopie der Original-RAW-Datei in die DNG-Datei eingebettet, die dadurch etwa 2/3 größer wird. Sie brauchen dann den Adobe DNG-Konverter, um die eingebettete RAW-Datei aus der DNG-Datei zu extrahieren.

Abbildung 9-25

Abbildung 9-26

Abbildung 9-27

HINWEIS: *DNG bedeutet digitales Negativ. Verwenden Sie Lightroom, um proprietäre RAW-Dateien – oder JPEGs oder TIFFs – nach DNG zu exportieren (Datei→Exportieren oder im Bibliothek-Modul Bibliothek→Foto in DNG konvertieren). Damit archivieren Sie Ihre Fotos, dazugehörende Metadaten, die RAW-Originaldatei und (wenn Sie wollen) eine JPEG-Vorschau in voller Größe in einem offenen Format, das wahrscheinlich auch zu künftigen Anwendungen kompatibel ist.*

Peter Krogh

Peter hat diesen isländischen Schrotthaufen aus vielen verschiedenen Richtungen aufgenommen, doch gerade als er die perfekte Stelle gefunden und auf den Auslöser gedrückt hatte, ließ der Kran ein Metallrohr fallen. Wie war das mit dem richtigen Augenblick? Das Bild wurde in Lightroom nur minimal bearbeitet. Peter verwendet die Objektiv-Vignettierung, um die Kanten abzudunkeln und das Bild dramatischer zu machen.

Bilder in Photoshop und Co. bearbeiten

Manchmal ist Lightroom ausreichend. In einigen Fällen jedoch muss man die Lightroom-Umgebung verlassen und in einem anderen Programm weiterarbeiten, etwa in Photoshop oder Photoshop Elements. Folgendes müssen Sie dazu wissen.

Wenn Sie Photoshop oder Photoshop Elements auf Ihrem Computer installiert haben, bietet Ihnen Lightroom diese Programme standardmäßig als externe Editoren an. *Abb. 9-28* Sie können in den Lightroom-Voreinstellungen (auf der Registerkarte *Externe Bearbeitung*) ein weiteres Bildbearbeitungsprogramm angeben (mehr dazu später).

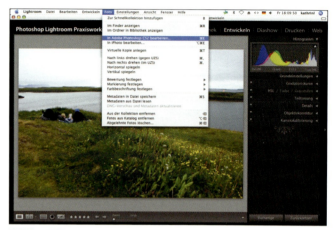
Abbildung 9-28

Außerhalb von Lightroom arbeiten

Sie wechseln aus dem Bibliothek-, Entwickeln- oder Drucken-Modul zu einem externen Editor, indem Sie mit rechts auf das Bild in der Vorschau oder auf den Filmstreifen klicken und *In [Externer Editor] bearbeiten* aus dem Kontextmenü wählen. *Abb. 9-29* Im Bibliothek- und im Entwickeln-Modul gibt es außerdem einen Menübefehl (*Foto→In [Externer Editor] bearbeiten*).

Abbildung 9-29

Drag-and-Drop zum externen Editor (Mac)

Auf dem Mac können Sie eine Nicht-RAW-Datei aus dem Lightroom-Bibliothek- oder Entwickeln-Modul direkt in ein anderes Programm wie Microsoft Word oder Adobe InDesign ziehen. Die Lightroom-Einstellungen werden jedoch nicht angewandt. Oder Sie ziehen ein Bild aus Lightroom auf das Programm-Icon im Dock oder auf dem Desktop. *Abb. 9-30* Das Bild wird dann in dem Programm geöffnet (mit den voreingestellten Parametern für externes Bearbeiten).

Abbildung 9-30

DATEIEN EXPORTIEREN | 241

Beliebig viele Bilder bearbeiten

Sie können beliebig viele Bilder auswählen und an einen externen Editor senden. Falls Sie allerdings mit DNG- oder RAW-Dateien arbeiten, rendert Lightroom eine neue Version dieser Bilder in einem lesbaren Dateiformat (PSD oder TIFF). Je nach der Anzahl der Bilder, die Sie auswählen, kann das eine Weile dauern. Die Umwandlung wird in der Statusleiste in der oberen linken Ecke des Lightroom-Programmfensters überwacht. *Abb. 9-31*

Abbildung 9-31

Einstellungen für das externe Bearbeiten

In den Lightroom-Voreinstellungen gibt es verschiedene wichtige Optionen, die die externen Editoren betreffen. *Abb. 9-32* Wenn Sie Photoshop oder Photoshop Elements verwenden, haben Sie folgende Möglichkeiten:

Dateiformat PSD oder TIFF (für TIFF gibt es auch eine Komprimierungsoption)

Farbraum ProPhoto, sRGB oder Adobe RGB (1998)

Bittiefe 16 Bit/Komponente oder 8 Bit/Komponente

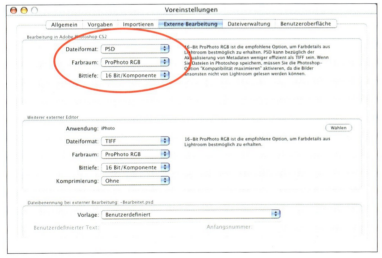

Abbildung 9-32

HINWEIS: Diese Optionen begegnen Ihnen auch im Foto bearbeiten-Dialog, wenn Sie zu einem externen Editor wechseln. So können Sie sich fallweise anders entscheiden. Adobe empfiehlt 16-Bit ProPhoto RGB, um die Farbdetails aus Lightroom am besten zu bewahren, und ich würde dem nicht widersprechen. TIFF und PSD sind im Übrigen sehr ähnliche Dateiformate, sodass diese Entscheidung nicht so wichtig ist.

Auswählen weiterer externer Editoren

Klicken Sie auf *Wählen* und navigieren Sie zum gewünschten Programm. *Abb. 9-33* Anschließend haben Sie die gleichen Auswahlmöglichkeiten wie zuvor, es gibt jedoch vielleicht andere Empfehlungen für die Einstellungen. Beispielsweise sind 8-Bit-Dateien eventuell besser, weil sie kleiner und mit mehr Programmen und Plugins kompatibel sind, auch wenn sie nicht die Farbdetails bieten wie 16-Bit-Daten. Der sRGB-Farbraum umfasst nicht den kompletten Farbraum, der mit Lightroom zur Verfügung steht, ist aber weiter verbreitet. Die endgültige Entscheidung hängt von der gewählten Anwendung ab.

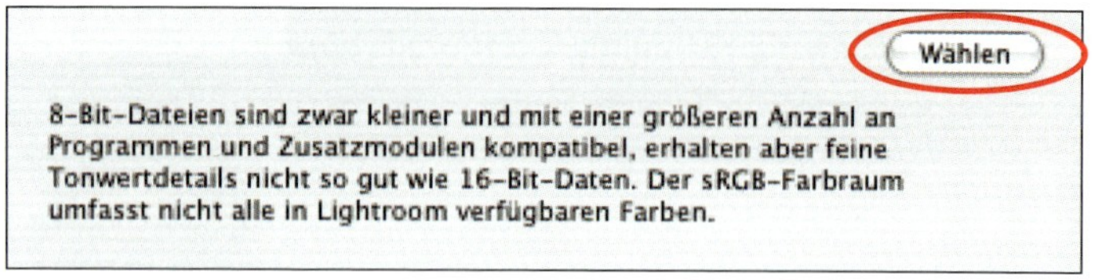

Die Dateibenennung bearbeiten

In den Voreinstellungen entscheiden Sie auch über die Dateinomenklatur. Um das Feld *Benutzerdefinierter Text* zu aktivieren, wählen Sie *Benutzerdefinierter Name* aus dem Vorlage-Pop-up-Menü. Um eine Anfangsnummer einzustellen, wählen Sie *Dateiname - Sequenz*. *Abb. 9-34*

Foto bearbeiten-Dialog

Wenn Sie ein Bild an einen externen Editor schicken, öffnet sich dieser Dialog. *Abb. 9-35* Arbeiten Sie mit DNG- oder RAW-Dateien, haben Sie nur eine Wahl – mit TIFFs und JPEGs haben Sie drei Möglichkeiten.

Original bearbeiten

Liegt Ihre Originaldatei im JPEG-, TIFF- oder PSD-Format vor, sendet Lightroom bei dieser Option die Originaldatei ohne Lightroom-Anpassungen an den externen Editor. Wenn Sie dort fertig sind, können Sie die Änderungen speichern – Ihre Originaldatei wird überschrieben.

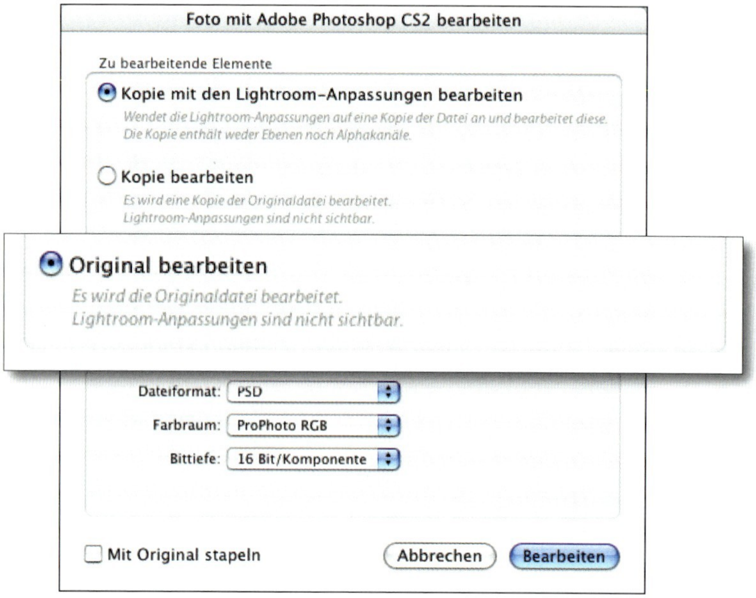

Abbildung 9-33

HINWEIS: Um eine RAW-Originaldatei mit einem anderen Programm wie Adobe Camera Raw (ACR) zu öffnen, müssen Sie wissen, wo sie zu finden ist. Sie ermitteln den Speicherort einer Datei aus Lightroom heraus, indem Sie mit rechts auf das Vorschaubild im Bibliothek- oder Entwickeln-Modul klicken und Im Finder anzeigen (Mac) bzw. Im Explorer anzeigen (Windows) aus dem Kontextmenü wählen.

Abbildung 9-34

Abbildung 9-35

DATEIEN EXPORTIEREN | 243

Abbildung 9-36

Abbildung 9-37

Kopie bearbeiten

Diese Option erzeugt eine Kopie der Originaldatei ohne Lightroom-Anpassungen. *Abb. 9-36* Es gibt sie ebenso wie die vorherige Option nur für Nicht-RAW- oder -DNG-Dateien. Die neu angelegte Datei heißt *Bearbeitet* und erscheint automatisch in der Lightroom-Bibliothek. (Benennen Sie die Datei nicht mit *Speichern als* um – sie gelangt sonst nicht in den Lightroom-Katalog.)

Kopie mit den Lightroom-Anpassungen bearbeiten

Diese Option schickt eine Kopie des Originals mit sichtbaren Lightroom-Anpassungen an den externen Editor. *Abb. 9-37* Falls Sie mit RAW oder DNG arbeiten, ist dies Ihre einzige Option.

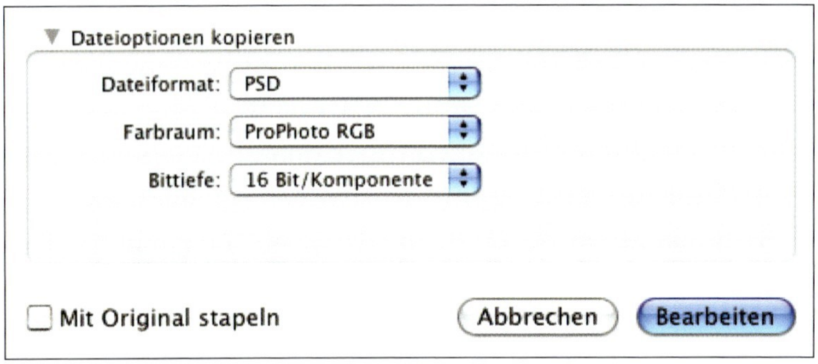

Dateioptionen kopieren

Dies sind die gleichen Optionen wie in den Voreinstellungen, allerdings fallweise angewandt. *Abb. 9-38*

Mit Original stapeln

Wenn Sie dieses Kontrollkästchen aktivieren, werden Ihre bearbeitete Datei und die Original-Lightroom-Datei in Lightroom gestapelt. Um den Stapel aufzulösen oder anderweitig in der Bibliothek zu organisieren, wählen Sie *Foto→Stapeln* aus der Menüleiste.

Kompatibilität maximieren

Wenn Sie PSD-Dateien in Photoshop oder Photoshop Elements speichern, aktivieren Sie das Kontrollkästchen *Kompatibilität maximieren*. Die Dateien werden sonst in Lightroom nicht erkannt. Erledigen Sie dies entweder im Warndialog beim Speichern oder unter *Voreinstellungen→Dateien verarbeiten*. *Abb. 9-39*

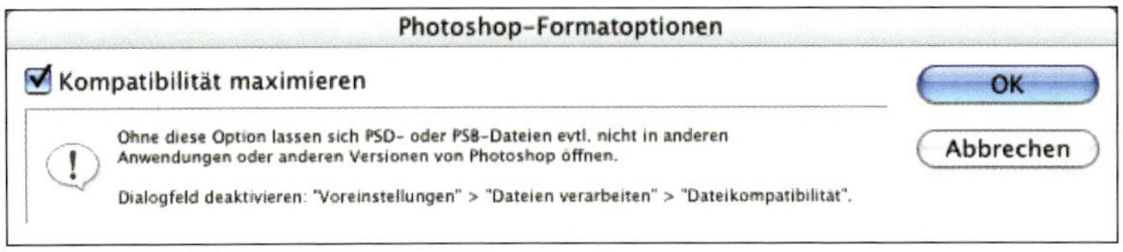

Abbildung 9-38

HINWEIS: Wann sollten Sie auf einen externen Editor zurückgreifen? Es gibt einige Dinge, die in Lightroom nicht gehen, die Sie aber in einem externen Editor wie Photoshop oder Photoshop Elements tun können: Arbeiten mit Ebenenmasken oder Auswahlwerkzeugen, Hinzufügen und Ändern von Text, Verwenden von Ebenenstilen, Erzeugen von HDR-Bildern (High Dynamic Range), Erzeugen von Panoramen, Einsatz von Spezialeffekten und Filtern etc. Alles klar?

Abbildung 9-39

Richard Morgenstein

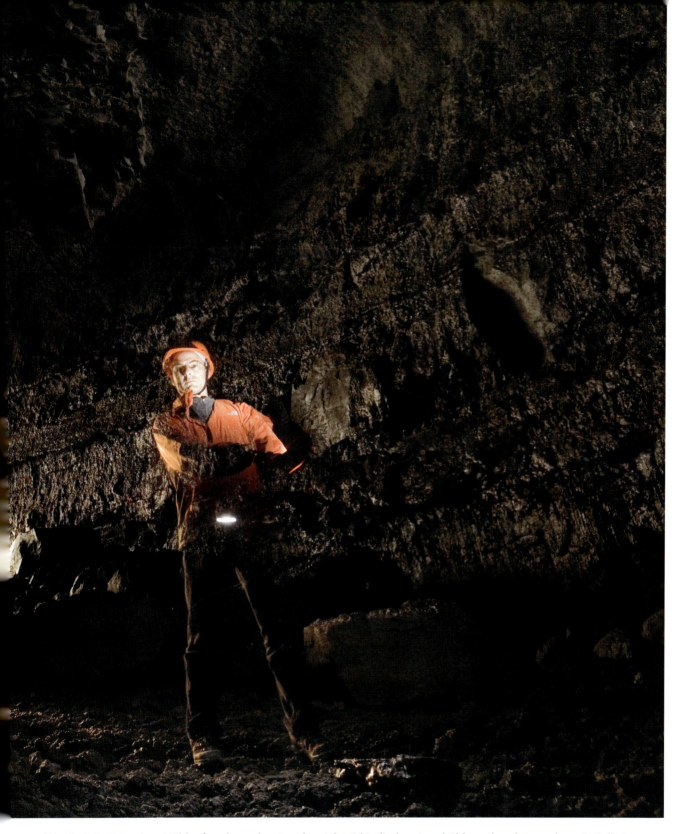

Dies ist kein Foto eines Höhlenforschers, der eine der vielen isländischen Lavahöhlen erkundet, sondern ein Selbstporträt von Richard, das er aufgenommen hat, indem er seine Kamera auf den Boden stellte. Er verwendete einen Fernauslöser mit Langzeitbelichtung, rannte, als die Blende offen war, zurück ins Bild und blitzte mit einem Stroboskop. Und ja, Richard erschien auf dem Flughafen in Island mit dem Schutzhelm! Die Schattenbereiche mussten mit dem Belichtung-Regler im Lightroom-Entwickeln-Modul geöffnet werden.

Metadaten mit der Originaldatei speichern

Um die in Lightroom bearbeiteten Bilddateien in Adobe Camera Raw, Adobe Bridge oder einem anderen Programm, das Lightroom-Verarbeitungsanweisungen lesen kann, richtig öffnen oder anschauen zu können, müssen Sie dafür sorgen, dass diese Entwicklungseinstellungen die Datei begleiten. Und so geht's.

Bevor ich Ihnen verrate, wie Sie die von Lightroom generierten Metadaten mit der Originaldatei speichern, erst einmal einige nützliche Hintergrundinformationen.

Solange Sie in der Lightroom-Umgebung bleiben, sehen Ihre Bilder so aus, wie Sie das vorgesehen haben. Lightroom zeichnet die wichtigen Informationen für die einzelnen Bilder in einer zentralen Katalogdatenbank auf und verwendet sie, um in Verbindung mit dem Originalbild eine Vorschau für die Darstellung in Lightroom zu erzeugen. Diese Katalogdatenbank befindet sich an einer bestimmten Stelle auf Ihrer Festplatte. *Abb. 9-40*

Abbildung 9-40

Entwicklungsanweisungen auf die Original-Bilddatei packen

Wenn Sie wollen, können Sie die Entwicklungsanweisungen aus der Lightroom-Datenbank auf die Original-Datei »packen«. Das ist nur notwendig, wenn Sie Ihre Bilder in einem Programm wie Adobe Bridge oder Adobe Camera Raw anschauen oder bearbeiten wollen. *Abb. 9-41* Öffnen Sie Ihr Originalbild in einem Programm, das diese Informationen nicht lesen kann, ist zwar vielleicht das Bild vorhanden, allerdings ohne Lightroom-Anpassungen.

Haben Sie Ihr Bild in Lightroom in Schwarz-Weiß umgewandelt, erscheint es in seiner ursprünglichen Form, wenn Sie es z.B. im Standard-Bildbetrachter Ihres

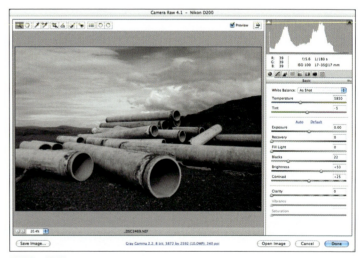

Abbildung 9-41

DATEIEN EXPORTIEREN | 247

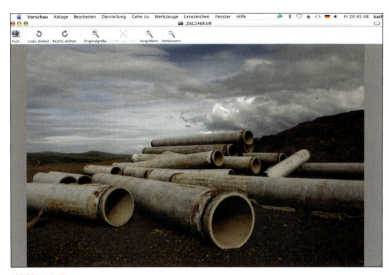

Abbildung 9-42

Systems öffnen. *Abb.9-42* Um in diesem Fall das Bild richtig zu sehen, müssen Sie es in einem gebräuchlichen Dateiformat wie JPEG oder TIFF exportieren.

Was ist XMP?

Lightroom benutzt zum Kodieren der Entwicklungsanweisungen einen offenen Standard zum Einbetten von Informationen in ein Bild namens XMP (eXtensible Metadata Platform). Die Originaldatei wird durch die XMP-Metadaten zwar nur einige Kilobytes größer, allerdings sollten Sie diese Daten nicht willkürlich hinzufügen. Das kann nämlich Nachteile mit sich bringen. Es dauert nicht lange, die Daten auf eine einzelne Bilddatei zu packen. Arbeiten Sie jedoch mit vielen Tausend Bildern, leidet die Geschwindigkeit. Außerdem besteht eine gewisse (wenn auch geringe) Wahrscheinlichkeit, eine Originaldatei zu beschädigen. Wie Lightroom diese Daten auf die Originaldatei packt, hängt von deren Dateiformat ab. RAW-Dateien z.B., die im Allgemeinen nicht überschrieben werden, werden anders behandelt als JPEGs, TIFFs und DNGs, bei denen das der Fall ist. Beginnen wir mit RAW-Dateien.

XMP-Metadaten auf RAW-Dateien

Da RAW-Dateien von Ihrer Digitalkamera im Wesentlichen unangetastet bleiben, erzeugt Lightroom stattdessen eine separate XMP-Datei, oft als *Sidecar* bezeichnet, die die relevanten Entwicklungseinstellungen und andere Metadaten enthält. Lightroom erzeugt diese XMP-Sidecars nur, wenn Sie das Kontrollkästchen *Änderungen automatisch in XMP speichern* in den Katalogeinstellungen aktivieren. *Abb. 9-43*

Abbildung 9-43

Sie finden dieses Kontrollkästchen im Register *Metadaten* im Katalogeinstellungen-Dialog (*Datei→Katalogeinstellungen*). Sie können Lightroom auch anweisen, dies von Fall zu Fall zu erledigen. Wählen Sie im Bibliothek-Modul Ihre Bilder aus. Dann führen Sie den Befehl *Metadaten→Metadaten in Datei speichern* aus. *Abb. 9-44* Die XMP-Sidecar-Dateien werden automatisch an der gleichen Stelle abgelegt wie die Originaldateien. Sie nehmen nur wenige Kilobytes ein.

XMP-Metadaten für andere Dateien

Bei PSD-, JPEG- und TIFF-Dateien schreibt Lightroom die relevanten XMP-Entwicklungsdaten direkt in die Datei, ohne eine gesonderte Sidecar-Datei anzulegen. (Sie können diese Daten »anschauen«, wenn Sie Ihr Bild in einem Textverarbeitungsprogramm öffnen.) *Abb.9-45* Falls Ihre Datei automatisch mit diesen Daten aktualisiert werden soll, wählen Sie *Entwicklungseinstellungen für JPG, TIFF und PSD in XMP schreiben* im Dialog *Katalogeinstellungen* (*Datei→Katalogeinstellungen/ Register Metadaten*). Das Gleiche können Sie im Bibliothek-Modul auch manuell erreichen (*Metadaten→Metadaten in Datei speichern*).

XMP-Metadaten für DNG

Bei einer DNG-Datei schreibt Lightroom die relevanten XMP-Entwicklungsdaten direkt in die Datei, ohne eine gesonderte Sidecar-Datei anzulegen. Um das automatisch zu erledigen, aktivieren Sie das Kontrollkästchen *Änderungen automatisch in XMP speichern* aus dem Dialog *Katalogeinstellungen*. Für den manuellen Weg wählen Sie im Bibliothek-Modul *Metadaten→DNG-Vorschau und Metadaten aktualisieren*. *Abb. 9-46*

Abbildung 9-44

Abbildung 9-45

Abbildung 9-46

DATEIEN EXPORTIEREN | 249

Abbildung 9-47

Abbildung 9-48

Woher wissen Sie, dass Sie aktualisieren müssen?

Es lässt sich leicht feststellen, ob die Daten in der Lightroom-Datenbank den Daten in der Originaldatei entsprechen. Schauen Sie sich diese Miniatur an. *Abb. 9-47* Das Icon in der oberen rechten Ecke verrät mir, dass keine Übereinstimmung zwischen der Lightroom-Datenbank und den XMP-Metadaten besteht, die mit der Originaldatei verknüpft sind.

Wenn Sie auf das Icon klicken, öffnet sich der Dialog aus *Abb. 9-48*. Wählen Sie *Speichern*, wenn Sie die XMP-Metadaten in die Originaldatei schreiben wollen.

XMP-Metadaten aus einer Datei importieren

Lightroom kann auch XMP-Metadaten lesen und anwenden, die von Adobe Bridge oder Adobe Camera Raw erzeugt wurden. Wählen Sie dazu *Metadaten→Metadaten aus Datei lesen*. *Abb. 9-49*

Was ist mit informativen Metadaten?

Bis jetzt ging es nur um XMP-Metadaten, die sich auf Lightroom-Entwicklungsanweisungen beziehen. Jetzt fragen Sie sich vielleicht, was mit den anderen Metadaten – Stichwörtern, Bewertungen etc. – ist. Für sie gilt das Gleiche. Sie müssen sie in eine Originaldatei packen, wenn sie die Datei außerhalb von Lightroom begleiten sollen. Sie erledigen dies in der Bibliothek für einzelne oder mehrere ausgewählte Bilder über den Befehl *Metadaten→Metadaten in Datei speichern* oder geben in den Katalogeinstellungen an, dass es für alle Dateien und Dateitypen automatisch geschehen soll (*Datei→Katalogeinstellungen*/Register *Metadaten→Änderungen automatisch in XMP schreiben*).

Abbildung 9-49

HINWEIS: *Von früheren Versionen von Adobe Camera Raw (vor v4.1) werden einige der Entwicklungsanweisungen von Lightroom nicht gelesen. Am besten aktualisieren Sie Ihr ACR (kostenlos auf der Adobe-Site). Optimale Kompatibilität erhalten Sie mit Photoshop CS3 und ACR v4.1 oder höher.*

Sigurgeir Sigurjónsson

Dies ist eine weitere von Sigurgeirs aufregenden Luftaufnahmen, entstanden aus einem Hubschrauber heraus, der im Auftrag der Expedition unterwegs war. Er hatte das Glück, zwei Tage ungewöhnlich perfektes Wetter zu erleben, allerdings hatte es nichts mit Glück zu tun, dass er genau wusste, wohin er sich begeben musste – und wohin er seine Kamera zu richten hatte –, um diese spektakulären Fotos zu machen.

KAPITEL ZEHN

Lightroom-Diashows

Lightroom ist mehr als nur ein Programm zur Bildverwaltung oder Bildbearbeitung. Es ist eine vollständige Umgebung, mit deren Hilfe Sie ganz bequem Bilder direkt mit Freunden oder Kunden austauschen können. Am besten funktioniert das mit einer automatisch ablaufenden Diashow. In diesem Kapitel erfahren Sie, wie Sie das Lightroom-Diashow-Modul verwenden, um Bilder anzuordnen, Musik und Text hinzuzufügen und den Ablauf zu steuern. Ich zeige Ihnen außerdem, wie Sie Ihre Arbeit als PDF-Datei und – mit einem einfachen Trick – im QuickTime-Format exportieren.

In diesem Kapitel

Das Diashow-Modul im Überblick

Die wirkliche Welt: Die Expedition als Diashow

Metadaten und eigener Text für die Bildbeschreibungen

Eine PDF-Diashow exportieren

Eine QuickTime-Diashow herstellen

Das Diashow-Modul im Überblick

Wir wollen uns zu Beginn einen Überblick über das Diashow-Modul von Lightroom verschaffen. Anschließend zeige ich Ihnen Schritt für Schritt, wie wir die Diashow unserer Island-Expedition hergestellt haben, erkläre, wie man Text und Bildunterschriften hinzufügt und die fertige Arbeit entweder als PDF-Diashow oder als QuickTime-Film exportiert.

Wechseln Sie mithilfe der Modulauswahl oder des Tastenkürzels ⌘+Option+3 (Strg+Alt+3) zum Diashow-Modul. Bilder aus dem Vorschaubereich der Lightroom-Bibliothek werden automatisch in die Diashow aufgenommen. *Abb.10-1* Über das Pop-up-Menü des Filmstreifens können Sie zu einer weiteren kürzlich angeschauten Auswahl von Bildern wechseln, ohne das Diashow-Modul zu verlassen; klicken Sie dazu auf den Pfeil in der Werkzeugleiste des Filmstreifens.

Oder Sie wählen Bilder im Filmstreifen aus und spielen nur diese Auswahl ab. Dazu führen Sie nach dem Auswählen der Bilder im Filmstreifen den Befehl *Abspielen→Fotoauswahl→Ausgewählte Fotos verwenden* aus. *Abb.10-2*

Das Lightroom-Diashow-Modul ist ähnlich aufgebaut wie die anderen besprochenen Module und sollte Ihnen schon bekannt vorkommen. Es gibt einen linken und einen rechten Bedienfeldbereich, eine Arbeitsfläche, die Werkzeugleiste und den Filmstreifen.

Wie Sie in Kapitel 1 erfahren haben, können Sie den Arbeitsbereich verändern, indem Sie Bedienfelder schließen oder erweitern bzw. den Filmstreifen größer oder kleiner machen.

Wir wollen uns diese Komponenten des Diashow-Moduls genauer anschauen.

Abbildung 10-1

Abbildung 10-2

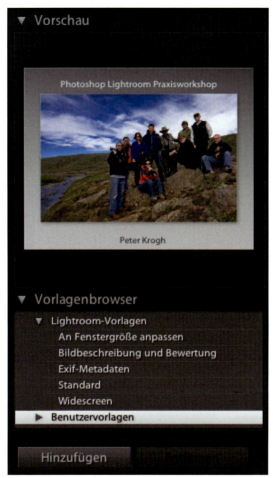

Abbildung 10-3

Abbildung 10-4

Der linke Bedienfeldbereich

Auf der linken Seite finden Sie das Vorschaufenster, den Vorlagenbrowser sowie die *Hinzufügen-/Entfernen*-Buttons zum Erzeugen und Löschen von Vorgaben für Vorlagen. *Abb. 10-3*

Vorschau Im Vorschaufenster sehen Sie eine Vorschau des ersten Bildes ohne Hilfslinien oder andere Störungen.

Vorlagenbrowser Lightroom enthält verschiedene Vorlagen, Sie können aber auch eigene erstellen. Eine Vorlage erscheint im Vorschaufenster, wenn Sie den Cursor über deren Namen im Vorlagenbrowser bewegen. Sie wird aber nicht wirksam.

Hinzufügen-/Entfernen-Buttons Klicken Sie für eine eigene Vorlage auf *Hinzufügen* und geben Sie in dem sich öffnenden Dialog einen Namen ein. Zum Löschen wählen Sie eine Vorlage aus und klicken auf *Entfernen*. Nach einem Doppelklick auf den Namen können Sie diesen ändern.

Arbeitsfläche

Auf der Arbeitsfläche sind Bild, Hintergrund, Hilfslinien und Text, der zu einem bestimmten Dia gehört, zu sehen. Sie können die Größe des Bildes in Bezug zum Rahmen steuern, indem Sie entweder an den Hilfslinien ziehen oder das Bedienfeld *Layout* im rechten Bedienfeldbereich bemühen. Klicken Sie mit rechts auf die Arbeitsfläche außerhalb des Dias. Sie erhalten ein Kontextmenü mit Auswahlmöglichkeiten für den Hintergrund. *Abb. 10-4* Diese beeinflussen nur die umgebende Arbeitsfläche. Den Hintergrund des Dias legen Sie im Bedienfeld *Hintergrund* fest.

Der rechte Bedienfeldbereich

Im rechten Bedienfeldbereich finden Sie die Steuerungen zum Anpassen einer Diashow. *Abb.10-5*

Abbildung 10-5

Optionen

Das erste Bedienfeld heißt *Optionen*. *Abb. 10-6* Wählen Sie *Zoomen, um Rahmen zu füllen*. Das Bild füllt den Platz bis zu den Hilfslinien aus und wird notfalls beschnitten, um es passend zu machen. (Positionieren Sie das Bild in dem beschnittenen Bereich, indem Sie es anklicken und ziehen.) Wählen Sie *Kontur*, um einen Rahmen für das Bild hinzuzufügen. Klicken Sie auf das Farbfeld, um die Farbpalette zu öffnen und die Farbe der Kontur zu ändern. Die Dicke der Kontur steuern Sie mit dem *Breite*-Regler. Mit dem Kontrollkästchen *Schlagschatten* verleihen Sie dem Dia Tiefe. Die Regler erlauben es Ihnen, *Deckkraft*, *Offset*, *Radius* und *Winkel* des Schlagschattens einzustellen.

Abbildung 10-6

Layout

Wenn Sie *Hilfslinien einblenden* wählen, erscheinen die Hilfslinien im Vorschaufenster. *Abb.10-7* Sie können die Hilfslinien (und damit die Größe des Bildbereichs) direkt im Vorschaubereich ändern, indem Sie sie anklicken und in Position ziehen. Oder Sie benutzen die Regler im *Layout*-Bedienfeld. Wenn Sie auf *Alle verknüpfen* klicken, bleibt das Seitenverhältnis erhalten.

Abbildung 10-7

Überlagerungen

Sie können den Dias eine Erkennungstafel hinzufügen. *Abb. 10-8* Mehrere Erkennungstafeln gleichzeitig sind allerdings nicht möglich. (In Kapitel 1 haben wir Erkennungstafeln behandelt.) Wenn Sie *Farbe überschreiben* aktivieren, können Sie in der Farbpalette eine andere Farbe für die Erkennungstafel wählen. Klicken Sie dazu auf das benachbarte Farbfeld. Deckkraft und Maßstab der Erkennungstafel steuern Sie mit den gleichnamigen Reglern. Die Option *Hinter Bild rendern* setzt die Erkennungstafel (ganz oder teilweise) hinter das Bild.

Das Kontrollkästchen *Bewertungssterne* fügt Sterne hinzu. Wurde ein Bild nicht bewertet, erscheinen auch keine Sterne. Die Farbe der Sterne steuern Sie über das benachbarte Farbfeld, für Deckkraft und Maßstab gibt es wieder die Regler. Wählen Sie die Sterne im Bildfenster. Das Kontrollkästchen *Schatten* wird durch die Regler *Deckkraft*, *Offset*, *Radius* und *Winkel* gesteuert. Klicken Sie *Textüberlagerungen* an, um die Deckkraft, die Farbe, die Schriftart und den Schriftartnamen (den Stil) festzulegen. Der Text wird in der Werkzeugleiste eingegeben – gleich mehr dazu.

Abbildung 10-8

HINWEIS: *In der Mac-Version (nicht jedoch bei Windows) können Sie dem Text Schlagschatten hinzufügen, indem Sie den Text im Bildfenster auswählen und dann Schatten im Bedienfeld Überlagerungen wählen.*

Hintergrund

Mit *Farbe für Verlauf* erstellen Sie einen Farbverlauf für den Hintergrund, der mit den Reglern *Deckkraft* und *Winkel* gesteuert wird. Wählen Sie eine Farbe in der Farbpalette. Unterscheidet sich diese Farbe von der Hintergrundfarbe, erhalten Sie einen mehrfarbigen Farbverlauf. *Abb. 10-9* Für einen einfarbigen Hintergrund wählen Sie *Hintergrundfarbe* und legen in der Farbpalette eine Farbe fest.

Abbildung 10-9

Sie können auch ein Bild für den Hintergrund verwenden, indem Sie das Kontrollkästchen *Hintergrundbild* aktivieren. *Abb. 10-10* Ziehen Sie ein Bild aus dem Filmstreifen in das Feld. Die Deckkraft stellen Sie mit dem entsprechenden Regler ein.

Abspielen

Sie fügen Sound hinzu, indem Sie auf *Soundtrack* und dann auf den Pfeil neben *Mediathek* klicken. *Abb. 10-11* Auf einem Mac wählen Sie einfach eine Ihrer iTunes-Wiedergabelisten. Unter Windows müssen Sie den Ordner mit der Musik auf der Festplatte suchen. Die Abspieloptionen für die Diashow sind einfach. Sie können die Länge der Dias und der Übergänge steuern. Es gibt nur den Übergang *Verblassen*. Die Option *Willkürliche Reihenfolge* ist eindeutig: Anstelle des vorgegebenen Ablaufs werden die Dias in zufälliger Reihenfolge angezeigt – und das bis zum Stoppen der Diashow.

Haben Sie einen zweiten Monitor angeschlossen, sehen Sie diese Option im Bedienfeld *Abspielen*. *Abb.10-12* Hier geben Sie an, welcher Bildschirm für das Abspielen der Diashow benutzt werden soll. Klicken Sie auf den entsprechenden Monitor. Der andere Monitor wird beim Start der Diashow dunkel.

Exportieren/Abspielen

Zum Abschluss klicken Sie auf *Abspielen* am Ende des Bedienfeldbereichs. *Abb. 10-13* Haben Sie *Abspielen→Fotoauswahl→Alle verfügbaren Fotos verwenden* aus dem Menü gewählt, steht auf dem Button *Alles abspielen* anstelle von *Abspielen*. Anschließend wird Ihr Monitor dunkel, und die bildschirmfüllende

Abbildung 10-10

Abbildung 10-11

Abbildung 10-12

Abbildung 10-13

LIGHTROOM-DIASHOWS | 259

Abbildung 10-14

Diashow startet. Zum Stoppen drücken Sie Esc. Wählen Sie *Exportieren*, um eine PDF-Diashow zu exportieren.

Die Werkzeugleiste der Diashow

Das erste Icon in der Werkzeugleiste der Diashow ist ein Quadrat. *Abb.10-14* Wenn Sie darauf klicken, erscheint das erste Dia. Die Links- und Rechtspfeile bringen Sie zum vorherigen bzw. nächsten Dia. Das Dreieck startet eine Vorschau der Diashow im Diashow-Modul – mit Übergängen.

Die gebogenen Pfeile drehen ausgewählte Elemente im oder entgegen dem Uhrzeigersinn (z.B. Bewertungssterne, ein Textfeld oder die Erkennungstafel), nicht jedoch das Bild.

TIPP: *Während die Diashow läuft (auch als Vorschau), können Sie mithilfe der Zifferntasten 1 bis 5 Bewertungen für einzelne Bilder festlegen oder ändern.*

Der *ABC*-Button bietet Zugriff auf eine wahrhaft großartige Funktion. Hier können Sie eigenen Text eingeben oder (cool!) Metadaten verwenden, um Bildunterschriften zu generieren. Mehr dazu im nächsten Abschnitt.

Dias mit dem Filmstreifen auswählen

Der Filmstreifen zeigt Bilder an, die Sie in Ihre Diashow aufnehmen können. *Abb. 10-15* Fügen Sie alle ein oder wählen Sie nur einige Bilder aus (ab Lightroom 1.1). Stammen die Bilder im Filmstreifen aus einer Kollektion oder einem Ordner (und nicht aus *Alle Fotos*), können Sie deren Reihenfolge ändern. Dazu klicken Sie auf den Bildbereich des Filmstreifens (nicht auf den äußeren Rand), ziehen die Miniatur an die gewünschte Stelle und lassen die Maustaste los. Im Diashow-Modul können Sie natürlich ebenfalls auf das Kontextmenü zugreifen, indem Sie mit rechts auf eine Miniatur im Filmstreifen klicken.

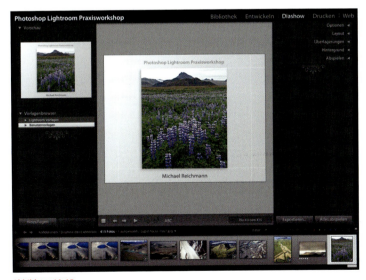

Abbildung 10-15

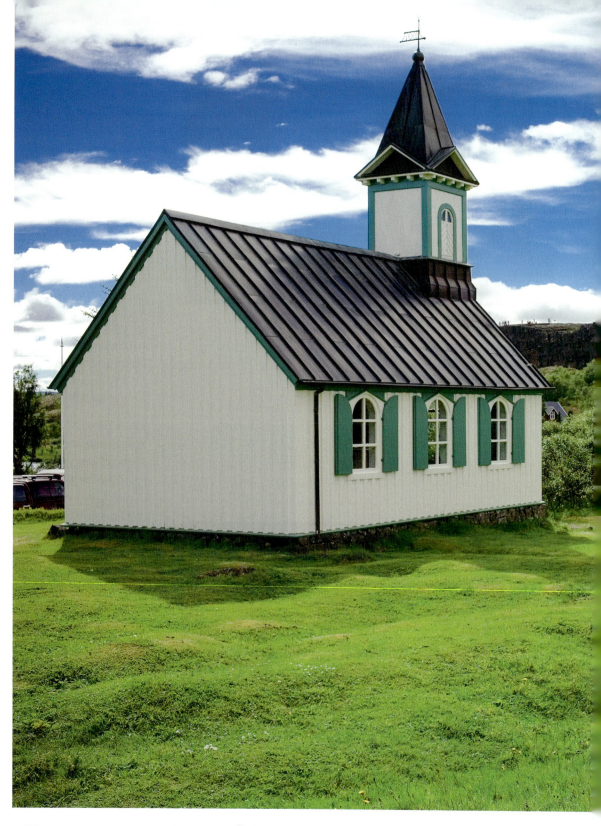

George Jardine

George hat mit diesem Foto das Gefühl eines warmen Sommertages auf Island perfekt eingefangen. Diese Aufnahme wirkt so friedlich. Schon beim Anschauen möchte ich es mir im Gras gemütlich machen und ein Nickerchen halten. Vielleicht sind es die hervorlugenden Felsen, die einfache Kirche, die isländische Flagge in der leichten Brise, die Andeutung des Flusses im Hintergrund, der blaue Himmel. Vielleicht ist es der ältere Herr mit dem karierten Kragen. Es kommt alles zusammen.

Die wirkliche Welt: Die Expedition als Diashow

Die Uhr tickte – und wir hatten nur noch Stunden, um für einen Empfang im Apple Store in Reykjavik eine Diashow über die Arbeit einer Woche zusammenzustellen. Überraschenderweise konnten wir diese Aufgabe sogar mit einer Betaversion von Lightroom gut erledigen. Hier unsere Schritte (allerdings mit der neuesten Version der Software).

Der Start im Bibliothek-Modul

Obwohl es möglich ist, im Diashow-Modul eine Auswahl zu treffen und die Reihenfolge der Bilder festzulegen, ist es einfacher, dies zuallererst zu erledigen – im Bibliothek-Modul.

Nach dem Import ausgewählter Fotos (je 1.600 × 1.200 Pixel) gingen wir so vor:

1. Wir legten im Bibliothek-Modul eine Kollektion an und nannten sie *Diashow der Expedition*. *Abb. 10-16*

Abbildung 10-16

2. Jetzt zogen wir die Miniaturen in die richtige Reihenfolge. Dazu setzen Sie den Cursor über den Bildbereich der Miniatur, klicken und ziehen dann das Bild an die gewünschte Position. Zwischen zwei vorhandenen Bildern erscheint eine dunkle Linie. *Abb.10-17* Lassen Sie nun den Cursor los. Das Sortieren funktioniert übrigens nicht, wenn Sie im Bedienfeld *Bibliothek* im Bereich *Alle Fotos* sind. Sie müssen sich in einem Ordner oder einer Kollektion befinden. Sie können einen Ordner oder eine Kollektion auch im Filmstreifen sortieren. (In der Werkzeugleiste steht jetzt: *Sortieren »Benutzerreihenfolge«*.)

Abbildung 10-17

3. Wir prüften, ob das *Fotograf*-Feld im *Metadaten*-Bedienfeld richtig ausgefüllt war. *Abb.10-18* (Die meisten Fotografen hatten hier bereits ihren Namen eingetragen, was uns die Arbeit erleichterte.)

Abbildung 10-18

Wechseln zum Diashow-Modul

Nun wechselten wir zum Diashow-Modul. Wir begannen mit der Standardvorlage. *Abb.10-19* Diese passten wir dann an. Die Standardvorlage enthielt Textfelder basierend auf der Erkennungstafel und dem Dateinamen. Wir löschten das Dateinamenfeld. Dann erzeugten wir einen eigenen Text auf der Grundlage des *Fotograf*-Metadatenfelds. (Im nächsten Abschnitt zeige ich Ihnen, wie das geht.) Die Position von Bildunterschrift und Erkennungstafel ließen wir vorerst unverändert.

Abbildung 10-19

Festlegen der Werte im rechten Bedienfeldbereich

Dies sind unsere Einstellungen für die verschiedenen Bedienfelder im rechten Bedienfeldbereich:

Optionen

Diese Werte verliehen unseren Dias den Anschein von Tiefe: *Abb. 10-20*

- *Schlagschatten:* angeklickt
- *Deckkraft:* 22 %
- *Offset:* 34 Px
- *Radius:* 32 Px
- *Winkel:* −144°

Abbildung 10-20

Layout

Die Layouteinstellungen ließen uns genug Platz für die Bildunterschriften und rahmten unser Bild nett ein: *Abb. 10-21*

- *Hilfslinien einblenden:* angeklickt
- Alle Regler: 106 Px

Abbildung 10-21

Überlagerungen

Zuerst versuchten wir es mit einer grafischen Erkennungstafel. *Abb. 10-22* Diese war aber nicht lesbar, daher wechselten wir zur Textvariante.

Es gibt verschiedene Möglichkeiten, den Editor für Erkennungstafeln zu öffnen. Doppelklicken Sie in der Hauptvorschau auf das Textfeld der Erkennungstafel. Klicken Sie im Bedienfeld *Überlagerungen* das *Erkennungstafel*-Kontrollkästchen an, klicken Sie bei gleichzeitig gedrückt gehaltener Option-/Alt-Taste auf das Feld und wählen Sie Bearbeiten aus dem Kontextmenü. *Abb.10-23*

Abbildung 10-22

Abbildung 10-23

Abbildung 10-24

Wir haben folgende Werte für die Erkennungstafel gewählt: *Abb. 10-24*

- *Farbe überschreiben:* angeklickt
- *Deckkraft:* 38 %
- *Maßstab:* 41 %

Bewertungssterne wollten wir nicht anzeigen lassen. Wir präsentierten unsere Arbeit auf einer Party zur Unterhaltung und nicht vor Kunden, für die die Bewertungen sicher von Nutzen gewesen wären. *Abb.10-25*

Abbildung 10-25

Wir aktivierten *Textüberlagerungen* und wählten diese Einstellungen: *Abb. 10-26*

- *Schriftartname:* Myriad Web Pro, eine sehr gut lesbare Schrift
- *Schriftart:* Regular

Abbildung 10-26

Abbildung 10-27

Abbildung 10-28

Der Text erhielt keinen Schlagschatten. *Abb.10-27*

Hintergrund

Wir erzeugten einen Hintergrund in neutralem Grau mit einem leichten Farbverlauf. *Abb.10-28* Unsere Einstellungen:

- *Deckkraft:* 50 %
- *Winkel:* 45°
- *Hintergrundbild:* nicht angeklickt
- *Hintergrundfarbe:* angeklickt

Abspielen

Im Bedienfeld *Abspielen* stellten wir ein, dass ein Soundtrack abgespielt werden sollte (eine klassische isländische Melodie). *Abb.10-29* Für die Dauer der Dias stellten wir Folgendes ein:

- *Dias:* 1,0 Sek.
- *Verblassen:* 0,3 Sek.

Letzter Schritt

Zuletzt bearbeiteten wir direkt im Vorschaufenster Größe und Position der Textfelder. Ich zeige Ihnen im nächsten Abschnitt, wie das geht.

Abbildung 10-29

Abbildung 10-30

Drücken Sie Abspielen

Als die Diashow fertig war und wir den Abspielen-Button angeklickt hatten, verschwand die elegante Lightroom-Oberfläche, und unsere Bilder wurden eines nach dem anderen in aller Schönheit dargeboten. *Abb. 10-30* Sie können unser fertiges Werk unter *http://digitalmedia.oreilly.com/lightroom/* im Bereich *Resources* bewundern.

Mikkel Aaland

Auf einer Schotterpiste nach Geyser begegnete uns plötzlich eine Gruppe von Reiterinnen, von denen ich viele Aufnahmen machte, während sie lachend vorbeiritten. Dann trabte eine Gruppe Pferde ohne Reiter vorbei. Dieses spezielle Pferd erregte meine Aufmerksamkeit mit seiner löwenartigen Mähne, die auf- und abschwang und die Morgensonne reflektierte. Das Foto ist etwas unscharf, da ich es mit einem 300-mm-Objektiv bei einer 1/180 Sekunde aufnahm. Mir gefällt aber, wie durch die Bewegung das Temperament des kräftigen Tieres ausgedrückt wird.

Metadaten und eigener Text für die Beschreibungen

Die wahrscheinlich faszinierendste Funktion des Diashow-Moduls ist die Fähigkeit, Metadaten eines Bildes in eine Bildunterschrift zu verwandeln, die völlig frei vergrößert, verkleinert oder neu positioniert werden kann. Außerdem können Sie eigenen Text als globale Bildbeschreibung für alle Dias festlegen.

Um eigenen Text anzulegen, der auf allen Dias an der gleichen Stelle auftaucht, klicken Sie auf das *ABC*-Icon in der Werkzeugleiste und tippen den Text in das sich öffnende Textfeld. *Abb. 10-31* Wenn Sie fertig sind, drücken Sie die Enter-Taste. Der Text erscheint auf der Arbeitsfläche in einem Kasten, dessen Größe und Lage Sie bearbeiten können.

Abbildung 10-31

Damit Sie die Metadaten als Beschreibung für die Dias benutzen können, verwenden Sie die Vorgaben aus dem Pop-up-Menü neben dem Textfeld. *Abb. 10-32* Falls Ihnen keine der Vorgaben zusagt, klicken Sie auf *Bearbeiten*. Dadurch wird der Textvorlagen-Editor geöffnet, der Ihnen viele Optionen bietet.

Abbildung 10-32

Den Textvorlagen-Editor benutzen

Im Textvorlagen-Editor (*Abb. 10-33*) können Sie eine neue Vorlage erzeugen, die beim nächsten Mal ebenfalls im Pop-up-Menü neben dem Textfeld auftaucht. Um z.B. eine Vorlage mithilfe des IPTC-Fotograf-Felds zu erzeugen, wählen Sie im Bereich *IPTC-Daten* des Dialogs den Eintrag *Fotograf* aus dem ersten Pop-up-Menü und klicken dann auf *Einfügen*. Oben im Dialog erscheint ein Beispiel. Zum Speichern wählen Sie *Aktuelle Einstellungen als neue Vorgabe speichern* aus dem Vorgabe-Pop-up-Menü, geben der Vorgabe einen Namen, klicken auf *Erstellen* und dann auf *Fertig*.

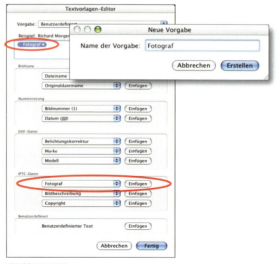

Abbildung 10-33

LIGHTROOM-DIASHOWS | 269

Abbildung 10-34

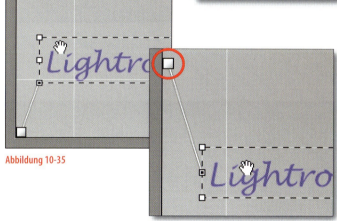

Abbildung 10-35

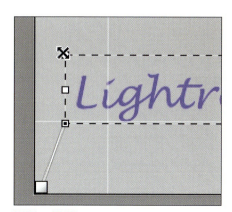

Abbildung 10-36

Mehrere Beschreibungen hinzufügen

Es sind beliebig viele Textfelder möglich. Klicken Sie für jedes neue Textfeld auf das *ABC*-Icon in der Werkzeugleiste, wählen Sie die Art des Textes im Pop-up-Menü oder tippen Sie den Text ein und drücken Sie Enter.

Mit Text arbeiten

Sie können ein Textfeld jederzeit bearbeiten und ändern. Um die Farbe oder die Schrift zu ändern, klicken Sie auf den Kasten, der den Text enthält. Der Abschnitt *Textüberlagerungen* im Bedienfeld *Überlagerungen* wird ausgewählt und ist bereit zum Bearbeiten. *Abb. 10-34* In einem Kasten sind nur gleiche Schriften oder Farben möglich, Sie können aber die Texteigenschaften in den einzelnen Kästen ändern.

Text verschieben und skalieren

Verschieben Sie den Textkasten, indem Sie ihn anfassen und ziehen. Dabei wird er mit Punkten am Rahmen des Bilds verbunden. Der Text fließt nun neben oder in einem Bild in gleichbleibender Entfernung vom Rand, ungeachtet der Größe oder Ausrichtung des Bildes. *Abb. 10-35* Skalieren Sie den Text, indem Sie die Ecken auf die gewünschte Größe ziehen. *Abb. 10-36*

Text ändern und löschen

Um einen Textkasten zu löschen, klicken Sie ihn in der Vorschau an und drücken die Löschtaste. Um eigenen Text zu ändern, wählen Sie den Textkasten aus und ändern diesen in der Werkzeugleiste. (Um Text zu ändern, der auf Metadaten beruht, müssen Sie diesen im Bedienfeld *Metadaten* des Bibliothek-Moduls neu eingeben.)

PRAXISWORKSHOP PHOTOSHOP LIGHTROOM

Eine PDF-Diashow exportieren

Falls Sie Ihre Diashow außerhalb der Lightroom-Umgebung weitergeben wollen, gibt es nur eine vorgefertigte Lösung: Sie speichern sie als PDF-Diashow. Ich zeige Ihnen hier, wie das geht. (Im nächsten Abschnitt lernen Sie noch eine andere Lösung kennen, mit der Sie Ihre Diashow im QuickTime-Format speichern können.)

Wenn Sie mit der Diashow fertig sind, wählen Sie *Exportieren* im rechten Bedienfeldbereich oder im Menü (*Diashow→Diashow exportieren*).
Abb. 10-37

> **HINWEIS:** *Eine PDF-Diashow hat recht beschränkte Fähigkeiten, vor allem bei den Übergängen. Neben der QuickTime-Lösung, die auf der nächsten Seite beschrieben wird, könnten Sie auch im Web-Modul eine Flash-basierte »Diashow« erzeugen. Diese Diashow mit sanften Übergängen (aber ohne Ton) können Sie dann im Web veröffentlichen. Oder Sie brennen die Dateien auf eine CD.*

Abbildung 10-37

Der Dialog aus *Abb. 10-38* öffnet sich.

Ihre einzigen Optionen sind die JPEG-Qualität und die Bildgröße. Wenn Sie *Automatisch Vollbildschirm anzeigen* wählen, wird die Diashow automatisch in voller Bildschirmgröße abgespielt.

Beachten Sie diesen Text in dem Dialog: *Adobe Acrobat-Übergänge erfolgen mit einer festen Geschwindigkeit.* Das bedeutet, dass die Lightroom-Einstellungen für die Übergänge ignoriert werden. Auch Musik wird nicht exportiert.

Zum Anschauen der PDF-Diashow benötigt man Adobe Acrobat Reader (kostenlos) oder Adobe Acrobat (nicht kostenlos).

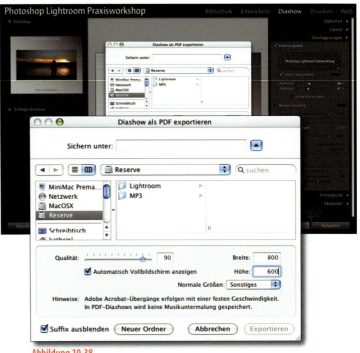
Abbildung 10-38

Ich finde es gut, wenn die wirkliche Welt und die Welt der Bücher sich begegnen, wie es mir passierte, als ich das Diashow-Kapitel für dieses Buch fertigstellte. Das Ergebnis ist eine hübsche Alternative für die eingeschränkte PDF-Exportfunktion für Diashows in Lightroom – stattdessen entsteht ein QuickTime-Film.

Eine QuickTime-Diashow herstellen

Hintergrund: Mein Mitabenteurer Derrick Story war zurück aus Sebastopol, wir saßen in meinem Studio und stellten für eine Onlinepräsentation eine Diashow unserer Expedition zusammen. Natürlich benutzten wir das Lightroom-Diashow-Modul und versuchten dann einen Export.

HINWEIS: Sie finden das Ergebnis unserer Problemlösung auf der O'Reilly-Site Inside Lightroom: digitalmedia.oreilly.com/lightroom. Schauen Sie unter Resources nach. (Dort gibt es noch viele weitere gute Lightroom-Ressourcen!)

Das Problem

Wie ich bereits anmerkte, ist die PDF-Diashow von Lightroom sehr eingeschränkt. Übergänge werden nicht beachtet, Ton ist auch nicht möglich. Eine PDF-Diashow war deshalb nicht das Richtige für uns.

Die Lösung

Ich habe Snapz Pro X zum Erstellen von Screenshots auf meinem Mac. *Abb. 10-39* Wir stellten die Auflösung meines Monitors auf 800 × 600 Pixel und »filmten« die Diashow dann mit Snapz Pro X – mit 15 Frames pro Sekunde. *Abb. 10-40* Derrick fügte in QuickTime Pro ein Flash-Intro hinzu, und wir erhielten einen Film, den man sich überall anschauen kann. *Abb. 10-41* (Snapz Pro X kostet etwa 69 $ und stammt von Ambrosia Software. Ein Windows-Programm zum Aufzeichnen von Filmen gibt es von Techsmith, den Machern von SnagIt.) QuickTime Pro ist nicht nötig, erweist sich aber als praktisch, falls Sie den Film bearbeiten wollen (30 € für Windows und Mac). Sie finden unseren fertigen QuickTime-Film auf der O'Reilly-Inside-Lightroom-Site.

Abbildung 10-39

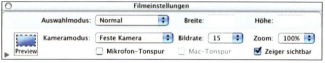

Abbildung 10-40

Abbildung 10-41

John McDermott

John fotografierte dieses Bild mit einem 50-mm-Objektiv bei Blende f/20 und 1 Sekunde Verschlusszeit (natürlich auf einem Stativ!). Die Belichtungszeit war so lang, dass das Wasser etwas unscharf wurde, dem ursprünglichen Bild fehlten allerdings wichtige Details in den Lichtern. John verwendete den Wiederherstellung-Regler im Entwickeln-Modul, um diese Lichter herauszuarbeiten. Außerdem erhöhte er die Sättigung etwas.

KAPITEL ELF

Drucken, Drucken, Drucken

Irgendwann werden Sie beim Arbeiten mit Ihren digitalen Fotografien auch einmal etwas ausdrucken wollen. Mit dem Drucken-Modul von Lightroom können Sie nicht einfach nur jedes Bild einzeln sondern gleich eine ganze Sammlung von Fotos an den Drucker schicken. Fertige Vorgaben wandeln die gewünschten Bilder in verschiedene Größen um, auch in Kontaktabzüge. Sie können natürlich auch eigene Vorgaben anlegen. Es ist ganz einfach, die Ausdrucke mit eigenen Texten – oder mit Texten auf Grundlage der Metadaten – zu versehen oder irgendwo auf dem Blatt eine Erkennungstafel zu platzieren. In diesem Kapitel erfahren Sie, wie das geht.

In diesem Kapitel
Das Drucken-Modul im Überblick
Ein Bild auswählen und drucken
Ausdrucke mit Text versehen
Mehrere Bilder drucken
Lightroom-Farbmanagement

Das Drucken-Modul im Überblick

Bevor wir uns mit dem Drucken befassen, wollen wir das Drucken-Modul auseinandernehmen und uns anschauen, was es zu bieten hat. Anschließend zeige ich Ihnen, wie Sie ein oder mehrere Bilder drucken, das Seitenlayout ändern und Text hinzufügen. Zum Schluss nehmen wir uns das Farbmanagement vor.

Dies ist das Drucken-Modul mit Bedienfeldern, Arbeitsfläche, Werkzeugleiste und Filmstreifen. *Abb. 11-1* Wie Sie inzwischen wissen, können Sie die Arbeitsfläche ändern, indem Sie Bedienfelder schließen oder den Filmstreifen vergrößern bzw. verkleinern.

Vorschau

In der Vorschau oben links sehen Sie die Layouts der Vorgaben aus dem Vorlagenbrowser. Wenn Sie den Cursor über den Namen einer Vorlage stellen, erscheint der Umriss des gewählten Layouts in der Vorschau – ohne Bilder.

Abbildung 11-1

Vorlagenbrowser

Im Vorlagenbrowser (*Abb. 11-2*) können Sie entweder Layouts wählen oder sich diese in der Vorschau (s.o.) anschauen, indem Sie den Cursor über den Namen der Vorlage stellen. Wenn Sie auf *Hinzufügen* klicken, erstellen Sie eine eigene Vorlage. Zum Entfernen von Benutzervorlagen (Lightroom-Vorlagen können nicht entfernt werden) wählen Sie den Namen und klicken auf *Entfernen*. Zum Aktualisieren einer Benutzervorlage klicken Sie mit rechts auf den Namen der Vorlage und wählen *Mit den aktuellen Einstellungen aktualisieren* aus dem Kontextmenü. (Bei Lightroom-Vorgaben funktioniert das nicht. Hier erzeugen Sie stattdessen eine neue Vorlage mit dem Menübefehl *Drucken→Neue Vorlage*.)

Abbildung 11-2

Arbeitsfläche

Die Arbeitsfläche besteht aus dem Bildlayout, den angezeigten Informationen sowie dem Lineal und den Hilfslinien. *Abb. 11-3* Die Anzeige der Informationen, Lineale und Hilfslinien kontrollieren Sie mithilfe des Menüs *Ansicht* oder den Tastaturbefehlen.

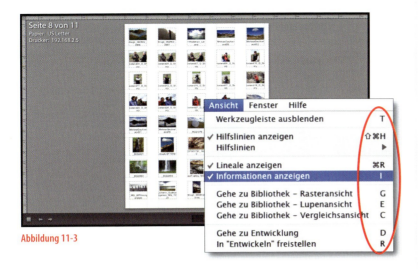

Abbildung 11-3

Bildeinstellungen

Nun zum rechten Bedienfeldbereich und dem Bedienfeld *Bildeinstellungen*. Mit den Optionen *Zoomen, um Rahmen zu füllen*, *Automatisch drehen und einpassen* sowie *Ein Foto pro Seite wiederholen* legen Sie fest, wie die Bilder die Zellen ausfüllen. *Abb. 11-4* Wenn Sie *Kontur* aktivieren, erzeugen Sie einen einfachen farbigen Rahmen, der bei allen ausgewählten Bildern zu sehen ist.

Abbildung 11-4

Layout

Im Bedienfeld *Layout* passen Sie das Seitenlayout an bzw. überprüfen die Einstellungen der ausgewählten Vorlage. *Abb. 11-5* Mit den Reglern für die Ränder stellen Sie die Größe der einzelnen Zellen ein. Legen Sie bei *Seitenraster* die Anzahl der Zellen in den Reihen und Spalten fest. *Zellenabstand* bestimmt den Abstand zwischen den Zellen und *Zellengröße* die Größe der Zellen. (Die Größe der einzelnen Zellen wird anhand der Gesamtanzahl an Zellen und der Seitengröße ermittelt.) Wenn Sie *Quadrat beibehalten* aktivieren, erhalten Sie quadratische Zellen. Außerdem steuern Sie hier die Anzeige der Hilfslinien, Lineale, Ränder, Bundstege, Bildzellen und Bildausdruckgrößen.

Abbildung 11-5

Überlagerungen

Im Bedienfeld *Überlagerungen* legen Sie fest, welche Texte und andere Elemente (wie etwa Seitenzahlen, Seiteninformationen und Schnittmarken) zusammen mit den Bildern gedruckt werden. *Abb. 11-6* Die Texte basieren entweder auf einer Erkennungstafel oder den Bildmetadaten. Auch eigener Text ist möglich. Bei Metadatentext sind die Schriftgrößen begrenzt, Sie können auch keine andere Schriftart wählen. Um größere und andere Schriften zu erhalten, müssen Sie eine eigene Erkennungstafel anlegen.

Abbildung 11-6

Druckauftrag

Im Bedienfeld *Druckauftrag* geben Sie die Druckauflösung, das Farbmanagement und die Art der Schärfung an. *Abb. 11-7* Wenn Sie das Kontrollkästchen *Drucken im Entwurfsmodus* aktivieren, erhalten Sie schnell einen Ausdruck Ihres Bildes in Bildschirmauflösung. Falls Sie *Druckauflösung* nicht aktivieren, benutzt Lightroom nur die in der Bilddatei vorhandene Anzahl Pixel und interpoliert nicht. Die tatsächliche Druckauflösung ist also anders, je nach Druckgröße und Größe der Originaldatei.

Abbildung 11-7

Druckauflösung

Mit der Option *Druckauflösung* benutzt Lightroom 240 ppi als Standarddruckauflösung, Sie können aber Werte zwischen 72 und 480 ppi eingeben. *Abb. 11-8* Bei vielen Desktop-Druckern erhöht eine Auflösung von mehr als 240 ppi die Qualität nicht merklich, sondern verlängert nur die Druckzeit.

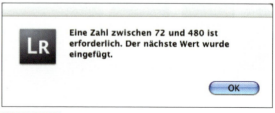
Abbildung 11-8

Abbildung 11-9

Abbildung 11-10

Abbildung 11-11

Abbildung 11-12

Ausdruck schärfen

Es gibt für das Schärfen nur drei Werte: *Niedrig*, *Mittel* und *Hoch*. *Abb. 11-9* Allerdings ist es nicht so einfach, wie es klingt. Wie stark tatsächlich geschärft wird, wird relativ zur Größe des Bildes entschieden – sehr klug. Adobe fasst das sehr hübsch zusammen:

»Das Schärfen ist oft eine Frage des persönlichen Geschmacks. Probieren Sie selbst aus, bei welcher Einstellung Ihnen das Ergebnis am besten gefällt. Benutzen Sie als Ausgangspunkt Niedrig oder Mittel für Ausdrucke, die 8,5 × 11 Zoll oder kleiner, und Hoch für Ausdrucke, die 13 × 19 Zoll oder größer sind."

Farbmanagement

Sie können das Farbmanagement vom Drucker oder durch ein eigenes Profil erledigen lassen. *Abb. 11-10*

Mit den Einstellungen *Perzeptiv* und *Relativ* für die Renderingqualität geben Sie an, wie das Farbmanagement erfolgen soll. *Abb. 11-11* Ich werde später noch einmal auf das Farbmanagement zurückkommen.

Druckeinstellungen- und Drucken-Buttons

Am Ende des rechten Bedienfeldbereichs finden Sie die Buttons *Druckeinstellungen* und *Drucken*. *Abb. 11-12*

Wenn Sie auf *Druckeinstellungen* klicken, öffnet sich ein Dialog mit Einstellungen entsprechend dem verwendeten Betriebssystem und Ihrem Drucker.

Dies ist der Druckdialog für meinen Mac und einen HP Designjet 20 PS-Drucker. *Abb. 11-13* Hier stellen Sie u.a. die Druckqualität ein. Wenn Sie auf *Drucken* klicken, wird Ihnen ein vergleichbarer Dialog für Ihren Computer angezeigt. Sollten Sie nach dem Eingeben dieser Werte eine eigene Vorlage anlegen, müssen Sie, solange Sie diese spezielle Vorlage verwenden, diese Werte nicht noch einmal eingeben.

Abbildung 11-13

Die Werkzeugleiste im Drucken-Modul

Die Werkzeugleiste am unteren Ende der Arbeitsfläche besitzt wenige Steuerungen, die meist nur dann relevant sind, wenn Sie mehr als eine Seite drucken wollen. Das kleine Quadrat bringt Sie auf die erste Seite, mit den Pfeilen blättern Sie. *Abb. 11-14* (Sie können Bilder auch zur Ansicht aus dem Filmstreifen wählen.) Falls mehr als eine Seite vorhanden ist, wird dies in der Werkzeugleiste vermerkt. Mit dem Button *Seite einrichten* gelangen Sie in den entsprechenden Dialog Ihres Betriebssystems, in dem Sie die Seitengröße und weitere Druckparameter eingeben können.

Abbildung 11-14

Der Filmstreifen im Drucken-Modul

Der Filmstreifen des Drucken-Moduls kann sehr nützlich sein. *Abb. 11-15* Hier wählen Sie Bilder zum Druck aus.

Abbildung 11-15

Bei Bedarf können Sie Entwicklungsvor-

DRUCKEN, DRUCKEN, DRUCKEN | 281

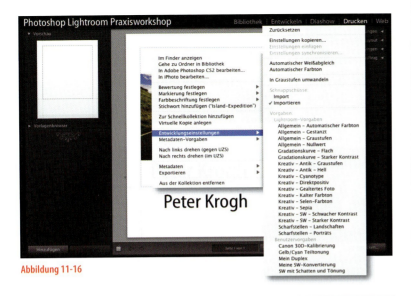

Abbildung 11-16

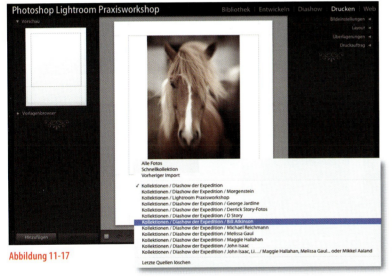

Abbildung 11-17

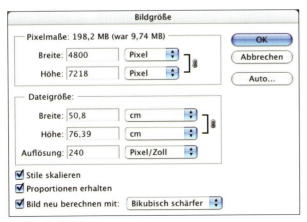

Abbildung 11-18

gaben anwenden, ohne das Drucken-Modul zu verlassen. Dazu klicken Sie mit rechts auf ein Bild und wählen aus dem Kontextmenü eine Vorgabe. *Abb. 11-16* (Das Kontextmenü hält natürlich noch viel mehr Optionen bereit, die Sie auf die Bilder anwenden können, ohne das Drucken-Modul zu verlassen.)

Falls die Bilder, die Sie drucken wollen, im Filmstreifen nicht zu finden sind, benutzen Sie das Pop-up-Menü, um sich die gesamte Bibliothek oder eine zuvor betrachtete Kollektion anzeigen zu lassen. *Abb. 11-17*

Lightroom-Interpolation

Lightroom berechnet Bilder automatisch neu, um sie an eine angegebene Druckgröße anzupassen. (Wenn Sie das Kontrollkästchen *Druckauflösung* im Bedienfeld *Druckauftrag nicht anklicken*, führt Lightroom keine Neuberechnung durch.) Sie müssen im Gegensatz zu Photoshop weder einen Bildgröße-Dialog öffnen noch Maße oder eine Interpolationsmethode eingeben. *Abb. 11-18* Ist das »Bequemlichkeit« auf Kosten der Qualität? Wie ich in Kapitel 9 erläutert habe, führt Lightroom die Neuberechnung im linearen Raum aus, und das ist gut so. Wenn Sie ein Bild mit niedriger Auflösung stark vergrößern, leidet natürlich die Qualität, das wäre aber auch in Photoshop der Fall gewesen. (Ich habe Lightroom nicht mit anderen Produkten verglichen, die ein Up- oder Downsampling durchführen, wie Genuine Fractals.)

Ein Bild auswählen und drucken

Okay, lassen Sie uns nun einen ganz einfachen Vorgang anschauen: die Auswahl und das Drucken eines einzigen eine ganze Seite füllenden Bildes ohne Text. In den folgenden Abschnitten steigern wir die Komplexität, indem wir Text hinzufügen und dann mehrere Bilder auf eine oder auf mehrere Seiten drucken.

Wählen Sie zuerst ein Bild aus. *Abb. 11-19* Dies können Sie im Bibliothek-Modul oder – falls das Bild zu sehen ist – im Filmstreifen des Drucken-Moduls erledigen. Um aus einem anderen Modul zum *Drucken*-Modul zu wechseln, klicken Sie entweder in der Modulauswahl auf Drucken oder verwenden das Tastenkürzel ⌘+Option+4 (Strg+Alt+4).

Abbildung 11-19

Die Vorlage Größe maximieren

Im Drucken-Modul wählen Sie die Vorlage *Größe maximieren* aus dem Vorlagenbrowser. *Abb. 11-20* Im Vorschaufenster sehen Sie eine Vorschau der Vorlage. (Später zeige ich Ihnen, wie Sie vorhandene Vorlagen ändern und eigene erstellen.)

Abbildung 11-20

Die Seite einrichten

Wählen Sie *Seite einrichten* aus der Werkzeugleiste oder aus dem Datei-Menü (*Datei→Seite einrichten*). Stellen Sie in dem Dialog (die für Windows und Mac verschieden ist) den passenden Drucker und die Papiergröße ein. *Abb. 11-21* Das Bild wird automatisch passend skaliert.

Abbildung 11-21

DRUCKEN, DRUCKEN, DRUCKEN | **283**

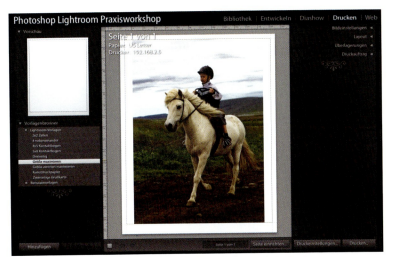

Abbildung 11-22

Das Ergebnis sollte etwa so aussehen wie in *Abb. 11-22*. Um Informationen, die mit der Seite zusammenhängen, direkt auf der Arbeitsfläche anzeigen zu lassen, wählen Sie *Ansicht→Informationen anzeigen* aus dem Menü oder drücken die Taste I. Zum Einblenden der Lineale an den Seiten wählen Sie *Ansicht→Lineale anzeigen* oder drücken ⌘+R (Strg+R).

Zoomen, um Rahmen zu füllen

Wenn Sie im Bedienfeld *Bildeinstellungen* das Kontrollkästchen *Zoomen, um Rahmen zu füllen* aktivieren, können Sie ein Blatt Papier noch besser ausnutzen. Das Bild wird allerdings möglicherweise beschnitten, um maximale Abdeckung zu gewährleisten. *Abb. 11-23*

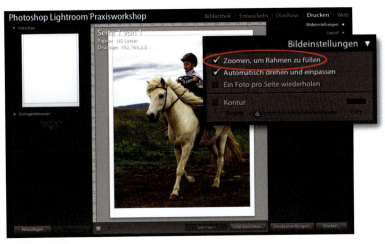

Abbildung 11-23

Eine Kontur hinzufügen

Mit der Option *Kontur* aus dem Bedienfeld *Bildeinstellungen* fügen Sie einen einfachen farbigen Rahmen hinzu. Die Breite legen Sie mit dem Regler und die Farbe mit dem Farbfeld fest. Dieses Bild besitzt eine 20 Punkt breite, schwarze Kontur. *Abb. 11-24*

Abbildung 11-24

Die Größe verändern

Wir haben mit der Vorlage *Größe maximieren* begonnen, die automatisch versucht, die Seite zu füllen. Sie können das Bild aber auch manuell auf eine andere Größe oder Position einstellen. Dazu verwenden Sie das Bedienfeld *Layout* (*Abb. 11-25*) oder die Hilfslinien auf der Arbeitsfläche. Setzen Sie den Cursor über eine der Hilfslinien und ziehen Sie nach oben oder unten. Sie werden sehen, dass sich die Regler im *Layout*-Bedienfeld entsprechend verschieben.

Abbildung 11-25

Letzte Einstellungen (fast)

Sie sind nun fast fertig zum Drucken. Geben Sie im Bedienfeld *Druckauftrag* die letzten Werte an. *Abb. 11-26*

Abbildung 11-26

Drucken im Entwurfsmodus Wählen Sie diese Option nur, wenn Sie einen schnellen Ausdruck in Bildschirmauflösung haben wollen. Lightroom benutzt dazu gespeicherte Fotovorschauen. Alle anderen Druckoptionen sind in diesem Fall abgeblendet.

Druckauflösung Klicken Sie im Bedienfeld *Druckauftrag* auf *Druckauflösung* und wählen Sie einen Wert. Der Standardwert von 240 ppi funktioniert bei den meisten Desktop-Druckern gut. (Je größer der ppi-Wert ist, umso länger dauert das Drucken.) Wenn Sie diese Option ausgeschaltet lassen, rechnet Lightroom das Bild nicht um, und die ppi-Zahl wird aus der ursprünglichen Pixelzahl im Bild und der Druckgröße ermittelt.

DRUCKEN, DRUCKEN, DRUCKEN | 285

Abbildung 11-27

Abbildung 11-28

Ausdruck schärfen Wählen Sie *Niedrig*, wenn Sie mit den Detaileinstellungen aus dem Entwickeln-Modul zufrieden sind. *Abb. 11-27* Die beiden anderen Einstellungen »verstärken« das vorhandene Schärfen basierend auf Druckgröße und ppi-Einstellung. Die richtige Schärfeeinstellung wird durch viele Variablen bestimmt: die Art von Drucker, Papier, Tinte, Bild etc. Probieren Sie es am besten aus.

Farbmanagement Im Bedienfeld *Druckauftrag* legen Sie außerdem das Farbmanagement fest.

Drücken Sie Druckeinstellungen/Drucken

Klicken Sie nun auf *Druckeinstellungen* oder auf *Drucken*. *Abb. 11-28* Mit *Druckeinstellungen* öffnen Sie den Druckdialog Ihres Betriebssystems, in dem Sie je nach Ihrem Druckertreiber Bildqualität, Papier etc. auswählen können. Wenn Sie aus dem Pop-up-Menü *Farbmanagement* des Bedienfelds *Druckauftrag* ein eigenes Profil wählen, denken Sie daran, das Farbmanagement des Druckers zu deaktivieren, da es ansonsten zu Problemen kommt.

> **HINWEIS:** *Ich schlage vor, dass Sie zum Schluss eine eigene Vorlage aus diesen Werten erzeugen. Wählen Sie dazu Hinzufügen am unteren Ende des linken Bedienfeldbereichs. Geben Sie der neuen Vorlage einen Namen. Sie können sie später im Vorlagenbrowser umbenennen. Alle Druckeinstellungen einschließlich der Werte im Druckdialog werden auf diese Weise gespeichert.*

John McDermott

Islands Pferde haben ein sehr romantisches Image, John hat allerdings mit dieser Aufnahme eine andere Seite eingefangen. Ich habe John mehrmals gefragt, was er zu dem Pferd gesagt hat, aber er hat es mir nicht verraten. John fotografierte dieses Bild mit einer Canon EOS 5D. Er verwendete ein 16–35-mm-Objektiv, eingestellt auf 16mm, Blende f/4 bei 1/500 Sekunde. John bearbeitete das Bild in Lightroom leicht nach, er verringerte die Belichtung auf −0,33 und setzte den *Wiederherstellung*-Regler im Entwickeln-Modul ein, um die Details im Himmel zu verstärken.

Ausdrucke mit Text versehen

Es gibt verschiedene Möglichkeiten, Ihre Ausdrucke um Text zu ergänzen. Sie können eine vorhandene Erkennungstafel drucken, die Text enthält, eigenen Text erzeugen oder Metadaten wie Dateinamen, Titel, Bildbeschreibungen, Fotograf und Stichwörter benutzen, die Sie Ihrem Bild zugewiesen haben.

Wir wollen zunächst annehmen, dass Sie bereits eine Erkennungstafel haben, die Text enthält. (Die Erkennungstafel kann natürlich auch eine Grafik sein. In diesem Fall gilt alles, was ich hier schreibe … bis auf die Stelle, in der es um das Bearbeiten des Texts geht.)

Klicken Sie auf *Erkennungstafel* im Bedienfeld *Überlagerungen*. *Abb. 11-29* Ihre aktuelle Erkennungstafel erscheint im Kasten. Sie taucht außerdem innerhalb eines Rahmens auf der Arbeitsfläche auf.

Abbildung 11-29

Platzierung der Erkennungstafel

Sie können die Ausrichtung des Rahmens oben rechts im Bedienfeld mit der Gradangabe ändern. (Wenn Sie auf *0°* klicken, öffnet sich ein Pop-up-Menü.) Wählen Sie *Farbe überschreiben* und legen Sie durch einen Klick auf das Farbfeld eine andere Textfarbe fest. Mit den Reglern steuern Sie die Deckkraft und den Maßstab des Textes (oder der Grafik).

Die Option *Hinter Bild rendern* setzt die Erkennungstafel ganz oder teilweise hinter das Bild. Mit *Auf jedes Bild rendern* setzen Sie den Inhalt der Erkennungstafel direkt in die Mitte jedes Bildes im Layout. *Abb. 11-30* Verwenden Sie die Regler *Deckkraft* und *Maßstab*, um den Inhalt des Kastens zu steuern.

Wenn Sie das Kontrollkästchen *Auf jedes Bild rendern* nicht aktiviert haben, können Sie direkt auf der Arbeitsfläche in dem

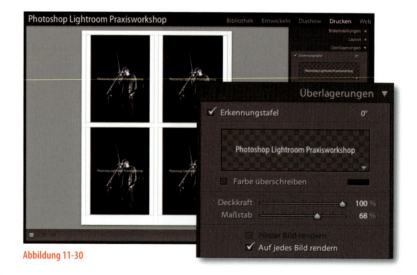
Abbildung 11-30

Abbildung 11-31

Abbildung 11-32

Kasten arbeiten. Klicken Sie hinein und ziehen Sie ihn an die gewünschte Stelle. *Abb. 11-31* Der Text füllt nur eine Zeile und kann lediglich bis zur Breite oder Länge der Seite vergrößert werden.

Eigenen Text erzeugen

Um eine Erkennungstafel mit eigenem Text zu erzeugen, doppelklicken Sie auf der Arbeitsfläche auf den Kasten oder wählen Bearbeiten aus dem Pop-up-Menü im Bedienfeld. *Abb. 11-32* Der Editor für Erkennungstafeln öffnet sich. Hier geben Sie den Text ein und legen die Schrift fest.

Seitennummern etc. hinzufügen

Wählen Sie *Seitenoptionen* im Bedienfeld *Überlagerungen*. Nun können Sie Seitennummern, Seiteninformationen oder Schnittmarken hinzufügen. *Abb. 11-33* Auf die Größe oder Position dieser Elemente haben Sie keinen Einfluss; Seitennummern und Seiteninformationen (Schärfeeinstellung, Profil und Druckername) erscheinen jeweils am Ende einer Seite. Klicken Sie die entsprechenden Kontrollkästchen an, um die jeweiligen Elemente hinzuzufügen.

Metadaten für die Seiteninformationen benutzen

Wenn Sie *Fotoinfo* im Bedienfeld *Überlagerungen* wählen, können Sie Text auf der Grundlage der vorhandenen Metadaten in das Bild einfügen oder Ihren eigenen Text erzeugen. Der Text steht immer unter dem Bild, und Sie haben nur eine begrenzte Auswahl an Schriftgrößen bzw. keine Auswahl an Schriftarten oder Farben. Nehmen Sie eine der Vorgaben oder wählen Sie Bearbeiten, um den Textvorlagen-Editor zu öffnen, in dem Sie Ihre eigene Vorlage erzeugen bzw. bearbeiten können.

Abbildung 11-33

HINWEIS: Wenn Sie Sequenz *aus dem* Fotoinfo-*Pop-up-Menü wählen, stattet Lightroom die Bilder mit Nummern aus, und zwar entsprechend der zu druckenden Anzahl an Fotos (z.B. 1/10, 2/10 etc. bei 10 Bildern).*

Mehrere Bilder drucken

Sie können mehrere Bilder auf einer oder mehreren Seiten drucken. Es ist aber auch möglich, mehrere Kopien desselben Bildes auf eine Seite zu drucken. Außerdem können Sie Bilder so beschneiden, dass sie in ein bestimmtes Layout passen. All das ist ganz einfach! Schauen wir uns an, wie es geht.

Zuerst erstelle ich einen Kontaktbogen; dann wenden wir uns anderen Layouts zu.

Einen Kontaktbogen erzeugen

Um einen Kontaktbogen zu erzeugen, wählen Sie zuerst im Bibliothek-Modul oder im Filmstreifen des Drucken-Moduls die gewünschten Bilder aus. Für dieses Beispiel begann ich im Bibliothek-Modul. Ich begab mich in die Diashow-Kollektion und drückte ⌘+A (Strg+A), um alle Bilder auszuwählen. *Abb. 11-34*

Abbildung 11-34

(Wenn Sie im Drucken-Modul sind, können Sie ebenfalls ⌘+A (Strg+A) drücken, um alle Bilder im Filmstreifen auszuwählen. Mit ⌘+D (Strg+D) heben Sie die Auswahl wieder auf.)

Überprüfen Sie mithilfe der Zahl oben links oder unten rechts im Drucken-Modul, ob alle gewünschten Bilder ausgewählt sind. *Abb. 11-35*

Abbildung 11-35

Wählen Sie eine der vorhandenen bzw. eine Ihrer eigenen Kontaktbogen-Vorlagen im *Vorlagenbrowser* (entweder aus dem Ordner *Lightroom-Vorlagen* oder aus dem Ordner *Benutzervorlagen*). Ich habe hier 4×5 *Kontaktbogen* gewählt. *Abb. 11-36* Wenn Sie die Auswahl für ein oder mehrere Bilder im Filmstreifen aufheben, werden diese auch aus dem Kontaktbogen entfernt. Klicken Sie dazu mit gedrückter ⌘-(Strg-)Taste auf das zu entfernende Bild im Filmstreifen.

Abbildung 11-36

Abbildung 11-37

Legen Sie im *Überlagerungen*-Bedienfeld fest, welchen Text Sie aufnehmen wollen. Ich habe in diesem Beispiel eine textbasierte Erkennungstafel mit den Worten »Photoshop Lightroom Praxisworkshop« erzeugt und etwa in der Mitte der Seite positioniert. Außerdem wählte ich das Metadatenfeld *Fotograf*. Dadurch erschien der Name des Fotografen unter den einzelnen Bildern. *Abb. 11-37* (Der Dateiname könnte eine weitere nützliche Information für einen Kontaktbogen sein.)

In den Bedienfeldern *Bildeinstellungen* und *Layout* können Sie das Layout des Kontaktbogens bearbeiten. Klicken Sie zum Schluss auf *Drucken* am unteren Ende des rechten Bedienfeldbereichs. Sichern Sie Ihr Layout als eigene Vorlage.

Ein Bild pro Seite, mehrere Seiten

Nehmen wir an, Sie sind mit dem Drucken des Kontaktbogens fertig. Nun wollen Sie mehrere Bilder der gleichen Kollektion größer drucken. Wählen Sie dazu einfach eine andere Vorlage aus dem Vorlagenbrowser. Ich habe mich hier für *Kunstdruckpapier* entschieden. *Abb. 11-38* Wie Sie in den Informationen sehen, sind alle 192 Bilder bereit zum Ausdruck im neuen Layout. Ich möchte aber gar nicht alle 192 Bilder drucken, deshalb entferne ich mithilfe des Filmstreifens die unerwünschten Bilder aus der Auswahl (mit ⌘+Klick bzw. Strg+Klick auf das zu entfernende Bild). Jetzt sind es noch 22 Bilder. Ich habe außerdem eine Erkennungstafel und ein *Fotograf*-Feld hinzugefügt. Die Erkennungstafel ist auf allen 22 Bilder zu sehen, das *Fotograf*-Feld enthält den Namen des Fotografen aus dem entsprechenden IPTC-Metadatenfeld.

Abbildung 11-38

Ein Bild mehrmals pro Seite

Ich kann ein Bild auch mehrmals auf die gleiche Seite drucken lassen. Hier habe ich die Vorlage *2×2 Zellen* aus dem Vorlagenbrowser gewählt. *Abb. 11-39* Im Bedienfeld *Bildeinstellungen* habe ich das Kontrollkästchen *Ein Foto pro Seite wiederholen* aktiviert.

Abbildung 11-39

Da das Bild im Querformat ausgerichtet ist, füllt es die Zellen nicht aus. Das lässt sich ändern: Klicken Sie einfach auf *Automatisch drehen und einpassen* im Bedienfeld *Bildeinstellungen*. *Abb. 11-40*

Abbildung 11-40

Bilder positionieren

Hier habe ich mich im Vorlagenbrowser für die Vorlage *4 Nebeneinander* entschieden. *Abb. 11-41* Wie Sie sehen, wurden die Bilder beschnitten, da sie ein anderes Seitenverhältnis als die Zellen aufweisen und standardmäßig das Kontrollkästchen *Zoomen, um Rahmen zu füllen* im Bedienfeld *Bildeinstellungen* aktiviert ist.

Abbildung 11-41

DRUCKEN, DRUCKEN, DRUCKEN | **293**

Wenn ich *Zoomen, um Rahmen zu füllen* deaktiviere, werden die Bilder nicht beschnitten. Allerdings hat es nicht die beabsichtigte Wirkung. *Abb. 11-42*

Abbildung 11-42

Was tun? Ich kann die Zoom-Option wieder einschalten und dann die einzelnen Bilder in ihren Zellen so anordnen, dass nur die Teile sichtbar sind, die ich wirklich zeigen will. Klicken Sie dazu auf ein Bild und ziehen Sie es so lange hin und her, bis die relevanten Bereiche zu sehen sind. Wiederholen Sie das mit allen Zellen. *Abb. 11-43*

HINWEIS: *Sie können die Größe der Zellen im Bedienfeld Layout des Drucken-Moduls ändern. Allerdings sind verschiedene Zellengrößen auf einer Seite nicht möglich, sondern alle Zellen müssen gleich groß sein.*

Abbildung 11-43

Jóhann Guðbjargarson

Jóhann nahm dieses Bild am letzten Tag unserer Expedition in einer kleinen Straße in Reykjavik auf. Ich mag die Komposition und wie sie das Wesen dieser ruhigen Stadt einfängt. Außerdem handelt es sich um ein hübsches Foto meiner Tochter Miranda, die uns zusammen mit ihrer Schwester Ana und meiner Frau Rebecca am Ende unserer Reise besuchte. Das Foto wurde mit einer Canon 5D mit einem 35-mm-Objektiv und Blende f/1.4 aufgenommen. Folgende Parameter verwendete Jóhann im Entwickeln-Modul: Belichtung: −0,61, Wiederherstellung: 9, Helligkeit: +44, Kontrast: +91, Lebendigkeit: +13.

Lightroom-Farbmanagement

Sie haben beim Farbmanagement im Drucken-Modul von Lightroom mehrere Möglichkeiten. Sie können ein eigenes Druckerprofil verwenden oder das Farbmanagement an die Druckersoftware delegieren. Außerdem können Sie festlegen, wie Lightroom das Bild in einen Druckfarbraum umwandelt.

CM-Profile

Es gibt zwei Pop-up-Menüs im Abschnitt *Profile* des Bedienfelds *Farbmanagement*.

Vom Drucker verwaltet

Wenn Sie diese Option auswählen, übergeben Sie die Kontrolle über die Behandlung der Farbe an die Treibersoftware Ihres Druckers. Vor dem Drucken müssen Sie den Druckertreiber öffnen und die entsprechenden Einstellungen vornehmen. Jeder Druckertreiber ist anders. Ich verwende einen HP Designjet 20 PS und erhalte folgende Dialoge, wenn ich auf *Druckeinstellungen* am unteren Ende des rechten Bedienfeldbereichs klicke. *Abb. 11-45* Wichtig ist, dass Sie hier unter *Voreinstellungen Colorsync* (Mac) oder *ICM Color Management* (Windows) als Option zur Farbkorrektur wählen. Sie müssen außerdem die passende Qualitätseinstellung und das Papier angeben (dies allerdings ungeachtet der Farbmanagementmethode).

Abbildung 11-44

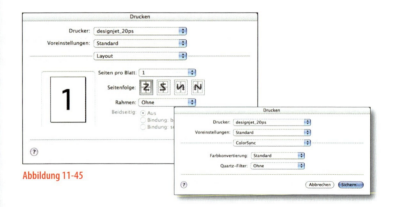

Abbildung 11-45

Andere...

Wenn Sie *Andere* wählen, öffnet sich ein Dialog. *Abb. 11-46* Es handelt sich hier um eine Liste der Druckerprofile, die mit Ihrem Drucker geliefert wurden oder die Sie selbst geladen haben. (Ist kein Profil geladen, ist dieses Dialogfeld leer.) Diese Profile beachten viele Faktoren wie den Drucker, den Farbraum und die Papierart. Klicken Sie die Kontrollkästchen der gewünschten Profile an.

Abbildung 11-46

DRUCKEN, DRUCKEN, DRUCKEN

Abbildung 11-47

Abbildung 11-48

Perzeptives Rendering versucht, die visuelle Beziehung zwischen den Farben beizubehalten, und ist im Allgemeinen die beste Wahl zum Drucken von Farbbildern. Allerdings können sich Farben, die im Bereich liegen, ändern, wenn Farben, die außerhalb liegen, in reproduzierbare Farben gewandelt werden.

Relatives Rendering bewahrt dagegen die im Bereich liegenden Farben und wandelt außerhalb liegende Farben in die nächstliegenden reproduzierbaren Farben um. Die Option Relativ bewahrt mehr der Originalfarben und eignet sich, wenn nur wenige Farben aus dem Bereich herausfallen. Welche Methode am besten ist, müssen Sie von Fall zu Fall entscheiden.

Das gewählte Profil erscheint als Auswahlmöglichkeit im Pop-up-Menü. *Abb. 11-47* Um es zu entfernen, wählen Sie erneut *Andere* und deaktivieren Ihre Wahl. Eigene Druckerprofile legen Sie in den *Colorsync-* (Mac) oder *Color-*Ordner (Windows) Ihres Computers. Auf dem Mac finden Sie diesen Ordner im Ordner *Library*. Unter Windows ist der *Color-*Ordner ein wenig versteckt, suchen Sie deshalb nach der Erweiterung *.icm*, um ihn zu finden. Starten Sie Lightroom neu, nachdem Sie das Profil in den Ordner gelegt haben. Nun sollte das Profil in der Liste auftauchen. Ich möchte die Warnung aus dem Bedienfeld *Druckauftrag* noch einmal bekräftigen: Wenn Sie ein eigenes Profil verwenden, müssen Sie das Farbmanagement im Druckertreiber-Dialog deaktivieren. Sie wollen schließlich nicht, dass *sowohl* das eigene Profil *als auch* der Drucker Ihre Farben verwalten.

Die Renderpriorität festlegen

Die letzte Option für das Farbmanagement über das Lightroom-Drucken-Modul ist die Renderpriorität. Sie haben zwei Möglichkeiten: *Perzeptiv* und *Relativ*. *Abb. 11-48* Ich erkläre Ihnen kurz, wie Lightroom den Farbraum behandelt. Der Arbeitsfarbraum von Lightroom, ProPhoto RGB, ist ausgesprochen breit und nachsichtig. Wenn Sie Ihr Foto im Entwickeln-Modul bearbeiten und es z.B. übersättigen, ist dieser Farbraum groß genug, um mit den zusätzlichen Farben klarzukommen. Beim Druck sind Ihr Computer und oft auch Ihr Drucker dazu nicht in der Lage. Die Optionen *Perzeptiv* und *Relativ* legen fest, wie Farben, die aus dem Bereich herausfallen, verarbeitet werden.

Bill Atkinson

Auf Island haben die Apollo-Astronauten für die erste Mondlandung trainiert, und ich glaube, Bill hat das lunare Gefühl schon ziemlich gut getroffen. Ich spüre außerdem einen Hauch von Zen. Bill verwendete ein Phase One P45-Rückteil auf einer Hasselblad sowie ein 50-mm-Objektiv. Er fotografierte mit 1/6 Sekunde und Blende f/18. Die Nachbearbeitung in Lightroom beschränkte er wie immer auf das Allernötigste.

KAPITEL ZWÖLF

Eine Webgalerie erstellen

Die Auswahl von Fotos und die Erstellung einer Webgalerie können Sie im Web-Modul von Lightroom schnell und bequem erledigen. Lightroom generiert alle Komponenten, die Sie für Ihre Website brauchen, von den Miniaturbildern über die größeren Vorschauversionen der Fotos bis hin zum notwendigen Code, der alles zusammenhält. Sie haben die Wahl zwischen Standard-HTML und dem peppigeren »Flash«-Stil. Wenn Sie wollen, lädt Lightroom Ihre fertige Webgalerie sogar auf einen Server. In diesem Kapitel erfahren Sie, wie das geht.

In diesem Kapitel
Das Web-Modul im Überblick
Eine Webgalerie anpassen
Webgalerien Text hinzufügen

Das Web-Modul im Überblick

Webgalerien werden im Lightroom-Web-Modul erzeugt, das ist klar, oder? Okay, dann sollten wir uns mal das Web-Modul mit seinen speziellen Komponenten genauer ansehen. In den nachfolgenden Abschnitten zeigen wir das Web-Modul in der Praxis.

Hier ist das komplette Web-Modul mit Bedienfeldern, Arbeitsfläche, Werkzeugleiste und Filmstreifen. Wie bei allen anderen Lightroom-Modulen können Sie die Arbeitsfläche anpassen, indem Sie die Bedienfelder ein- und ausblenden sowie die Größe des Filmstreifens ändern. *Abb. 12-1*

Abbildung 12-1

> **HINWEIS:** Eine Lightroom-HTML-Webgalerie können Sie in allen Webbrowsern anschauen. Die Vorschaubilder haben die Größe, die Sie im Lightroom-Web-Modul einstellen. Falls Sie die Galerie mit Flash erstellen, benötigt der Betrachter ein spezielles Browser-Plugin. Flash-Webgalerien sind Online-Diashows mit sanften Übergängen und automatischer Größenanpassung entsprechend der Größe seines Browserfensters.

Web-Vorschau

Im Vorschaufenster können Sie die Layouts der Vorlagen aus dem Vorlagenbrowser sehen. Bewegen Sie den Cursor über den Namen einer Vorlage, taucht diese in der Vorschau auf. *Abb. 12-2* Anhand des Icons in der unteren linken Ecke des Vorschaufensters lässt sich leicht feststellen, ob Sie eine HTML- oder eine Flash-basierte Galerie erstellen.

Abbildung 12-2

Eine Webgalerie erstellen | 303

Abbildung 12-3

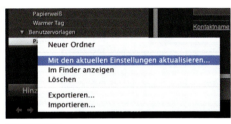

Abbildung 12-4

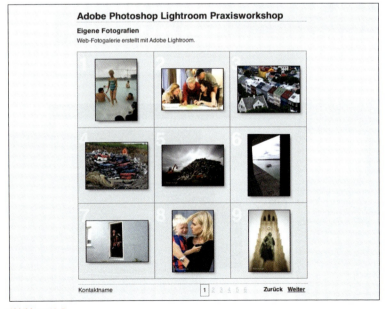

Abbildung 12-5

Der Vorlagenbrowser des Web-Moduls

Im Vorlagenbrowser wählen Sie entweder einen Stil für Ihre Galerie oder schauen sich einen Stil im Vorschaufenster an. Wenn Sie eine Vorlage auswählen, beginnt Lightroom sofort damit, den neuen Stil zu generieren, was je nach Anzahl der Bilder und dem verwendeten Vorlagenstil eine Weile dauern kann. Eigene Vorlagen speichern Sie durch einen Klick auf *Hinzufügen* unten im linken Bedienfeldbereich. *Abb. 12-3* Um eine eigene Vorlage zu entfernen, klicken Sie zuerst auf ihren Namen und dann auf *Entfernen*. (Wenn Sie eine der Lightroom-Vorlagen entfernen wollen, müssen Sie deren Datei von der Festplatte löschen.)

Klicken Sie mit rechts auf eine der Vorlagen im Benutzerordner, bietet das Kontextmenü die Möglichkeit *Mit den aktuellen Einstellungen aktualisieren*, was bedeutet, dass die Vorlage entsprechend Ihren Einstellungen geändert werden soll. *Abb. 12-4* Mit den Vorlagen im Ordner *Lightroom-Vorlagen* geht das nicht. Dort müssen Sie – nachdem Sie die Vorlage geändert haben – *Web→Neue Vorlage* aus dem Menü wählen und der Vorlage einen Namen geben. Die neue Vorlage mit den aktualisierten Einstellungen taucht dann im *Benutzervorlagen*-Ordner bzw. in einem neuen Ordner Ihrer Wahl auf.

Die Arbeitsfläche

Auf der Arbeitsfläche wird die Webgalerie fast genau so angezeigt, wie sie dann im Browser zu sehen ist. *Abb. 12-5* Die Galerie ist voll funktionstüchtig, Sie können auf die Miniaturen und aktiven Links klicken und die Ergebnisse beobachten. Auch die Diashow können Sie sehen (nur Flash). Es kann eine Weile dauern, die

Galerie in Gang zu setzen, da Lightroom alle nötigen Miniaturen, großen Bilder und den gesamten Code erst erzeugt. Eine Statusleiste in der oberen linken Ecke des Lightroom-Fensters signalisiert den Fortgang. Sie können den Vorgang jederzeit stoppen, indem Sie auf das X am Ende des Fortschrittsbalkens klicken. *Abb. 12-6*

Abbildung 12-6

Die rechten Bedienfelder des Web-Moduls

Im rechten Bedienfeldbereich fügen Sie Text hinzu, passen die Farben an und stellen die Bildgrößen ein. Hier können Sie außerdem die Galeriedateien exportieren oder die fertige Galerie direkt auf einen Server laden. *Abb. 12-7*

Abbildung 12-7

Die Galerie

Ganz oben im rechten Bedienfeldbereich ist die *Galerie*, die anzeigt, mit welchem Galerietyp Sie arbeiten. Wenn Sie eine HTML-Vorlage wählen, steht dort *Lightroom-HTML-Galerie*. *Abb. 12-8* Bei einer Flash-Galerie steht dort entsprechend *Lightroom-Flash-Galerie*. Da Flash- und HTML-Galerien völlig unterschiedlich sind, werden sich auch die Anpassungsmöglichkeiten in den nachfolgenden Bedienfeldern stark voneinander unterscheiden.

Abbildung 12-8

Site-Informationen

Im Bedienfeld *Site-Informationen* tragen Sie Titel, eine Beschreibung, Ihre Kontaktdaten sowie eine E-Mail-Adresse ein. *Abb. 12-9* Schriftgröße, -stil und -platzierung werden durch die Vorlage bestimmt. Das Bedienfeld ist für HTML und Flash fast identisch, bei HTML können Sie noch eine Erkennungstafel hinzufügen (für Flash-Galerien erledigen Sie dies im Bedienfeld *Erscheinungsbild*).

Abbildung 12-9

EINE WEBGALERIE ERSTELLEN | 305

Abbildung 12-10

Die Farbpalette

In der *Farbpalette* bestimmen Sie die Farben für Text, Hintergrund und andere Komponenten. Klicken Sie auf ein Farbfeld, um den Farbwähler zu öffnen. Wie Sie sehen, gibt es unterschiedliche Auswahlmöglichkeiten für HTML (links) und Flash (rechts). *Abb. 12-10*

Erscheinungsbild

Im HTML-Bedienfeld *Erscheinungsbild* fügen Sie Schlagschatten und Abschnittsrahmen hinzu, wählen eine Farbe dafür und erzeugen Fotorahmen einer bestimmten Breite und Größe. *Abb. 12-11*
Mit dem Raster legen Sie die Anzahl der Miniaturen auf einer Seite fest. Sie können die Größe der Bildseiten (300 bis 2.071 Pixel), nicht jedoch die der Indexseiten bestimmen. Ist eine Indexseite zu sehen, zeigt das Warnschild [!], dass Sie auf eine der Miniaturen klicken müssen, um die Seite mit dem großen Bild zu öffnen und die Wirkung des *Größe*-Reglers zu sehen. Mehr Pixel bedeuten eine größere Seite und ein größeres Bild. Das ist okay, wenn Sie wissen, dass die Betrachter große Monitore besitzen. Es bedeutet jedoch auch größere Dateien (dem begegnen Sie mit einer stärkeren JPEG-Komprimierung).

Abbildung 12-11

Abbildung 12-12

Im Flash-Bedienfeld *Erscheinungsbild* (*Figure 12-12*) legen Sie mit dem *Layout*-Pop-up-Menü fest, wo die Miniaturen auf der Seite erscheinen. Sie können eine Erkennungstafel wählen. Außerdem steuern Sie die Größe der großen Bilder und der Miniaturen über die *Größe*-Pop-up-Menüs. Es gibt vier Optionen: *Sehr groß*, *Groß*, *Mittel* und *Klein*. Lightroom erzeugt tatsächlich drei Versionen jedes Fotos für Browserfenster unterschiedlicher Größe.

Bildinformationen

Das Bedienfeld *Bildinformationen* ist für HTML und Flash gleich. Hier wählen Sie Titel und Beschreibungen auf der Grundlage der EXIF-Metadaten. *Abb. 12-13* Ich komme später ausführlicher darauf zurück.

Ausgabeeinstellungen

Auch dieses Bedienfeld ist für die HTML- und Flash-Stile im Prinzip gleich. *Abb. 12-14* Der Qualität-Regler steuert die JPEG-Komprimierung für große Bilder. Größere Zahlen bedeuten eine höhere Qualität, eine niedrigere Komprimierung und eine größere Dateigröße. Kleinere Zahlen kennzeichnen entsprechend eine stärkere Komprimierung, eine geringere Qualität und kleinere Dateien. Eine *Metadaten*-Option erlaubt es Ihnen, die Copyright-Informationen oder alle informativen Metadaten einzubinden, die mit einem Bild verknüpft sind. Es gibt außerdem das Kotrollkästchen *Copyright-Wasserzeichen hinzufügen*. Wenn Sie dieses anklicken, erscheint ein Name auf der Grundlage des EXIF-Felds *Copyright* in der unteren linken Ecke der einzelnen Bilder. Die Position oder Größe des Textes können Sie nicht beeinflussen.

Einstellungen für das Hochladen

Dieses Bedienfeld ist für HTML und Flash wiederum gleich. *Abb. 12-15* Wählen Sie zuerst *Bearbeiten* aus dem Pop-up-Menü *Benutzerdefinierte Einstellungen*. In dem sich öffnenden Dialog *FTP-Dateitransfer konfigurieren* geben Sie die Einstellungen und das Kennwort für Ihren Server ein, damit Lightroom die Galerie automatisch hochladen kann.

Abbildung 12-13

Abbildung 12-14

Abbildung 12-15

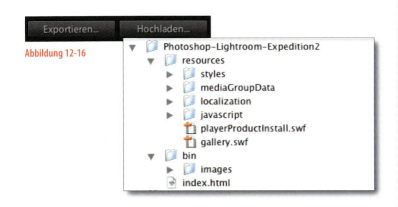

Abbildung 12-16

Exportieren- und Hochladen-Buttons

Klicken Sie auf *Exportieren*, um die Dateien an einer anderen Stelle zu speichern. *Abb. 12-16* Sie können sie auf einen Server laden oder sie öffnen und den Code weiterbearbeiten. Klicken Sie auf *Hochladen*, um Ihre Galerie mit den Angaben aus den Ausgabeeinstellungen automatisch auf einen Server zu laden. Dazu müssen Sie natürlich online sein und brauchen einen Internetprovider!

Werkzeugleiste des Web-Moduls

Nur einige Steuerelemente: Das kleine Quadrat bringt Sie zum ersten Bild im Filmstreifen, mit den Pfeilen können Sie den Filmstreifen durchblättern. *Abb. 12-17* Der Button *Vorschau* öffnet Ihre Galerie in einem Webbrowser. (Je nach Ihren Einstellungen kann das eine Weile dauern; Lightroom generiert alle nötigen Informationen und speichert sie vor dem Start der Vorschau.) Der Kasten auf der rechten Seite zeigt Ihnen sofort den Stil, in dem Sie arbeiten – HTML oder Flash.

Abbildung 12-17

Der Filmstreifen im Web-Modul

Im Filmstreifen können Sie Entwicklungsvorgaben anwenden, ohne das Web-Modul zu verlassen. Klicken Sie dazu mit rechts auf ein Bild und wählen Sie eine Vorgabe aus dem Kontextmenü. *Abb. 12-18* Mit dem Pop-up-Menü, das die Bibliothek oder eine zuvor betrachtete Kollektion zeigt, wechseln Sie zu dieser Kollektion oder einen anderen Ordner. Sie können einzelne Bilder für die Webgalerie direkt im Filmstreifen aus- oder abwählen. Führen Sie danach den Befehl *Web→Fotoauswahl→Ausgewählte Fotos verwenden* aus dem Menü aus.

Abbildung 12-18

> **HINWEIS:** Wenn Sie wissen, wie das geht, können Sie die Lightroom-Webgalerie noch weiter anpassen. Sie müssen etwas über die HTML- oder Flash-Kodierung wissen und sollten sich genau darüber im Klaren sein, welche Parameter Sie verändern. Adobe bereitet gerade Dokumente vor, die speziell für das Arbeiten mit der Lightroom-Webgalerie gedacht sind. Mehr erfahren Sie künftig auf der O'Reilly-Site unter http://digitalmedia.oreilly.com/adventure/.

Michael Reichmann

Irgendwann einmal war Michaels geniale Aufnahme von Bill Atkinson unser Titelfoto. Nun, vorher war es ein anderes Bild, das Melissa Gaul (zur gleichen Zeit) von Bill gemacht hatte. Auf diesem Foto hatte Melissa ihn allerdings vornüber gelehnt erwischt, so als würde er ein heruntergefallenes Objektiv aufheben wollen. (In Wirklichkeit überprüfte er die Einstellung seines Stativs, doch nachdem George Jardine gesagt hatte, es sähe aus, als hätte er gerade sein Lieblingsobjektiv in den See geschmissen, konnten wir uns das Foto nicht mehr anders anschauen.) Michaels Aufnahme zeigt Bill, wie er den Himmel herumkommandiert, dann meinte aber jemand, er würde aussehen, als wäre er gerade von isländischen Banditen überfallen worden. Von diesem Augenblick an ging diese Beschreibung niemandem mehr aus dem Sinn. Die nächste Wahl war deshalb ein Pferd von Martin Sundberg (Sie sahen es in Kapitel 3), aber das ist eine andere Geschichte.

Eine Webgalerie anpassen

Lightroom enthält bereits mehrere Vorlagen zum Erzeugen von Webfotogalerien. Sie können diese Vorlagen ändern und Ihre eigenen Versionen speichern. Entscheiden Sie sich zuerst, ob es HTML oder Flash sein soll. Zum Schluss exportieren Sie alle erforderlichen Dateien und packen sie auf einen Server. Los geht's.

Zuerst müssen Sie die Bilder für die Webgalerie auswählen.

Bilder auswählen

Wählen Sie im Bibliothek-Modul einen Ordner, eine Kollektion oder ein Stichwort. *Abb. 12-19* Falls Sie nicht im Bibliothek-Modul sind, drücken Sie G, um in die Rasteransicht des Bibliothek-Moduls zu gelangen. Alle Bilder auf der Arbeitsfläche werden in die Webgalerie aufgenommen. Ich lege normalerweise für jede Webgalerie eine eigene Kollektion an. Auf diese Weise kann ich die Reihenfolge der Bilder beibehalten. Außerdem vereinfacht dieses Vorgehen eine spätere Aktualisierung der Galerie. Sie können Ihre Auswahl auch im Filmstreifen der Webgalerie treffen und dann den Menübefehl *Web→Fotoauswahl→Ausgewählte Fotos verwenden* benutzen.

Abbildung 12-19

Zum Web-Modul wechseln

Gehen Sie nun ins Web-Modul. Dazu klicken Sie in der Modulauswahl auf *Web* oder drücken das Tastenkürzel ⌘+Option+5 (Strg+Alt+5). Sobald Sie im Web-Modul ankommen, beginnt Lightroom damit, die Galerie zu generieren oder zu aktualisieren. In der Statusleiste können Sie den Fortgang dieser Operation beobachten. *Abb. 12-20* Die Reihenfolge der Bilder ändern Sie im Filmstreifen.

Abbildung 12-20

EINE WEBGALERIE ERSTELLEN | 311

Abbildung 12-21

Abbildung 12-22

Abbildung 12-23

Eine Vorlage auswählen

Wählen Sie eine Lightroom-Vorlage aus dem Vorlagenbrowser. Eine Vorschau auf das Layout können Sie im Vorschaufenster sehen. In der unteren linken Ecke des Vorschaufensters zeigt eine kleine Grafik an, ob es sich um einen HTML- oder einen Flash-Stil handelt. Folgende grundlegende Galeriestile stehen Ihnen zur Verfügung:

- Galerien mit separaten Fenstern für Miniaturbilder, die zu Fenstern mit großen Bildern führen. Dieser Grundstil ist entweder als HTML- oder als Flash-Variante vorhanden. *Abb. 12-21*

- Galerien mit einem einzigen Fenster, das Miniaturbilder enthält. Werden diese angeklickt, erscheint gleich daneben das entsprechende Großbild. Diesen Stil gibt es nur als Flash. *Abb. 12-22*

- Galerien, die aus einer Diashow ohne Miniaturen bestehen, die vom Benutzer gesteuert wird. Diesen Stil gibt es nur als Flash. *Abb. 12-23*

Einen Titel und eine Beschreibung anlegen

Nach der Wahl der Vorlage fügen Sie im Bedienfeld *Site-Informationen* alle nötigen Informationen über Ihre Galerie hinzu. *Abb. 12-24* Dieses Bedienfeld ist für HTML- und Flash-Galerien nahezu identisch. Nur die Einstellungen für die Erkennungstafeln finden Sie für HTML in den *Site-Informationen* und für Flash im Bedienfeld *Erscheinungsbild*. Wenn Sie auf das Dreieck neben einem Textfeld klicken, öffnet sich ein Pop-up-Menü mit zuvor benutzten Texten. Textgröße oder Schriftart lassen sich nicht ändern.

Abbildung 12-24

Die Farbe einstellen

In der Farbpalette können Sie die Farbe des Textes, den Hintergrund etc. ändern. *Abb. 12-25* Der Unterschied zwischen HTML und Flash: Flash-Galerien sind meist komplexer, Sie haben deshalb hier mehr Optionen. Klicken Sie auf ein Farbfeld, um die entsprechende Farbe zu ändern. In dem sich öffnenden Farbwähler können Sie Ihre Entscheidung treffen.

> HINWEIS: *Lightroom nutzt sRGB als Farbraum für Webfotos. Sie können das nicht ändern, es wäre aber auch nicht sinnvoll.*

Abbildung 12-25

Miniaturen ändern und bearbeiten

Das Bedienfeld *Erscheinungsbild* beeinflusst sowohl HTML- als auch Flash-Miniaturen. Die Größe einer HTML-Miniatur können Sie nicht ändern, Sie können aber mit der Option *Rasterseiten* angeben, wie viele auf einer Indexseite stehen sollen. Klicken Sie auf das Gitter, um die Anzahl der Zellen zu vergrößern oder zu verkleinern. *Abb. 12-26*

Abbildung 12-26

EINE WEBGALERIE ERSTELLEN | 313

Abbildung 12-27

Wenn Sie die Option Zellennummern anzeigen wählen, enthält jede Zelle ihre Nummer, deren Aussehen von der gewählten Vorlage bzw. den Werten in der Farbpalette abhängt. *Abb. 12-27*

Im Flash-Bedienfeld *Erscheinungsbild* geben Sie an, wo die Miniaturen stehen, wie sie angezeigt werden und wie groß sie sind. Im Pop-up-Menü rechts neben *Layout* finden Sie die Einstellungsmöglichkeiten. *Abb. 12-28* Bei der Option *Nur Diashow* werden überhaupt keine Miniaturen gezeigt.

Sie können die Miniaturen nach links setzen (oben), mit Seitenumbrüchen anordnen (Mitte) oder einen Bildlauf einstellen (unten).

Vier Größen stehen für die Miniaturen bereit: *Sehr groß*, *Groß*, *Mittel* und *Klein*.

Abbildung 12-28

Größe und Qualität der großen Bilder ändern

Im Bedienfeld *Erscheinungsbild* stellen Sie für HTML und Flash die Größe der großen Bilder ein. Zwischen HTML und Flash gibt es dabei deutliche Unterschiede. Für HTML wird die Größe der großen Bilder über den Regler *Bildseiten* auf eine feste Größe eingestellt, ungeachtet der Größe des Browserfensters Ihres Betrachters. *Abb. 12-29*

Abbildung 12-29

Große Bilder in einer Flash-Galerie können *Sehr groß*, *Groß*, *Mittel* oder *Klein* sein. *Abb. 12-30* In Wirklichkeit erzeugt Lightroom noch mehr Größen: Für jede Kategorie werden drei Größen angelegt. Wenn ein Betrachter die Größe seines Browserfensters ändert, werden die Miniaturen und Vorschauen entsprechend angepasst.

Im Bedienfeld *Ausgabeeinstellungen* können Sie die JPEG-Qualität großer Bilder sowohl für HTML- als auch für Flash-Stile einstellen. *Abb. 12-31* Je höher der Qualitätswert ist, umso besser ist die Qualität (niedrige Komprimierung). Dabei entstehen aber auch größere Dateien, die auf der Seite des Betrachters entsprechend zu längeren Ladezeiten führen können.

Copyright-Hinweise und Metadaten hinzufügen

Das Bedienfeld *Ausgabeeinstellungen* dient für HTML- und Flash-Stile außerdem als die Stelle, an der Sie einen Copyright-Hinweis für Ihre Bilder hinzufügen. Lightroom entnimmt die Copyright-Informationen den EXIF-Metadaten und setzt sie in die untere linke Ecke der einzelnen Bilder (*Abb. 12-31*). Sie haben über die Platzierung und das Aussehen dieser Informationen keine Kontrolle.

Infotext und Erkennungstafel hinzufügen

Bei beiden Stilen können Sie einen Titel oder eine Beschreibung auf der Grundlage der EXIF-Daten hinzufügen, und zwar im Bedienfeld *Bildinformationen*. *Abb. 12-32* Oder Sie erstellen eine eigene Erkennungstafel (Text oder Grafik). Gleich mehr dazu.

Abbildung 12-30

Abbildung 12-31

Abbildung 12-32

EINE WEBGALERIE ERSTELLEN | 315

Abbildung 12-33

Abbildung 12-34

Abbildung 12-35

HINWEIS: *Im Bedienfeld Site-Informationen des Web-Moduls können Sie für Galerien beider Stile Ihre E-Mail-Adresse eingeben. Sie müssen aber bedenken, dass Sie damit nun für Webbots erreichbar sind, die automatisch Websites nach E-Mail-Adressen durchsuchen, um diese an Spam-Versender zu verkaufen.*

Vorschau und Erzeugen einer eigenen Vorgabe

Wenn Sie fertig sind, klicken Sie auf den *Vorschau*-Button in der Werkzeugleiste, um die Webgalerie in einem Webbrowser anzuschauen. Die Galerie öffnet sich in Ihrem Standardbrowser. *Abb. 12-33* Falls die Ergebnisse Ihnen zusagen, erstellen Sie eine Benutzervorlage, indem Sie *Web→Neue Vorlage* aus dem Menü wählen. Geben Sie der Vorlage einen Namen und legen Sie sie in den Benutzerordner oder in einen neuen Ordner.

Ihre Arbeit online veröffentlichen

Lightroom legt die fertige Webgalerie direkt auf einem Server Ihrer Wahl ab. Wählen Sie *Bearbeiten* im Bedienfeld *Einstellungen für das Hochladen* aus dem Pop-up-Menü (das ist für HTML und Flash identisch). *Abb. 12-34*

Geben Sie im Dialog *FTP-Dateitransfer konfigurieren* die passende Adresse, das Kennwort etc. ein. *Abb. 12-35* Beachten Sie, dass Lightroom Ihr Kennwort im Klartext speichert, sodass es von jedem gelesen werden kann, der Zugriff auf Ihren Computer hat. Denken Sie außerdem daran, dass viele, aber nicht alle Server den passiven Modus für die Datenübertragung benötigen. Ich musste diese Option ausschalten, um eine Galerie erfolgreich auf meine Site *shooting-digital. com* laden zu können.

Klicken Sie auf den *Hochladen*-Button. Wenn Sie online sind, erledigt Lightroom den Rest. Sie können die Dateien auch exportieren und dann manuell auf Ihre Site hochladen.

John Isaac

Der Mann auf dem Foto ist Russell Brown, der manchmal aufgrund seiner unterhaltsamen Präsentationen als »Rockstar« bezeichnet wird. Hier hat John Russell den Moment festgehalten, da er gerade von der ungeheuren Toilettenpapierrolle eines Wikingergotts erschlagen wurde. (In Wirklichkeit sind es Heuballen, und Russell hat sich für die Kamera theatralisch dahinter gelegt. Wir haben auf unserer Expedition nicht nur gearbeitet …) John verwendete Lightrooms Wiederherstellung, um die Details in den Wolken weiter herauszuarbeiten, ließ die RAW-Datei ansonsten aber unverändert.

Webgalerien Text hinzufügen

Lightroom erzeugt Webseiten, die Ihre Bilder in den Mittelpunkt rücken. Text ist aber auch wichtig. Sie wollen sicher nicht nur mitteilen, von wem die Bilder sind, sondern vielleicht auch Informationen darüber liefern, wo, wann und wie Ihre Bilder entstanden sind. Schauen wir uns an, wie das geht.

Sie können Text entweder im Bedienfeld *Site-Informationen* oder direkt in der Arbeitsfläche eintragen. Dazu klicken Sie einfach in das Textfeld. *Abb. 12-36* Wenn Sie auf den Pfeil rechts neben einem Textfeld klicken, erhalten Sie eine Liste zuvor eingegebener Texte, die Sie wiederverwenden können. Die Größe oder die Schriftart können Sie nicht beeinflussen, ohne den Code neu zu schreiben, auf einem Mac gibt es aber zumindest eine Rechtschreibkontrolle. Klicken Sie dazu mit rechts auf das Textfeld, um das Kontextmenü zu öffnen. Unter Windows steht diese Option nicht zur Verfügung.

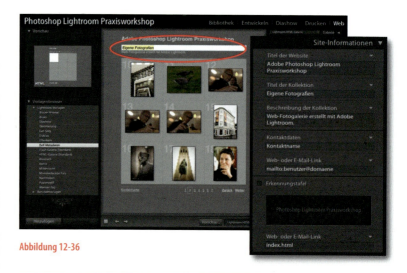

Abbildung 12-36

In das Feld *Beschreibung der Kollektion* können Sie beliebig viel Text eingeben. Lightroom fügt automatisch die nötigen Zeilenumbrüche ein. Wenn Sie einen HTML-Stil verwenden, erscheint die Beschreibung unter dem Titel der Site und dem Titel der Sammlung auf den Seiten mit den Miniaturen. *Abb. 12-37*

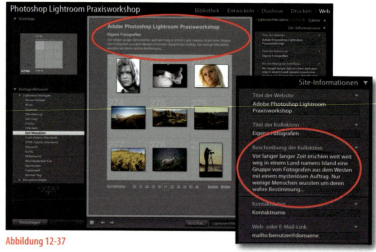

Abbildung 12-37

Benutzen Sie einen Flash-Stil, steht die Beschreibung der Kollektion auf einer eigenen Seite unter *Ansicht→Über diese Fotos*. *Abb. 12-38*

Abbildung 12-38

EINE WEBGALERIE ERSTELLEN | 319

Abbildung 12-39

Die Textfarbe ändern

Sie ändern die Farbe der Schrift im Bedienfeld *Farbpalette*. Klicken Sie auf das Farbfeld und wählen Sie eine gut erkennbare Farbe aus dem Farbwähler Ihres Betriebssystems. *Abb. 12-39*

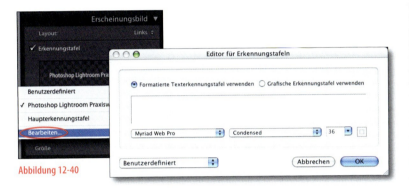

Abbildung 12-40

Eine Erkennungstafel verwenden

Über die Bedienfelder *Site-Informationen* (HTML) und *Erscheinungsbild* (Flash) fügen Sie Text oder Grafiken Ihrer Webseite hinzu. Um eigenen Text zu erstellen, wählen Sie *Bearbeiten* aus dem Pop-up-Menü. *Abb. 12-40* Geben Sie in dem sich öffnenden Editor für Erkennungstafeln den gewünschten Text ein und legen Sie die Schrift, den Schriftstil und die Schriftgröße fest. Bei einer Flash-Vorlage wird die Schrift niemals größer als etwa 36 pt sein, unabhängig davon, was Sie eingeben. Bei HTML können Sie eine beliebig große Schrift wählen, auch wenn sie dann vielleicht nicht auf die Seite passt.

Untertitel und Bildbeschreibungen

Im Bedienfeld *Bildinformationen* können Sie Untertitel und Bildbeschreibungen in Form von EXIF-Metadaten oder eigenen Texten hinzufügen. *Abb. 12-41* Sowohl Titel als auch Bildbeschreibung bieten eine Vielzahl von Optionen über das jeweilige Pop-up-Menü. Diese Optionen können Sie über den Textvorlagen-Editor (Klick auf *Bearbeiten*) weiter anpassen. (Diesen Editor habe ich bereits in Kapitel 10 vorgestellt.)

Abbildung 12-41

Peter Krogh

Sie sehen hier genau die Stelle, an der die europäische und die amerikanische Kontinentalplatte auseinanderdriften und neues Land schaffen. Peter nahm außerdem eine wundervolle Ansicht des Þingvellir Nationalparks und des Ortes Thingvellir auf, des alten Wikinger-Parlaments einer der weltweit ersten parlamentarischen Regierungen (aus dem 10. Jahrhundert). Ich habe schon viele Bilder dieses Gebiets gesehen. An diesem gefällt mir besonders, wie Peter den vulkanischen Vordergrund betont und nur einen kleinen Hinweis auf den aufregenden isländischen Himmel gibt.

Index

Symbole
16-Bit-ProPhoto-RGB 241

A
Aaland, Mikkel 94, 229, 266–267
    Oz-Farben 224–225
        Beispielfoto 226–227
Abgleich-Regler
    Cross-Processing 186, 187, 191
Abmessungen 63
ACR (Adobe Camera Raw) 162
    aktualisieren 249
    Einstellungen im Entwickeln-Modul 89
    RAW-Dateien öffnen 242
Ad-hoc-Entwicklung 53, 80–83
    Automatischer Farbton 82
    Behandlung 81
    Einstellungen synchronisieren 83
    Farbe 81
    farbige Tönung 182
    Freistellungsfaktor 81
    Graustufen 81
    Mehrere Bilder 82
    Vorgaben anwenden 80
    Weißabgleich-Einstellungen 81
Adobe Acrobat Reader 270
Adobe Camera Raw (siehe ACR)
AdobeRGB 233, 241
Album 2.0, Bilder importieren 23
Alles auswählen 74
Alles-auswählen-Befehl
    Tastenkürzel xii
Als Katalog exportieren 45
Als-Katalog-exportieren-Befehl 231
Ambrosia Software 271
Angleichen-Regler 161
Antik-Graustufen 175, 182
Antik-Look 210–211
Arbeitsbereich 10–15
    Bedienfelder steuern 14
    Bildmodi (siehe Bildmodi)

Dreieck-Icons 10
Filmstreifen 10
Menübefehle 11
Menüleiste 10
Modulbedienfeld-Bereiche 10
Atkinson, Bill 25, 66, 79, 124–125, 253, 298–299, 309
    Kurzbio xiv
Auflösung
    Dateien exportieren 234
Aufnahmezeit bearbeiten 62
Ausgabeeinstellungen-Bedienfeld (Web-Modul) 306
Ausgewählte-Fotos-verwenden-Befehl 307, 310
Aus Katalog importieren Befehl 23
Auswahl aufheben 82
Auswählen vs. Kandidat 70
Automatisch drehen und einpassen (Drucken-Modul) 277
Automatischen Import aktivieren 23
Automatischer Import 23
Automatischer Weißabgleich 127
Automatisch importieren
    Überwachte Ordner 40
Autom. Farbton Button 82

B
Bedienfeldendmarke 14
Bedienfelder, Verhalten regeln 14
Beispiele
    Antik-Look 210–213
    Bergman-Look 220–223
    Cibachrome-Look 206–209
    Dramatik 202–205
    ein einzelnes ganzseitiges Bild drucken 282–285
    Islandfotos bearbeiten 66–74
        Auswählen vs. Kandidat 70
        Kollektionen aus Auswahl 74
        Lupenansicht 67–69
        Miniaturen, Größe festlegen 66
        Rasteransicht, Bilder löschen 67

        Sortierreihenfolge 66
        Sterne, Flaggen und Farben zuweisen 72
        Überprüfungsansicht 71
        Vergleichsansicht 69
        Zoom-Regler 70
    kontrolliertes Umfärben 194–197
    Lichtmischen 198–201
    Oz-Farben 224–227
    Velvia-Look 218–219
Beleuchtung aus 129
Belichtung
    Belichtung-Regler (siehe Belichtung-Regler)
    einstellen 202
    erhöhen 121
    Graustufen-Vorgabe, automatische Belichtung 175
    lange 198
    Steuerungen 220
    Warnungen 120
    Wie Aufnahme 127
Belichtung-Regler 133, 214
Belichtungswert 63
Bereiche entfernen 3
Bereiche-entfernen-Werkzeug 102–103
Bergmann-Look 220–221
Beschneidungswarnung 121
Beschreibung-der-Kollektion-Feld 318
Beschriftung 62
Bibliothek-Bedienfeld (Bibliothek-Modul) 46–47
    Alle Fotos 47
    Bereits in Katalog 47
    Fehlende Dateien 47
    Schnellkollektion 47
    Vorheriger Export als … 47
    Vorheriger Import 47
Bibliothek-Modul
    Dateien exportieren 230
    Diashow der Expedition 262
    Filmstreifen 5
    Kontaktbögen 290

Kontextmenü 58
Linker Bereich 44–53
    Bibliothek-Bedienfeld 46–47
    Kollektionen Bedienfeld 51–52
    Metadaten-Browser-Bedienfeld 52
    Navigator-Bedienfeld 44–46
    Ordner-Bedienfeld 50–51
    Stichwort-Tags-Bedienfeld (*siehe* Stichwort-Tags)
Menübefehle 58
Rasteransicht 6
Rechter Bereich 53–58
    Ad-hoc-Entwicklung-Bedienfeld (*siehe* Ad-hoc-Entwicklung)
    Einstellunge synchronisieren Button 55
    Histogramm 53
    Metadaten-Bedienfeld (*siehe* Metadaten-Bedienfeld)
    Metadaten-synchronisieren-Button 55
    Stichwörter-festlegen-Bedienfeld (*siehe* Stichwörter festlegen)
    Werkzeugleiste 55–56
Sprühdose 60
Stapeln 58
Stapel (*siehe* Stapel)
Tastenkürzel 3
Übersicht 3
Webgalerien 310
(*siehe auch* Stichwörter)
Bibliothek-Rastermodus 7
Bildbeschreibungen
    mehrere 269
    Metadaten als Diabeschreibungen 268
    Webgalerien 319
Bilder
    exportieren (*siehe* Bilder als Katalog exportieren)
    importieren (*siehe* Bilder importieren)
    mehrere vergleichen 71
Bilder bewerten 72

Bilder importieren 21–41
    Album 2.0 23
    Aus Katalog importieren 23
    Automatischen Import aktivieren 23
    Automatischer Import 23
    Automatisch von Karte oder Kamera importieren 23
    Dateien umbenennen 33
    Drag-and-Drop 22
    Fotos importieren 22
    Importieren-Button 22
    Katalogeinstellungen 29
    Photoshop Elements 23
    Standard basierend auf ISO 38
    Tastenkürzel 22
    Verwerfen-Befehl 29
    Vorschauen aus Dateimenü 29
Bildgröße-Dialogbox 281
Bildinformationen-Bedienfeld (Web-Modul) 306
Bildmodi 11–13
    Standard 12
    Vollbild 12
    Vollbild mit Menüleiste 12
    Vollbild ohne Bedienfelder 13
Bildmodus-Befehl 11
Bildseiten-Regler 313
Bittiefe (Dateien exportieren) 234
Blitz 63
Brennweite 63
Brown, Russell iv, 160, 317
    Kurzbio xiv

C

Chromatische Aberrationen (CA) 115
    steuern 117
Cibachrome-Look 206–207
Connor, Kevin 141
Copyright 62
Copyright-EXIF-Feld 306
Copyright-Wasserzeichen 234
Copyright-Wasserzeichen-Checkbox 306
Cross-Processing 186–187
Cyanotype 182

D

Dateibenennungsvorgaben 232
Dateien exportieren 229–251
    als Katalog 45
    Auflösung 234
    benutzerdefinierte Vorgaben 236
    Bibliothek-Modul 230
    Bittiefe 234
    Copyright-Wasserzeichen 234
    Dateibenennungsvorgaben 232
    Dateiformatoptionen 233
    Eingebettete Metadaten minimieren 234
    Exportieren-Button des Web-Moduls 307
    Farbraumoptionen 233
    Fortschrittsbalken 230
    Interpolationsmethoden 235
    Komprimierung 233
    Maximale Größe beschränken 234
    Metadaten 234
    Überblick 230–237
    (*siehe auch* Exportieren-Befehl; Exportieren-Dialogbox)
Dateien, fehlende 39
Dateien umbenennen 31
    Nach Import 33
Dateiformate 30
Dateinamen 31, 56
    umbenennen nach Import 33
    von allen Systemen erkennbar 33
Dateinamenvorgaben-Editor 61
Dateinamenvorlagen-Editor 32, 232
Details 89
Diashow der Expedition 262–265
    Abspielen-Bedienfeld 265
    Abspielen-Button 265
    Bibliothek-Modul 262
    Diashow-Modul 263
    eigene Einstellungen 263
    Hintergrund 265
    Layout-Einstellungen 263
    Metadaten-Bedienfeld Fotograf-Feld 262
    online 265
    Textüberlagerungen 264
    Überlagerungen-Bedienfeld 264
Diashow-exportieren-Befehl 270–271

Diashow-Modul 253–273
  Abspielen-Bedienfeld 258
  Abspielen-Befehl 258
  Alle verfügbaren Fotos verwenden 258
  Alle verknüpfen 256
  Anpassen einer Diashow 256
  Arbeitsfläche 255
  benutzerdefinierte Vorlagen 255
  Bewertungssterne-Checkbox 257
  Diashow-exportieren-Befehl 270
  Diashow-Werkzeugleiste 259
  Erkennungstafel 257
  Export 259
  Farbe-für-Verlauf-Steuerung 257
  Filmstreifen 5
  Filmstreifen zum Auswählen von Fotos verwenden 259
  Hilfslinien einblenden 256
  Hintergrund-Bedienfeld 255, 257
  Hintergrundfarbe 257
  im Filmstreifen ausgewählte Bilder abspielen 254
  Kontur 256
  Layout-Bedienfeld 255
    Regler 256
  mehrere Bildbeschreibungen 269
  Metadaten als Diabeschreibung 268
  Optionen-Bedienfeld 256
  PDF-Diashow 259, 270
  Schlagschatten 256
  Soundtrack 258
  Tastenkürzel 3, 254
  Textüberlagerungen 257
  Textvorlagen-Editor 268
  Überblick 254–259
  Übergänge 258
  Überlagerungen-Bedienfeld 257
  Vorlagenbrowser-Bedienfeld 255
  Vorschau-Fenster 255
  Zoomen, um Rahmen zu füllen 256
Diashows
  Beispiel (*siehe* Diashow der Expedition)
  Diashow-Modul (*siehe* Diashow-Modul)
  QuickTime 271

Direktpositiv-Vorgabe 206
Disney-Chrome 218
DNG-Dateien 241–243
  aus RAW konvertieren 28
  exportieren 237
  externe Editoren 243
  freistellen 100
  Kalibrierung 162
  Nach-DNG-exportieren-Vorgabe 232
  Voreinstellungen 28
  XMP-Metadaten 248
Drag-and-Drop von Bildern 22
Dramatik 202–203
Druckauflösung-Checkbox 278
Druckauftrag-Bedienfeld
  Ausdruck schärfen 285
  Druckauflösung 278, 284
  Drucken im Entwurfsmodus 278, 284
  Farbmanagement 285
Druckeinstellungen-Dialogbox 279
Drucken eines einzelnen ganzseitigen Bildes 282–285
Drucken im Entwurfsmodus 278
Drucken-Modul 275–299
  Arbeitsfläche 277
  automatisch drehen und einpassen 277
  Bildeinstellungen-Bedienfeld 277
  Druckauftrag-Bedienfeld (*siehe* Druckauftrag-Bedienfeld)
  Druckeinstellungen 279, 285
  Drucken-Buttons 279, 285
  eigener Text 278
  ein Foto pro Seite wiederholen 277
  Erkennungstafeln 288
    eigener Text 289
  Farbmanagement 275, 279, 285, 296–297
    andere Optionen 296
    relatives und perzeptives Rendering 297
    vom Drucker verwaltet 296
  Filmstreifen 5, 280
  Größe-maximieren-Vorlage 284
  Interpolation 281
  Kontaktbögen 290–291

  Kontur 277, 283
  Layout-Bedienfeld 277
  mehrere Bilder
    ein Bild mehrmals 292
    ein Bild pro Seite 291
    positionieren 292
  Perzeptive Renderingqualität 279
  Quadrat beibehalten 277
  Ränder-Regler 277
  Relative Renderingqualität 279
  Schärfungseinstellungen 279
  Seite einrichten 282
  Tastenkürzel 3
  Text, hinzufügen zu Ausdrucken 288–289
    basierend auf Metadaten 289
    Seitennummern 289
  Überblick 4, 276–281
  Überlagerungen-Bedienfeld 278
  Vorlagenbrowser-Bedienfeld 276, 292
    Größe-maximieren-Vorlage 282
  Vorschau-Bedienfeld 276
  Werkzeugleiste 280
  Zellenabstand 277
  Zellengröße 277
  Zoomen, um Rahmen zu füllen 277, 283, 293
Drury, Angela 85, 163, 180–181, 191
  Antik-Look 210–211
    Beispielfoto 212–213
  Cibachrome-Look 206–207
    Beispielfoto 208–209
  Dramatik 202–203
    Beispielfoto 204–205
  Kurzbio xiv
Dunkler-Farbtöne-Regler 207, 211, 221

E

eigene Bedienfeldendmarken 14
ein Foto pro Seite wiederholen (Drucken-Modul) 277
Einstellungen für automatischen Import
  Dateibenennung 40
  Informationen 41

überwachte Ordner 40
Ziel 40
Einstellungen-für-das Hochladen-Bedienfeld (Web-Modul) 306
Einstellungen synchronisieren (Bibliothek-Modul) 55
Einstellungen-synchronisieren-Dialog 83
Einstellungen zurücksetzen 80
E-Mail, Für-E-Mail-Vorgabe 232
Entsättigen ausgewählter Farben 189
Entwickeln-Modul 85–117, 119–145
   Ansichtsoptionen 92–93
   Beschneidungswarnung 121
   Bildbearbeitungsbereich 89
   Farbfeld 123
   Filmstreifen 91
   Freistellen (*siehe* Freistellungsüberlagerungs-Werkzeug)
   Gerade-ausrichten-Werkzeug 100
   Gradationskurve (*siehe* Gradationskurve)
   Histogramm 120–121
     Optionen 122
     RAW-Dateien 120
   Histogramm-Bedienfeld 89
   Import-Standardeinstellungen nach ISO 38
   Kamerakalibrierung-Bedienfeld 162–163
     Standardeinstellungen festlegen 163
     Vorgaben-Bedienfeld 163
   Kontextmenü-Befehle 91
   Kopieren- und Einfügen-Buttons 89
   Lupe-Icon 90
   Lupenansicht 92
   Navigator-Bedienfeld 86–87
     Fenstergröße anpassen 87
     Voransicht 87
     Vorgaben-Bedienfeld 87
   Objektivkorrektur-Bedienfeld (*siehe* Objektivkorrektur-Bedienfeld)
   Protokoll-Bedienfeld 88
   Rauschreduzierung-Werkzeuge (*siehe* Rauschreduzierung)
   Retuschewerkzeuge (*siehe* Retuschewerkzeuge)

Schärfen (*siehe* Schärfen)
Schnappschuss-Bedienfeld 88
Synchronisieren-Button 90
Tastenkürzel 3
Tonwert-Regler (*siehe* Tonwert-Regler)
Tonwertverteilung und Farbbewertung 120–123
Überblick 3, 86–91
Vergleichsansicht 92–93
Vorherige- und Zurücksetzen-Buttons 90
Vorher-/Nachher-Ansicht-Icons 90
Weißabgleich (*siehe* Weißabgleich)
Werkzeugleiste 90
Entwickeln-Vorgaben 34
Entwicklsungeinstellungen 144
Entwicklungsanweisungen 246
   kodieren 247
   XMP 247
Erkennungstafel-Editor 19
Erkennungstafel einrichten 18
Erkennungstafeln 278
   Diashow-Modul 257
   Drucken-Modul 288
     eigener Text 289
   mehrere 19
   Webgalerien 319
Erscheinungsbild-Bedienfeld (Web-Modul) 304–305, 312–313
EXIF-Daten 52, 55, 67, 314
ExpoDisc Digitaler Weißabgleich-Filter 128
Exportieren-Befehl
   Tastenkürzel 230
   (*siehe auch* Exportieren-Dialogbox; Dateien exportieren)
Exportieren-Dialogbox
   DNG-Dateioptionen
     Dateierweiterung 237
     Interpolationsmethode 237
     JPEG-Vorschau 237
     Optionen: Komprimiert (verlustfrei) 237
     Optionen: RAW-Originaldatei einbetten 237
   Nachbearbeitung
     exportierte Bilder auf Datenträger brennen 236

     in Adobe Photoshop CS3 (oder einem anderen angegebenen Editor) öffnen 236
     im Finder/Explorer anzeigen 236
     jetzt zum Ordner "Export Actions" wechseln 236
     keine Aktion 235
   Optionen 231–237
     Bildeinstellungen 233–234
     Dateibenennung 232
     Dateiformateinstellungen 233
     Speicherort 232
     Vorgaben 232
   Stichwörter als Lightroom-Hierarchie schreiben 234
   (*siehe auch* Exportieren-Befehl; Dateien exportieren)
eXtensible Metadata Platform (*siehe* XMP)
Eye-One Display 2 123

F

Farbaufnehmer 163
Farbbewertung 120–123
   Farbfeld 123
Farben 72
farbige Tönung 182–183
   Ad-hoc-Entwicklung 182
   Antik-Graustufen 175, 182
   Cyanotype 182
   Sepia 175, 182
   Teiltonung-Bedienfeld 183
Farbkorrektur der Lichtquellen 199
Farbmanagement 275, 279, 285, 296–297
   Andere Optionen 296
   Drucken-Modul 279
   relatives und perzeptives Rendering 297
   Vom Drucker verwaltet 296
Farbpalette-Bedienfeld (Web-Modul) 305, 312
Farbraumoptionen während des Exports 233
Farbregler 106
Farbstich 123

Farbton 154
  anpassen 156
Farbtöne
  einstellen 202
  kontrolliertes Umfärben 194–195
Farbtonregler 132–137
  Autom.-Button 132
  Belichtung-Regler 133
  Farbtöne zurücksetzen 136
  Helligkeit-Regler 135
  Histogramm 137
  Klarheit-Regler 136
  Kontrast-Regler 136
  Lebendigkeit-Regler 136
  Lichterkorrektur-Regler 134
  Präsenz-Regler 136
  Sättigung-Regler 136
  Schwarz-Regler 135
  Wiederherstellen-Regler 134
  Zusammenfassung 137
Farbton-Regler 160, 176, 199
Farbverteilung bewerten 120–123
  Beschneidungswarnung 121
  Histogramm 120
    Optionen 122
  (siehe auch Tonwertregler)
Fehlende Dateien 39
Filmstreifen 5–7, 10
  Bilder auswählen 6
  Drucken-Modul 280
  Einblenden/Ausblenden 6
  Entwickeln-Modul 91
  Filter 73
  Filter anschauen 7
  Größe anpassen 5
  im Filmstreifen ausgewählte Bilder abspielen 254
  Informationen steuern 5
  Kontextmenü 7
  Miniaturen 56
    auswählen 64–65
  Scrollen im 6
  Web-Modul 307
  zum Auswählen von Dias verwenden 259
  zwischen Modulen umschalten 7
Filmstreifen einblenden Befehl 6
Filter 73, 115, 167, 243
  Filmstreifen 7

Filter aktivieren 73
Flaggen (Tags) 72
Flash 302
  Ausgabeeinstellungen-Bedienfeld 306, 314
  Einstellungen-für-das-Hochladen-Bedienfeld 306
  Erscheinungsbild-Bedienfeld 305, 313
  große Bildgrößen 313
Flash-Bedienfeld 304
Flash-Galerie-Stile 304
Fortschrittsbalken 19
  Dateien exportieren 230
Foto-bearbeiten-Dialogbox
  Datei-kopieren-Optionen 243
  Kopie bearbeiten 243
  Kopie mit den Lightroom-Anpassungen bearbeiten 243
  Mit Original stapeln 243
  Original bearbeiten 242
Fotograf 62
Fotos direkt importieren 26–35
  Entwickeln-Vorgaben 34
  Fotos als digitales Negativ (DNG) kopieren und importieren 28, 31
  Fotos an einen neuen Speicherort kopieren und importieren 27, 31
  Fotos an neuen Speicherort verschieben und importieren 28, 31
  Metadaten anwenden 34
  Metadaten-Vorgaben 34
    bearbeiten 35
    löschen 35
  Stichwörter beim Import 35
  Vorschaubilder in Standardgröße rendern 28
Fotos-importieren-Befehl 22
Freigestellte Bildabmessungen 56
Freistellungsüberlagerung-Menü 99
Freistellungsüberlagerung-Werkzeug 96–100
  direkt im Bild freistellen 98
  Freistellen ohne festes Seitenverhältnis 97
  Raster 99

  schiefen Horizont gerade ausrichten 99
  voreingestelltes Seitenverhältnis 98
Freistellungswert 63
FTP-Dateitransfer-konfigurieren-Dialogbox 306, 315
Fuji Velvia 218
Für-E-Mail-Vorgabe 232

G

Galerie-Bedienfeld (Web-Modul) 304
Gaul, Melissa 104–105, 309
  Kurzbio xiv
gedämpftes Licht 15
Gerade-ausrichten-Werkzeug 100
Gradationskurve-Bedienfeld 138–143, 207, 221, 225
  Ein/Aus-Schalter-Icon 142
  mit Reglern steuern 143
  Standards und Vorgaben 143
  Teilungen 139
  von Kurve aus steuern 143
  Zielkorrektur-Werkzeug 142
Gradationskurve-Diagramm 144
Gradationskurven regeln 144
Graukarte 131
Graustufen
  automatische Graustufen-Kanalanpassung 175
  Graustufen-Vorgabe 175
  HSL/Farbe/Graustufen-Bedienfeld 194
Graustufen-Kanalanpassung-Steuerungen 167, 183, 197
  automatische Einstellungen 194
  Farbregler 195
GretagMacbeth Farbkarte 131
Größe-maximieren-Vorlage (Drucken-Modul) 282, 284
Grundeinstellungen-Bedienfeld (Entwickeln-Modul) 89, 126–129, 224
  Belichtungssteuerungen 220
  dunklere Bereiche eines Bildes aufhellen 207
  Präsenz-Regler 136, 138

Sättigung-Regler 175, 202
Sättigungswert 218
Sättigung- und Lebendigkeit-Regler 189
Temperatur-, Tönungs- und Sättigungsanpassungen 210
Temp-, Schwarz-, Helligkeit- und Kontrast-Regler 203
Weißabgleich-Einstellung 188
Weißabgleich-Tönung-Regler 182
Guðbjargarson, Jóhann 169, 172, 294–295
   Bergman-Look 220–221
      Beispielfoto 222–223
   Kurzbio xiv

H

Hallahan, Maggie 24–25, 43, 164–165, 169, 184–185, 193, 220, 301
   High-Key
      Beispielfoto 216–217
   Kurzbio xiv
Hauttöne
   Gesicht 158
Helligkeit-Regler 135, 220, 224
Histogramm 120–121
   Farbton einstellen 137
   Optionen 122
   RAW-Dateien 120
Histogramm-Bedienfeld (Entwickeln-Modul) 89
Histogramm (Bibliothek-Modul) 53
Hochladen-Button (Web-Modul) 307
HSL/Farbe/Graustufen-Bedienfeld 154–159, 206–207, 221, 225
   dramatischen Himmel erzeugen 157
   Farbe 155
   Farbeinstellungen ausschalten 155
   Farbton 154
   Farbton anpassen 156
   Graustufen 194
   Hauttöne 158
   Luminanz 154
   Luminanz anpassen 156
   Sättigung 154
   Sättigung anpassen 156

Schwarz-Weiß-Konvertierung 176, 178
Tastenkürzel 158
   verwenden 155–156
   Zielkorrektur-Werkzeug 155–159
HTML 302
   Ausgabeeinstellungen-Bedienfeld 306, 314
   Einstellungen-für-das-Hochladen-Bedienfeld 306
   Erscheinungsbild-Bedienfeld 305
   große Bildgrößen 313
HTML-Bedienfeld 304

I

Importieren-Button 22
Interpolation
   Drucken-Modul 281
Interpolationsmethoden 235
IPTC-Felder 55
IPTC-Fotograf-Feld 268
Isaac, John 36–37, 160, 168, 316–317
   Kurzbio xiv
ISO
   Geschwindigkeit 63
   Import basierend auf bestimmter ISO 38

J

Jardine, George iv, ix, 140–141, 260–261, 309
   Kurzbio xiv
   Vorwort von ix
JPEG-Dateien 30
   Exportieren konvertierter 176
   freistellen 100
   JPEGs-in-voller-Größe-brennen-Vorgabe 232
   kalibrieren 162
   Qualität großer Bilder 314
   XMP-Metadaten 248
JPEGs-in-voller-Größe-brennen-Vorgabe 232

K

Kamerakalibrierung 162–163
   Benutzervorgaben 163
   Prozess 162
   Standardeinstellungen 163
Kamerakalibrierung-Bedienfeld 89, 162–163, 202–203, 206–207, 210–211, 215
   Standardeinstellungen festlegen 163
   Vorgaben-Bedienfeld 163
Kameras
   angebundene (Tethering) 41
   kalibrieren
Kataloge
   Als Katalog exportieren 45
   Als-Katalog-exportieren-Befehl 231
   Bilder exportieren als 45
   Bilder importieren 23
   Katalog-öffnen-Befehl 45
   Katalog-wählen-Dialog 45
   Letzte Dateien öffnen 45
   Neue erstellen 45
   Neuer Katalog Befehl 45
Katalogeinstellungen-Befehl 29, 248
Katalogeinstellungen-Dialogbox 248
   XMP 247
Katalog öffnen 45
Katalog wählen 45
Klarheit-Regler 136, 148, 150–151
   beste Bildtypen 151
   übertrieben 151
Kollektion als untergeordnetes Element der Kollektion erstellen 51
Kollektionen
   Auswahl in Kollektion 74
   Kollektion als Katalog exportieren 51
   Kollektion als untergeordnetes Element von Kollektion erstellen 51
Kollektionen-Bedienfeld (Bibliothek-Modul) 51–52, 74
Kollektion erstellen Dialogbox 74
Komprimierung 233
Kontaktbögen 290–291

Kontextmenü (Bibliothek-Modul) 58
Kontrast, einstellen 202
Kontrast-Regler 136, 220, 224
Kontur (Drucken-Modul) 277, 283
Kopiereinstellungen Dialog 131
Kopieren und Einfügen (Entwickeln-Modul) 89
Kopierstempel 3, 101–103
Krogh, Peter 1, 21, 31, 102, 238–239, 320–321
    Kurzbio xv

L

Lanczos-Kernel-Interpolationsmethode 235
Lebendigkeit-Regler 136, 214, 220, 224
    Spezialeffekte 189
    verwenden 149
    vs. Sättigung 148–149
    zurücksetzen 149
Letzte Dateien öffnen 45
Licht
    Farbkorrektur von Lichtquellen 199
    mischen 198–199
Licht an 15
Licht aus 15
Lichter 133–135, 139, 160–161, 183, 186–191, 195, 197, 273
    Farbstich entfernen 160
Lichter-Farbton-Regler 186
Lichterkorrektur-Regler 134, 224
    Spezialeffekte 188
Lichter-Regler 221
Lichtmischen 198–199
Lightroom
    außerhalb von Lightroom bearbeiten (siehe Photoshop/Photoshop Elements, Bearbeitung außerhalb von Lightroom)
    Fenster (siehe Arbeitsbereich)
    zum ersten Mal öffnen 2
Luminanz 154
    anpassen 156
Luminanz-Regler 106, 199
    mit Sättigung kombinieren 157
The Luminous Landscape 194

Lupenansicht 67–69
    anpassen 68
    zoomen 69
    Zoomstufen 67
    zwischen Bildern bewegen 68
Lupenansicht (Entwickeln-Modul) 92
Lupen-Icon 90

M

Marke 63
McDermott, John iv, 179, 272–273, 286–287
    Kurzbio xv
mehrere Bilder vergleichen 71
Menübefehle 11
    Bibliothek-Modul 58
Metadaten
    beim Import anwenden 34
    bearbeiten 35
    Diabeschreibung 268
    eingebettete Metadaten minimieren 234
    informative 249
    in Originaldatei speichern 246–249
        Entwicklungsanweisungen 246
        XMP (siehe XMP)
    Katalogeinstellungen/Metadaten-Karte 249
    Metadaten-in-Datei-speichern-Befehl 249
    Metadaten-Vorgaben bearbeiten 35
    Optionen im Web-Modul 306
Metadaten-Bedienfeld (Bibliothek-Modul) 55, 61–63, 269
    Abmessungen 63
    Aufnahmezeit 62
    Belichtung 63
    Bewertung und Beschriftung 62
    Bezeichnung, Bildbeschreibung, Copyright, Fotograf, Ort 62
    Blitz 63
    Brennweite 63
    Dateiname 61
    Fotograf-Feld 262
    Freigestellt 63
    ISO-Geschwindigkeit 63
    Marke 63

    Metadaten stapelweise anwenden 63
    Metadatenstatus 62
    Modell 63
    Name der Kopie 61
    Objektiv 63
    Ordner-Bedienfeld 62
    Vorgaben anlegen und speichern 63
Metadaten-Browser-Bedienfeld (Bibliothek-Modul) 52
Metadaten-in-Datei-speichern-Befehl 249
Metadaten stapelweise anwenden 63
Metadaten-synchronisieren-Button (Bibliothek-Modul) 55
Metadaten-Vorgaben 35
Metadatenvorgaben bearbeiten Dialog 35
Miniaturen 56–57
    ändern und steuern in Webgalerie 312
    durch Ansichtsstile bewegen 56
    Filmstreifen 56
        auswählen 64–65
    Freistellen und gerade ausrichten 100
    Größe anpassen 54
    Informationen ein-/ausblenden 56
    Rasteransicht
        auswählen 64–65
Mit-Vorgabe-exportieren-Befehl 231, 232
Mit-vorher-exportieren-Befehl 230
Modell 63
Module 2–7
    Bibliothek (siehe Bibliothek-Modul)
    Diashow (siehe Diashow-Modul)
    Drucken (siehe Drucken-Modul)
    Einblenden/Ausblenden 2
    Entwickeln (siehe Entwickeln-Modul)
    Filmstreifen (siehe Filmstreifen)
    Funktionalität zwischen 3
    wählen 3
    Web (siehe Web-Modul)
Modulwähler 2
    Buttons 19
Monitor kalibrieren 123

Morgenstein, Richard iv, 147, 159, 167, 193, 244
　Kurzbio xv
　Lichtmischen 198–199
　　Beispielfoto 200–201

N

Navigator-Bedienfeld (Bibliothek-Modul) 44–46
Navigator-Bedienfeld (Entwickeln-Modul) 86–87
Neue-Entwicklungsvorgabe-Dialog 108
Neuer Katalog 45
Neuer-Vorgaben-Ordner-Befehl 87
Neue-Vorlage-Befehl 276, 315
Neue-Vorlage-Dialogbox 285

O

Objektiv 63
Objektivkorrektur-Bedienfeld 89, 115–117, 211
　CA-Regler 117
　Chromatische Aberrationen (CA) 115
　Vignettierung 116
Objektiv-Vignettierung-Regler 207, 210, 215
Ordner
　Miniaturen betrachten 50
　Ordner als untergeordnetes Element von Ordner 50
　umbenennen 50
　verschieben 50
Ordner-Bedienfeld (Bibliothek-Modul) 50–51
Oz-Farben 224–225

P

PDF-Diashow 259
　Diashow-exportieren-Befehl 270
perzeptives Rendering 297

Photoshop/Photoshop Elements
　Bearbeitung außerhalb von Lightroom 240–243
　　eine Nicht-RAW-Datei ziehen und fallenlassen 240
　　mehrere Bilder auswählen 241
　　Optionen für externe Editoren (*siehe* Voreinstellungen für externe Editoren)
　　wann erforderlich 243
　　(*siehe auch* Foto-bearbeiten-Dialogbox)
　Bilder importieren 23
Präsenz-Regler 136, 148
　Präsenz-Regler
　　Lebendigkeit vs. Sättigung 148–150
Primärwerte-Blau-Regler 211
Primärwerte-Grün/Farbton-Regler 207
Primärwerte-Grün/Sättigung-Regler 207
Primärwerte-Rot-Regler 211
ProPhoto RGB 233, 297
　16-Bit 241
Protokoll-Bedienfeld (Entwickeln-Modul) 88
PSD-Dateien 30
　Exportieren konvertierter 176
　freistellen 100
　Kalibrierung 162
　Kompatibilität maximieren 243
　XMP-Metadaten 248

Q

Quadrat beibehalten (Drucken-Modul) 277
QuickTime-Diashows 271
QuickTime Pro 271

R

Ränder-Regler (Drucken-Modul) 277
Rasteransicht 6, 46, 56, 57–59, 66–69, 76, 86, 230, 310
　Bilder löschen 67
　Miniaturen auswählen 64–65

Rasteransichtsziel 56
Rasterseiten 312
Raster und Freistellen 99
Rauschreduzierung 106–108
　Alternativen 108
　Bild untersuchen 106
　Prozess 107–108
　Vorgaben 108
RAW-Dateien 3, 30, 220
　externe Editoren 243
　Graustufen 176
　Histogramm 120
　In DNG umwandeln 28
　Kalibrierung 162
　öffnen mit einer anderen Anwendung 242
　scharfzeichnen 111
　Weißabgleich 81, 126
　XMP-Metadaten 247
RAW-Konverter 3, 218
Reichmann, Michael 25, 78–79, 119, 124, 308–309
　kontrolliertes Umfärben 194–195
　　Beispielfoto 196–197
relatives Rendering 297
Reparieren 3
Reparieren-Werkzeug 101–103
Retusche-Werkzeuge 101–103
　Bereiche-entfernen-Werkzeug 102–103
　Kopierstempel 103
　Reparieren-Werkzeug 103
　Rote-Augen-entfernen-Werkzeug 101
Roff, Addy iv
　Kurzbio xv
Rote-Augen-entfernen-Werkzeug 3, 101

S

Sammlung als Katalog epxortieren 51
Sättigung 154
　anpassen 156
Sättigung-Regler 136, 199, 202, 210, 214, 220
　mit Luminanz kombinieren 157
　Spezialeffekte 189

verwenden 149
vs. Lebendigkeit 148–149
zurücksetzen 149
Schärfen 109–114
Betrag-Regler 109
Details-Regler 110
Drucken-Modul 279
Maskieren-Regler 112
Radius-Regler 110
RAW-Dateien 111
Standardeinstellungen 109
Strategie 113–114
Schatten 183, 187, 195, 257
Schatten-Farbton-Regler 186
Schnappschüsse-Bedienfeld 179
Schnellkollektion 46, 47
Schnellkollektion anzeigen 46
Schnellkollektion löschen 46
Schnellkollektionsmarker 56
Schnellkollektionsmarker aktivieren 46
Schnellkollektion speichern 46
Schwarz-Regler 135, 211, 214, 224
Spezialeffekte 188
Schwarz-Weiß
Hinzufügen einer farbigen Tönung (*siehe* farbige Tönung)
Kameraeinstellungen 179
Schnappschüsse-Bedienfeld 179
virtuelle Kopien 179
wann konvertieren in 168–169
Sepia 175, 182
Sigurjónsson, Sigurgeir 8–9, 250–251
Kurzbio xv
Site-Informationen-Bedienfeld (Web-Modul) 304, 318
SnagIt 271
Snapz Pro X 271
Solarisations-Effekt 145
Solomodus 13
Sortierreihenfolge 66
Speicherort 62
Spezialeffekte
Entsättigen ausgewählter Farben 189
Grenzen überschreiten 188–191
Spiegelbildmodus aktivieren 58
Sprühdose (Bibliothek-Modul) 60
sRGB 233, 241, 242, 312

Standardeinstellungen festlegen 38
Standardmodus 12
Stapel 76–77
aufheben 77
Bilder entfernen 76
einblenden 77
Reihenfolge ändern 76
teilen 77
Stapel-aufheben-Befehl 77
Stapeln-Befehl 76
Stapeln-Menü 58
Stapelweise exportieren 77
Sterne 72
Stern, Jennifer 180
Stichwörter beim Import 35
Stichwörter (Bibliothek-Modul) 59–60
Drag-and-Drop 60
Sprühdose 60
Stichwörter-festlegen-Bedienfeld 55, 59
Stichwort-Tags (Bibliothek-Modul) 52
per Drag-and-Drop bewegen 60
Story, Derrick iv, ix, 16–17, 168–170, 193, 271, 275
Kurzbio xv
Sundberg, Martin 48–49, 149, 152–153, 193, 309
Kurzbio xv
Velvia-Look 218
Synchronisieren-Button (Entwickeln-Modul) 90
Synchronisierungseinstellungen-Dialog 90

T

Tab-Taste 14
Tastenkürzel
Alles auswählen 74
Auswahl aufheben 82
Automatischer Weißabgleich 127
Bibliothek-Modul 3
Bilder importieren 22
Diashow-Modul 3, 254
Drucken-Modul 3
Einstellungen zurücksetzen 80
Entwickeln-Modul 3
Exportieren-Befehl 230

Filter aktivieren 73
Gradationskurve 142
HSL-Bedienfeld 158
Kamerakalibrierung-Bedienfeld 162
Neuer Katalog 45
Reihenfolge im Stapel ändern 76
Web-Modul 3, 310
Weißabgleich-Werkzeug 129
Techsmith 271
Teiltonung Bedienfeld 160–161
Angleichen-Regler 161
Farbstich aus Lichtern entfernen 160
Farbton-Regler 160
Teiltonung-Bedienfeld 195, 197, 225
Cross-Processing 186–187
Entsättigen ausgewählter Farben 189
farbige Tönung 183
Teilungen 139
Temperatur-Steuerung 210
Temperatur und Tonwerte regeln 130
Temp-Regler 220
Tethering (Digitalkamera anbinden) 41
Text
ändern und löschen 269
hinzufügen zu Ausdrucken 288–289
basierend auf Metadaten 289
Seitennummern 289
verschieben und skalieren 269
TextEdit 144
Textkasten 269
Textvorlagen-Editor 268, 319
Thórsdóttir, Sonja
Kurzbio xv
Tiefen-Regler 211
TIFF-Dateien 30
Exportieren konvertierter 176
freistellen 100
Kalibrierung 162
XMP-Metadaten 248
Titel 62
Tönung
Temperatur und Tönung 130
(*siehe auch* Farbton)
Tönung-Regler 210–211

U

Überlagerung-freistellen-Werkzeug 211
Überprüfungansicht 71
Überwachte Ordner 40

V

Velvia-Look 218
Vergleichsansicht (Entwickeln-Modul) 69, 92–93
Verwerfen-Befehl 29
Videoformat-Dateien 30
Vignettierung 116
virtuelle Kopien 75
    Schwarzweißumwandlung 179
Virtuelle-Kopien-anlegen-Befehl 75, 179
Vollbild 12
Vollbild mit Menü 12
Vollbild ohne Menüs 13
Voransicht einblenden 26
Voransichten-aus-Datei-Menü 29
Voreinstellungen 30
Voreinstellungen für externe Editoren
    Bittiefe 241
    Dateibenennung 242
    Dateiformat 241
    Farbraum 241
Vorherige-und-Zurücksetzen-Buttons (Entwickeln-Modul) 90
Vorher-/Nachher-Ansicht-Icons 90
Vorlagenbrowser
    Webgalerien 311
    Web-Modul 302–303

W

Webgalerien
    anpassen 310–315
    Bibliothek-Modul 310
    Copyright 314
    eigene Vorgabe anschauen und erzeugen 315
    Farbe einstellen 312
    Flash 302
    HTML 302
    Metadaten 314
    Miniaturen ändern und steuern 312
    Text 318–319
        Bildbeschreibungen 319
        Erkennungstafel 319
        Farbe 319
        Untertitel 319
    Titel und Beschreibung erzeugen 312
    veröffentlichen 315
    vorhandene Galeriestile 311
    Vorlagenbrowser 311
Web-Modul 301–321
    Arbeitsfläche 303–304
    Ausgabeeinstellungen-Bedienfeld 306
    Bildinformationen-Bedienfeld 306
    Erscheinungsbild-Bedienfeld 304–305, 312–313
    Farbpalette-Bedienfeld 312
    Filmstreifen 5, 307
    Metadatenoptionen 306
    rechtes Bedienfeld 304–307
        Einstellungen-für-das-Hochladen-Bedienfeld 306
        Erscheinungsbild-Bedienfeld 305
        Exportieren-Button 307
        Farbpalette-Bedienfeld 305
        Galerie-Bedienfeld 304
        Hochladen-Button 307
        Site-Informationen-Bedienfeld 304
    Site-Informationen-Bedienfeld 318
    Tastenkürzel 3, 310
    Überblick 302–307
    Übersicht 4
    Vorlagenbrowser 302–303
    Vorschau-Bedienfeld 302
    Webgalerien (*siehe* Webgalerien)
    Werkzeugleiste 307
Weißabgleich 126–131
    Automatischer 128
    Autom.-Weißabgleich-Einstellung 127
    ExpoDisc Digitaler Weißabgleichfilter 128
    Graukarte 131
    GretagMacbeth Farbkarte 131
    Spezialeffekte 188
    Temperatur und Tönung 130
    von Ziel festlegen 131
    Vorgaben 126–128
    Weißabgleich-Werkzeug 129
    Wie Aufnahme 127
Weißabgleich Einstellungen 81
Weißabgleich-Regler 214
Werkzeugleiste (Bibliothek-Modus) 55–56
Wiederherstellen-Regler 134, 224

X

XMP (eXtensible Metadata Platform) 247
    andere Dateien 248
    DNG-Dateien 248
    importieren 249
    RAW-Dateien 247
    wann aktualisieren 249

Z

Zellenabstand (Drucken-Modul) 277
Zellengröße (Drucken-Modul) 277
Zielanpassungswerkzeug
    Entsättigen ausgewählter Farben 189
Zielkorrektur-Werkzeug 142, 155–159
Zoomen, um Rahmen zu füllen (Drucken-Modul) 277, 283, 293
Zoom-Regler 70

Über den Autor

Mikkel Aaland wurde als Fotograf mit mehreren Preisen ausgezeichnet. Außerdem ist er Autor vieler Bücher, darunter *Photoshop CS3 RAW* (O'Reilly), *Shooting Digital: Pro Tips for Taking Great Pictures with Your Digital Camera* (Sybex) und *The Sword of Heaven* (Traveler's Tales). Auf seiner Website www.shooting-digital.com finden Sie zusätzliche Informationen zu Mikkels Büchern sowie viele Tipps und Tricks rund um die Digitalfotografie.

Kolophon

Das Coverfoto stammt von George Jardine. Die Schrift auf dem Cover ist die Frutiger. Für den Text und die Überschriften im Innenteil des Buchs verwenden wir die Myriad Pro.